| 美丽的地球 |

Timeless Earth

# 水下天堂

# Dive *the* World

*The Most Fascinating Diving Sites*

[意] 埃吉迪奥·特拉伊尼托 等 著

王晨 译

CNS K 湖南科学技术出版社 · 长沙

**图书在版编目（CIP）数据**

美丽的地球：水下天堂 /（意）埃吉迪奥·特拉伊尼托等著；王晨译. -- 长沙：湖南科学技术出版社，2024. 8.（2025.3 重印）-- ISBN 978-7-5710-3022-3

Ⅰ. K927

中国国家版本馆 CIP 数据核字第 2024SL8036 号

WS White Star Publishers® is a registered trademark property of White Star s.r.l.
DIVE the WORLD：the most fascinating diving sites ©1997, 2007 White Star s.r.l.
Piazzale Luigi Cadorna, 6
20123 Milan, Italy
www.whitestar.it

**著作版权登记号：字18-2024-149号**

SHUIXIA TIANTANG

**水下天堂**

著　　者：［意］埃吉迪奥·特拉伊尼托 等
译　　者：王　晨
出 版 人：潘晓山
总 策 划：陈沂欢
策划编辑：董佳佳　焦　菲
责任编辑：李文瑶
特约编辑：赵云婷
版权编辑：刘雅娟
地图编辑：程　远　彭　聪
责任美编：彭怡轩
图片编辑：李晓峰
营销编辑：王思宇　魏慧捷
装帧设计：别境Lab
特约印制：焦文献
制　　版：北京美光设计制版有限公司
出版发行：湖南科学技术出版社
地　　址：长沙市开福区泊富国际金融中心 40 楼
网　　址：http://www.hnstp.com
湖南科学技术出版社天猫旗舰店网址：
　　　　　http://hnkjcbs.tmall.com
邮购联系：本社直销科 0731-84375808
印　　刷：北京华联印刷有限公司
版　　次：2024 年 8 月第 1 版
印　　次：2025 年 3 月第 2 次印刷
开　　本：710mm × 1000mm　1/16
印　　张：20
字　　数：364 千字
审 图 号：GS 京（2024）1245 号
书　　号：ISBN 978-7-5710-3022-3
定　　价：98.00 元

（版权所有·翻印必究）

一条小濑鱼从洞穴中探出身来。

礁石上生长着满满的软珊瑚，翡翠鱼、石珊瑚和海绵参差其中。

# 目录 Contents



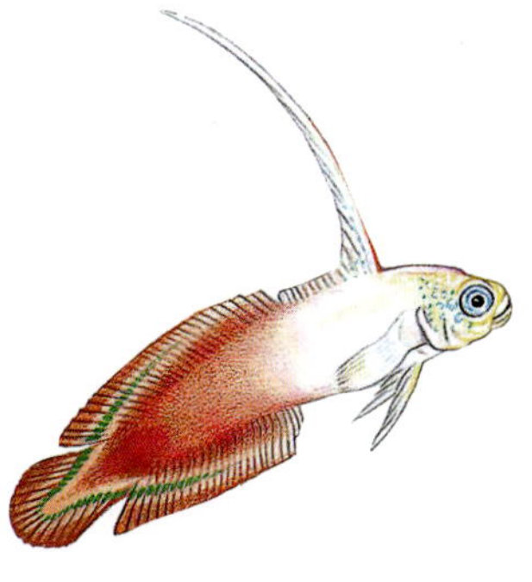

| 第二章 | MEDITERRANEAN SEA

# 地中海



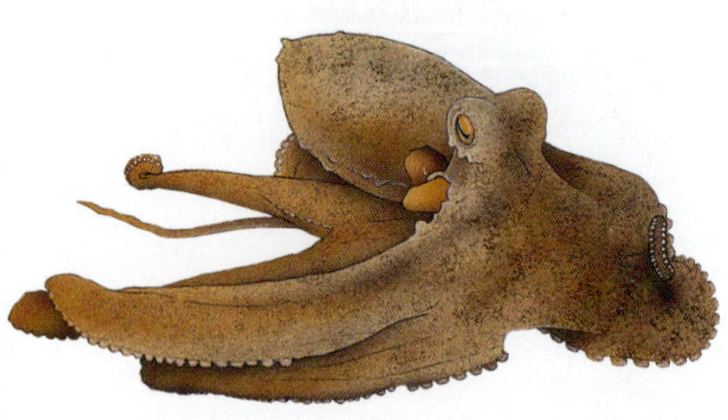

| 第三章 | RED SEA

# 红海

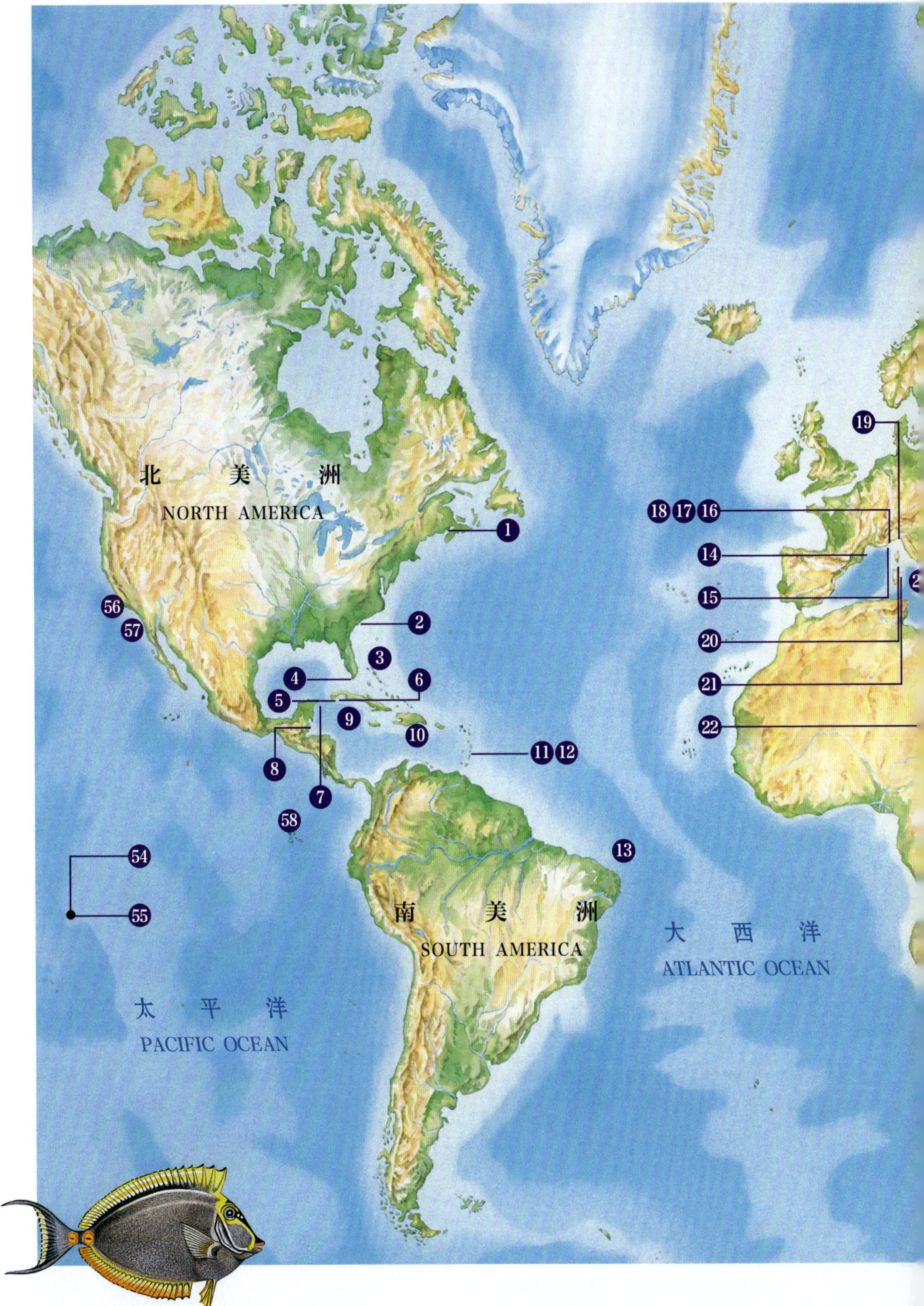
北美洲
NORTH AMERICA
南美洲
SOUTH AMERICA
太平洋
PACIFIC OCEAN
大西洋
ATLANTIC OCEAN
1
2
3
4
5
6
7
8
9
10
11
12
13
14
15
16
17
18
19
20
21
22
54
55
56
57
58

欧 洲
EUROPE
亚 洲
ASIA
非 洲
AFRICA
太 平 洋
PACIFIC OCEAN
大 洋 洲
OCEANIA
印 度 洋
INDIAN OCEAN
25 26 27
28
29
31
32
33
34
35 36 37
38
39
40
41
42
43
44
45
46
47
48
49
50
51
52
53

**Pvi 上**
一条魔鬼蓑鲉（*Pterois volitans*，俗称狮子鱼）在大型柳珊瑚错综复杂的分枝中舒展自己长长的鳍。

**Pvi 下左**
高欢雀鲷（*Hypsypops rubicundus*），生活在太平洋东部海域的海藻林中。

**Pvi 下右**
这张特写展示了泰国红石的一群充金眼鲷（*Parapriacanthus ransonneti*）聚集在一起的景象。

**P1**
墨西拿海峡的黄红两色变形角珊瑚（*Paramuricea clavata*）。这艳丽的色彩与一般认为地中海是一片阴郁、灰暗的海域的观点不符。

# 前言 Preface

地球表面的70%以上都被海洋覆盖，然而，如此巨大的液体空间也只占地球整体质量的很小部分。如果我们把地球想象成一个网球，将它浸入一桶水里，再拿出来，地球表面的水就相当于这时网球上还剩下的水。但是，我们对于这些相对比例很小的水体仍知之甚少。人类身体的构造不能适应水生环境的规律和状况，即使我们已经成功征服了陆地上几乎每寸土地，但对海面以下的探索却才刚刚开始，只进行了一些有限的和不系统的研究。人类下潜的深度也是一个难题：借助现代科技的帮助，几乎任何人都可以下潜到海面下20米，在水面相对平静的情况下则可下潜至海面下50米。但是超过这个深度后，技术、组织、经济和生理上的困难都非常大，这大大限制了全球能够探索更深海域的人数，以及人们遨游其中的时间。

尽管我们对海洋环境的认识还很有限，但数以百万计的普通人却已开始在世界各地的数百个旅游胜地和游轮巡游目的地潜水，参观海底风景。在一些地区和延绵的海岸，我们了解每一处裂

缝，这些裂缝可深达40米。我们可以认出多种多样、形形色色的生命，许多物种成了明星，吸引着潜水者争先恐后前来观看。大多数潜水活动在地球的温暖海域进行，那里有珊瑚繁殖生长，最后成为美丽的堡礁。不过，不那么温暖的海域，比如地中海，也常有人探访。甚至完全是冷水的北极或南极附近海域，也拥有它们的爱好者。无论你是在欣赏堡礁的绚丽色彩，在海藻林中穿行，在海底沙床上悠游，还是在地中海海面下瞻仰古代建筑奇迹，每个潜水地都有它的独特之处吸引着潜水爱好者。即使每个潜水者都有自己最爱的潜水地，但没有比你正在遨游的海域更美的了。

正因为每个潜水者各有所爱，编写世界上五十多个最可爱的潜水地指南就成了难题。从整个地球万花筒般多彩的水下世界中进行选择，本身就是一项艰巨的任务，而且也难免随意武断。尽管如此，本书中描述的潜水地都是极佳的，这不单指它们的地理环境；更重要的是，它们都在普通潜水者的可及范围内。

这本书适合不同层次的阅读者。对于已经遨游世界、经验丰富的潜水者来说，它可以作为重温褪色记忆的纪念册，或许还能帮你把水下的动植物和它们的名字对上号。对那些初次考虑潜水的新手而言，它可以用来帮助其选择目的地，激起特别的兴趣，或者仅仅是在家中沙发上做一次神游。

本书的布局让你一眼就能看出各海域以及生活在其中的海洋生物之间的异同；它还能让你知道在哪里可以发现鲸鲨、大型石斑鱼、某种小鱼，或是有特殊共生关系的生物。本书不仅提供全球各海洋深处的生命踪迹，还提供某个物种或是全部种群在全球海洋范围的分布信息，堪称名副其实的海洋生物地图集。就像在潜水时一样，每个人都可以选择自己希望探索的主题——比如印度洋或太平洋的深水，或是栖息在全球深水的各种各样的石斑鱼，或是一群纷繁多样的小鱼（几乎所有人都称其为小丑鱼，但它包含30个不同的种类，有的仅限于非常狭窄的特定海域）。这本书还帮你构建起全球各种海洋无脊椎动物的总体图景（尽管并没有非常详细的深入描述），阐明海浪下的动物世界并不是那么难以理解，因为所有水生生命的基础都没有什么区别。

本书描述的许多潜水地都在自然保护区内，这也通常是这些海域拥有非凡美景和丰富独特物种的原因。在这里，潜水者能发现在其他地方很难靠近的生物。自然之趣、审美价值与有效的保护措施密不可分，共同构建了这些世上最美的水下观光地。

最后，你也可以只是随手翻阅本书，在海浪间进行一次精神之旅，同时在心中惦念着克里斯托弗·哥伦布的名言：“正如睡眠会带来美梦一样，海洋带给每个人新的希望。”

**P2-3**
一条色彩奇异的神仙鱼在红海的无忧礁中游动。

**P3 上**
软珊瑚、柳珊瑚、海百合簇拥着一只海绵动物。在菲律宾，许多不同的生物在海暗礁的笔直岩壁上争夺生长空间，景象非凡。

**P3 中**
在这里，你能看到加勒比海丰富多样的生命形式。

**P3 下**
两只胆小的小丑鱼藏在海葵的触手中。

**P4 上**

一只巨型桶状海绵（*Xestospongia testudinaria*）在苏拉威西岛马里马布克的一块暗礁上取得了竞争优势。

**P4 下**

一条大口副鲈（*Paralabrax clathratus*）在加勒比海的海藻林中穿行。

一群数以千计的梭鱼在水中呈环形游动，仿佛在围着阳光打转；群体的移动全靠眼神交流，使相邻个体之间的距离总能保持一致。

第一章

# 大西洋和加勒比海

## ATLANTIC OCEAN AND CARIBBEAN SEA

加勒比海位于大西洋中西部，这片巨大的海域总面积达275.4万平方千米，约占大西洋面积的3%，北部和东部以大安的列斯群岛、小安的列斯群岛为界，西部和南部以尤卡坦半岛的卡托切角与委内瑞拉的佩尼亚斯角之间的中美洲海岸为界。该海域通过尤卡坦海峡与墨西哥湾相连，最深点位于开曼海沟，深度为7686米，海域西部经常受到热带气旋的影响。南赤道洋流从加勒比海穿过，流进墨西哥湾并汇入墨西哥湾流，随后这股洋流北上，经过佛罗里达半岛、巴哈马群岛以及特克斯和凯科斯群岛。虽然这些地方在加勒比海之外，但仍被一些学者认为是加勒比海的一部分，从生物地理学的角度来看，这一说法也得到了支持。

加勒比海中的岛屿排列成一个巨大的弧形，长约2000千米。它们是远古时期连接南北美洲的古陆桥的残片，主要由石灰岩组成，也有一些岩浆岩。这里的水温在冬天的22℃和夏天的29℃之间波动，有利于珊瑚礁的形成。加勒比海最大的珊瑚礁同时也是世界第二大珊瑚礁，足有300千米长。它并不在岛屿周围，而是位于伯利兹沿岸。在那里和加勒比海的其他地方，你都能发现迷人的“蓝洞”：它们由顶部坍塌的洞穴形成，被淹没在水下，洞口和海面离得很近。潜入其中，你会被洞穴的深邃和海水的蔚蓝所震惊。

加勒比海的第二大堡礁是安德罗斯珊瑚礁，以巴哈马群岛3000多个岛屿和岛礁中的一个命名。这片珊瑚礁长约230千米，有蓝洞和其他类型的洞穴供潜水者下潜探索。

加勒比海堡礁中的珊瑚和其他生物在组成和外观上与其他海域中的不同。加勒比海的珊瑚礁支离破碎，不那么有序，有时礁体陡立，礁壁直插海底深渊，而且经常被海底宽广的细白沙床分割成几段。这里主要的景观元素是扇状的柳珊瑚以及大型的棍状或桶状海绵，其错综复杂的分枝呈明黄、橘红、蓝色、紫罗兰色。加勒比海的堡礁有着引人注目的多样性，但还是不能与印度洋和太平洋的珊瑚礁相比。就已知的鱼类物种数量来看，加勒比海较丰饶的水域与印度洋、太平洋的各水域相比，有明显的差距：已知的加勒比海鱼类物种数量只有红海的50%、大堡礁海域的

33%、菲律宾海域的20%。这个数量与地中海较冷水域的物种数量相当，而这些较冷水域甚至没有堡礁存在。

在全球偏远的潜水地中，加勒比海无疑是潜水者造访次数最多的地区，主要是因为它靠近北美，那里有许多潜水游客。最受欢迎的潜水地点分布在佛罗里达群岛、巴哈马群岛以及开曼群岛，有些地方已被开发成潜水胜地。比如在魔鬼鱼城，你可以在水面下几米深的白色沙床上畅游，欣赏水下的耀眼光线；在水晶河，你可以和温顺的海牛来一次亲密接触；在巴哈马群岛，你一定会遇到鲨鱼和海豚。除此之外，这片海域还有许多高质量的潜水目的地，包括尤卡坦半岛的墨西哥海岸，科苏梅尔的海洋公园，古巴西部沿岸的青年岛、拉戈岛和女王花园群岛，委内瑞拉的离岸岛屿（这里有洛斯罗克斯国家公园）以及小安的列斯群岛（其中的博奈尔岛被潜水媒体认为是加勒比海的微距摄影之都，而阿鲁巴岛则是世界四大沉船地之一）。

对于潜水爱好者来说，加勒比海并不是大西洋中唯一的目的地，但这里是大西洋中鲜有的适合珊瑚生长的海域。此外，百慕大群岛还拥有纬度最北的珊瑚礁以及非凡的沉船景观。位于巴西海岸线上的费尔南多-迪诺罗尼亚岛也有一些珊瑚物种。西非海岸外佛得角群岛的浅滩中也生活着一些珊瑚，但种类却更少。

# EASTPORT

# 伊斯特波特

## MAINE
## PASSAMAQUODDY BAY

## 美国缅因州——帕萨马科迪湾

美国新英格兰地区的海岸岩石遍布，其水下地貌为海洋生物提供了良好的生存环境，无数的峭壁和暗礁吸引着鱼类与海洋无脊椎动物来此栖息。我们沿海岸往北走，会发现水下动植物的种类不断增多，最终到达物种最为丰富的缅因州北部海岸帕萨马科迪湾及其周边海域。这里涨潮时的最高水位可达13米，产生超过10节（1节＝1852米/小时）流速的汹涌急流。不过，水流平缓时，潜水者在此观察到的动植物多样性和密集度，鲜有地方能与之匹敌。

许多重要且有趣的潜水点从岸边就可以进入。很多地方的水下地形陡峭，船只难以下锚停泊，所以直接从岸边下水更为方便。

这片海域最好的潜点位于伊斯特波特市的中心位置，这里曾是老码头的所在地，退潮时仍能看到花岗岩的石柱和石板。当地潜水者称此地为“瓶儿倒底儿”（The Bottle Dump），揭示了该地此前长期的功用，在这个地方潜水时可千万别忘了端起你的相机拍照！我

**P8 上**
芬迪湾内帕萨马科迪湾高涨的潮水。这里是世界上涨潮最猛的地区，潮水可激增10米。

**P8 下**
大西洋狼鱼可以咬碎甲壳类动物的壳并吃掉它们，还喜食螃蟹、贻贝等生物。

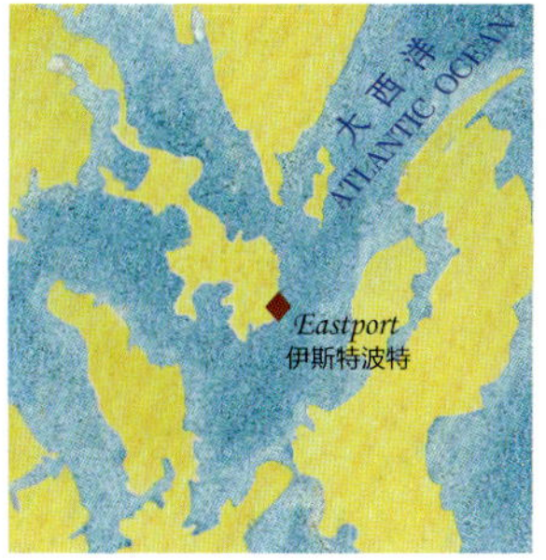

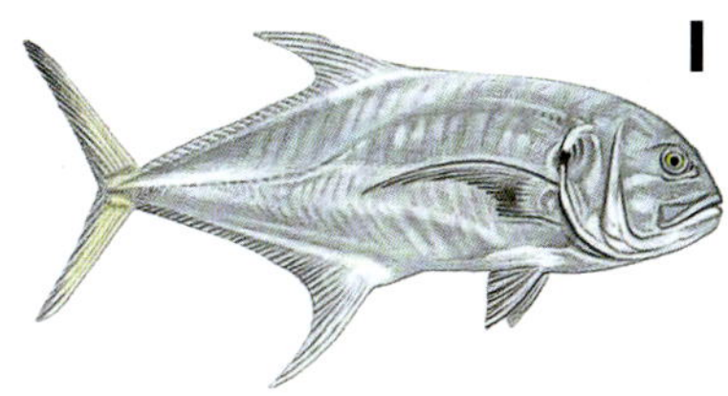

## 实用贴士

| | |
|---|---|
| 最大下潜深度 | 30米 |
| 建议潜水季节 | 全年 |
| 难度等级 | 容易 |
| 潜点特色 | 许多北极物种 |
| 能见度 | 3～12米 |
| 水流强度 | 涨潮时强，平缓时弱 |

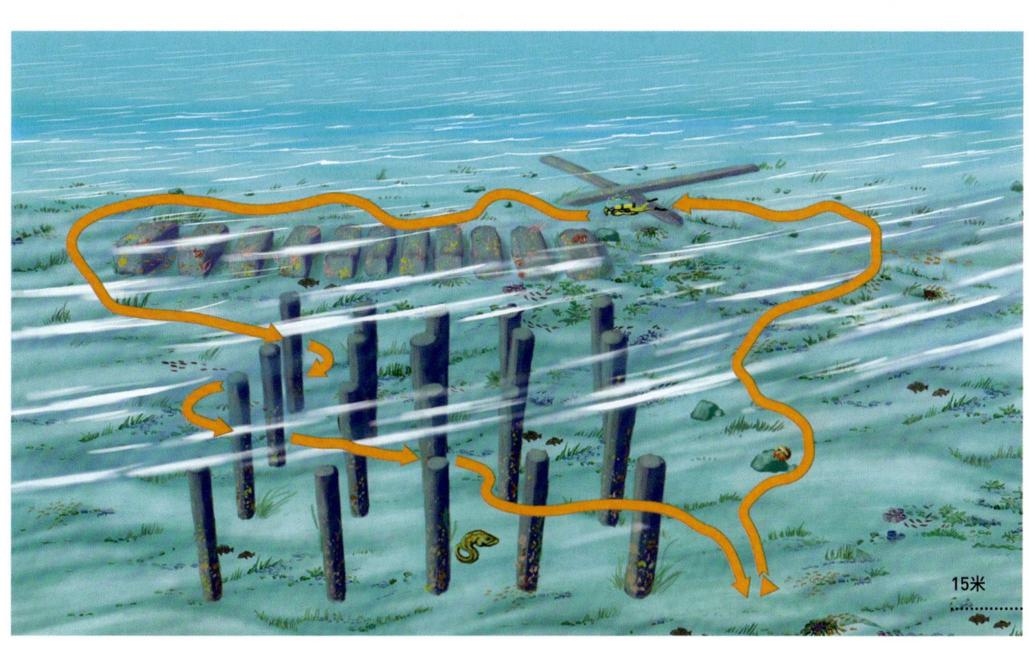

仍记得第一次来到这里的情景，非常不可思议。在这个废弃的码头下，我发现了一个“水下天堂”。在靠近海岸的地方，或是有着同样深度但遥远的南方海域，这种情景都是极为罕见的。一大群北极无脊椎动物、柔软的粉色珊瑚和筐蛇尾（一种棘皮动物）、裸鳃类、被囊类以及多腕葵花海星（*Pycnopodia helianthoides*），与远离原生栖息地且已适应这里环境的生物〔比如大西洋狼鱼（*Anarhichas lupus*）、美洲绵鳚（*Macrozoarces americanus*）和七彩斑斓的海葵（Tealia lofotensis）〕共同在此栖息。老码头被淹没的巨大石柱为一种数目众多的红鳃裸鳃类生物（*Coryphella rufibranchialis*）提供庇护所，这种生物在较南部的海域很罕见，同样这里还广泛分布着棕色或紫色的裸鳃类生物（*Dendronotus frondosus*）。

随着潮水的涨退，废弃码头的花岗岩石板形成了向水下延伸7～15米的障壁，障壁前是沙质的海床，散布着小块的岩石。我们能在这里欣赏到硬币大小的水螅虫、软珊瑚、伯纳德氏寄居蟹、杜父鱼、筐蛇尾以及非常常见的轮海星（*Crossaster papposus*），这种海星很特别，足足有12个触手，还会捕食其他海星。这片海床也是一种极其稀有的皱皮海星（*Pteraster militaris*）的栖息地，这种生物在一种特殊的“育儿袋”里“养育”自己的后代，通常在更靠近北极圈的海域才会发现它们的踪迹。涨潮时，这片海床的水深可达30米。

**P10 上**
潜水者经常能在伊斯特波特市的水域遇到一些蛤类（*Chlamys islandica*或*Pecten islandicus*）。如图所示，我们见到了一些十分活跃的个体。

**P10 中**
斑纹黄道蟹（*Cancer irroratus*）广泛分布于大西洋西北海域，从加拿大拉布拉多地区到美国的南、北卡罗来纳州的海岸均有分布。

**P10 下**
在海港外的水域里兴盛生长的一种海葵（*Tealia crassiformis*）。那里有一处隐秘的水下花园，为许多来自北极的归化物种提供了栖息地。

帕萨马科迪湾远离大洋，因此全年各种天气条件下均可潜水。6月至11月的水温相对适宜，但即使在夏天，海水仍然很凉，最好穿干式潜服下水。实际上，强劲的洋流会把深处的海水带到海面。在夏天，海面水温可以升至10℃，而海面下6米深的水温只有4℃。即使海岸遭受大风袭击，这里的能见度仍然不错，可达6～12米。为避开退潮和涨潮的风险，最好提前查看当地的潮汐时刻表，在水流平缓时进行潜水。

在离老码头潜点几米远的地方，就是伊斯特波特市的东方汽车旅馆（Motel East），这是一家很好的酒店，服务良好，可以让潜水者清洗自己的装备。这里还有海景帐篷营地（Seaview Campsite）和几家B & B经济型旅店，适合预算紧张的潜水者。

**P11**
伊斯特波特水域的生物多样性引人瞩目。考虑到潜点离海岸线是如此之近，水也不深，这种多样性非常罕见。

# THE ATLAS WRECK

# “阿特拉斯”号沉船

**NORTH CAROLINA**
**CAPE LOOKOUT**

**美国北卡罗来纳州——眺望角**

我怎会忘记在北卡罗来纳州海域的初次潜水呢？临近岸边的海水混浊得好似泥浆，远离海岸后就开始呈现出加勒比海的蔚蓝，好像我们刚刚穿过了一条假想的分界线。飞鱼不时从海面窜出，掠过船头，一小群海豚甚至出来与我们做伴。当然，凡事都有两面性。北卡罗来纳州沿岸的海上天气时常很恶劣，潜水可能充满困难。不过，在天气好的时候，这片水域堪称世界上最壮观的潜点之一。

北卡罗来纳州沿岸海域埋葬了许多在险滩暗礁上遇难的船只。第二次世界大战期间，德国的U型潜艇还在这里击沉了数百艘商船。随着时间流逝，这些沉船成了著名的水下景点，得益于温暖的墨西哥湾流，这里的沉船不像新泽西州和纽约州沿岸的沉船那样待在冰冷的海水里。

20世纪80年代，在北卡罗来纳州沉船周围的数次潜水探险中，人们发现沙虎鲨（*Carcharias taurus*）喜欢聚集在沉船周围。虽然它们确实偏爱某些沉船，但潜水者却看到了五六十条鲨

**P12 左**
一只沙虎鲨在“阿特拉斯”号沉船周围的蔚蓝海水中巡游。

**P12 右**
沙虎鲨是北卡罗来纳州海岸众多沉船中的居民。这里有许多浅滩和暗礁，可能会对船只安全航行构成危险。

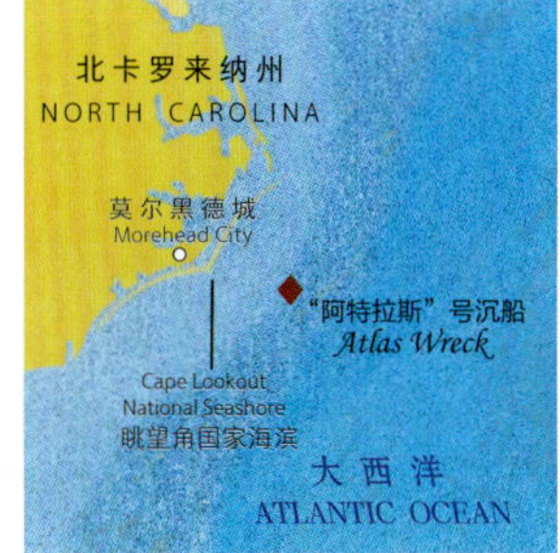


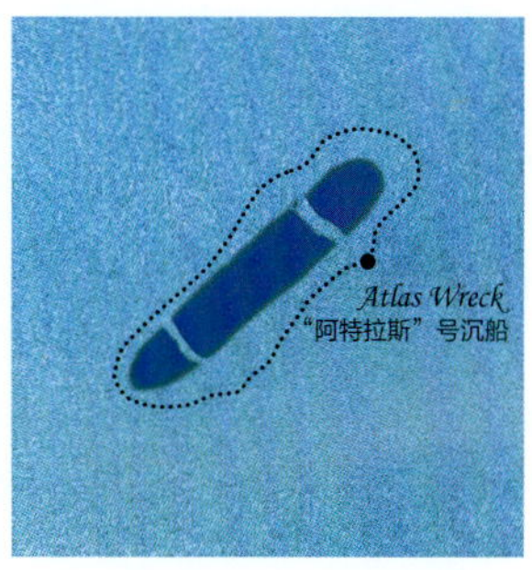


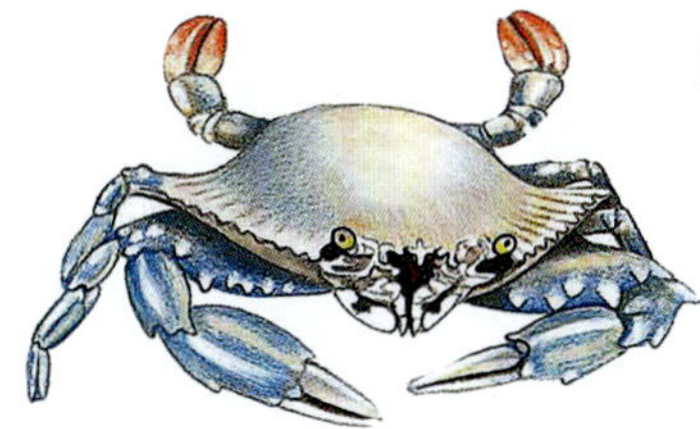

## 实用贴士

| | |
|---|---|
| 最大下潜深度 | 38米 |
| 建议潜水季节 | 4—10月 |
| 难度等级 | 普通 / 高级 |
| 潜点特色 | 沙虎鲨和狮子鱼 |
| 能见度 | 9～18米 |
| 水流强度 | 中等 |

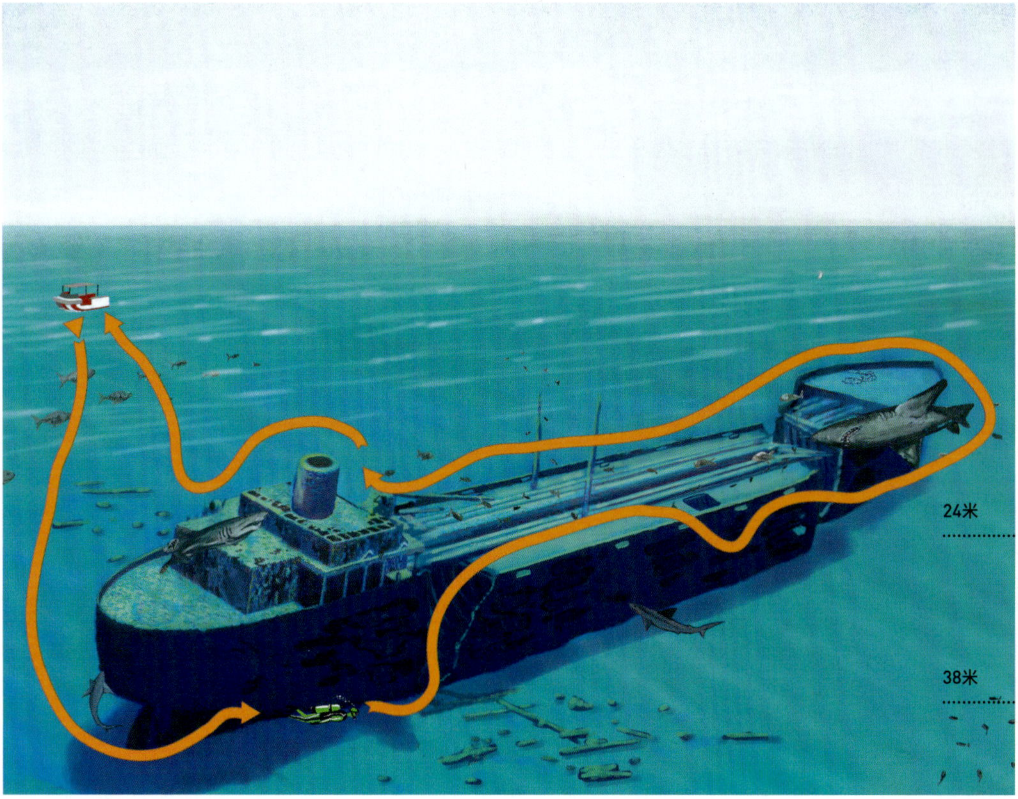

鱼成群游荡的景象。消息在潜水者之间口口相传，再加上后来专业杂志的推介，一些沉船便成了鲨鱼爱好者的最爱。生物学家说，鲨鱼之所以聚集在沉船周围，一是因为那里食物很丰富，二是为了繁衍后代。雌性鲨鱼居住在沉船附近，而雄性鲨鱼只在交配季节停留，之后便返回开阔的海域。鲨鱼通常对潜水者没有攻击性，只要不触碰，它们还是会容忍潜水者的存在。

在所有的沉船中，“阿特拉斯”号被认为是世界上观察沙虎鲨的最佳地点。这是一艘135米长的油轮，于1942年被德国U-552型潜艇击沉，从此长眠在莫尔黑德城附近海域38米深的海水中。沉船周围的水流平缓，海水能见度通常是在15米左右，但随天气状况不同也会发生巨大变化。舰桥处水深约24米，为延长下水时间，最好使用高氧潜水气瓶。

“阿特拉斯”号以航行姿态静静卧在沙床上。船

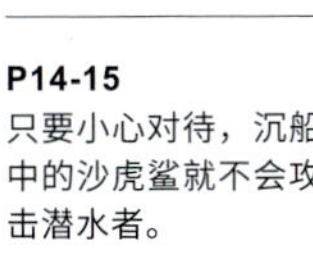

**P14-15**
只要小心对待，沉船中的沙虎鲨就不会攻击潜水者。

**P14 中和下**
沙虎鲨喜欢“阿特拉斯”号这样的沉船，尤其是雌鲨，它们找到了理想的繁殖地。

**P15 上**
与狮子鱼的惊艳邂逅。这种鱼类是更南部海域的典型生物。

**P15 下**
一只沙虎鲨的精彩影像，摄于命运多舛的“阿特拉斯”号沉船的舰桥上。这只沙虎鲨正在向沉船的防空炮台靠近。

舱是开启的，潜水者很容易在其中穿行。沙虎鲨也经常游入其中玩耍。不过，太靠近它们就可能会变成一场危险的游戏。有一次，我听到身后“砰”的一声巨响，待我转过身，便看到一条鲨鱼向远处快速游去。开始我猜想它是被吓到了，在匆忙逃离的时候撞到了什么东西。后来我才意识到，这“砰”的一声是它在快速游动时猛甩了一下尾巴。它尾鳍的力量极大，甩尾时可以发出抽打鞭子一样的钝响。为了不被鲨鱼的尾巴扫中，最好不要吓到它们。

几年前，潜水者在“阿特拉斯”号上陆续看到狮子鱼的踪迹，它们很可能是从佛罗里达的某个水族馆中逃出来的。现在，它们在北卡罗来纳州海域的沉船上繁衍生息，能在这种地方观察到太平洋的热带鱼类，真是独一无二的体验。

造访北卡罗来纳州沉船的最佳季节是4月至10月，海水温度在20～27℃，水温随着季节推进而升高。

# LITTLE BAHAMA BANK

# 小巴哈马浅滩

**BAHAMAS**
**GRAND BAHAMA**

**巴哈马——大巴哈马岛**

巴哈马浅滩面积约为18万平方千米，由沙洲和浅水珊瑚礁组成，栖息着亚热带的海洋动植物。在信风的推动下，温暖的洋流将养分从大西洋中部带到这片海域。

这里的自然环境具有典型的加勒比海特征。由于缺少造礁珊瑚，海底没有形成堡礁，而是由石灰岩和火山岩组成，上面生长着一种独特而奇异的植被。红海或赤道附近太平洋海域中常见的鲜亮色彩，在这里无处可寻，取而代之的是四下沉静而柔和的各种白色、黄色、粉色、灰色和绿色。

**P16 左**
灰神仙鱼是加勒比海的完美象征。

**P16 右**
借助手电筒的灯光，你可以好好地欣赏奥林波斯山海床上这块亮丽的红色海绵。

## 实用贴士

| | |
|---|---|
| 最大下潜深度 | 15米 |
| 建议潜水季节 | 9—4月 |
| 难度等级 | 容易 |
| 潜点特色 | 和海豚一起游泳 |
| 能见度 | 30米 |
| 水流强度 | 弱 |

6米

15米

70米

**P18-19**
在柳珊瑚的荫蔽下，成群的仿石鲈在一艘沉船的残骸中游动。

**P18 下**
一条红尾鹦鲷（*Sparisoma chrysopterum*）正准备度过夜晚。

**P19 上**
数量可观的扇状柳珊瑚是奥林波斯山的特点，其间还夹杂着美丽的加勒比海海绵。

**P19 下左**
在巴哈马群岛的海底沙床上经常能遇到鳐鱼，这是一条美洲魟（*Dasyatis americana*）。

**P19 下右**
图中是两条法国神仙鱼。这种鱼喜欢生长着柳珊瑚的珊瑚礁中最浅的区域。

小巴哈马浅滩是大巴哈马岛北部浅滩的一部分，深度不超过15米。它的沙床上散布着小型的岩石，栖息着扇状、鞭状的柳珊瑚，珊瑚虫，各种形状和大小的海绵，还有巨大的法国神仙鱼（巴西刺盖鱼，*Pomacanthus paru*）、女王神仙鱼（额斑刺蝶鱼，*Holocanthus ciliaris*）、灰神仙鱼（弓纹刺盖鱼，*Pomacanthus arcuatus*）、多彩的成群仿石鲈（黄线仿石鲈，*Haemulon flavolineatum*；普氏仿石鲈，*Haemulon plumierii*；蓝仿石鲈，*Haemulon sciurus*）、笛鲷（*Lutjanus* sp.）、鲻鱼、眼带石斑鱼（*Epinephelus striatus*）、护士鲨（*Ginglymostoma cirratum*）、鳐鱼、金梭鱼等等，数不胜数。

这里有许多美丽的潜点，比如奥林波斯山有着壮观绝美的柳珊瑚林和软珊瑚，黄色或银色的鱼群在其中忽隐忽现。还有“蜜糖”号（Sugar Wreck）沉船，这是一艘曾满载着糖的失事货船，现在被粉色和黄色茎干的柳珊瑚覆盖，成群的珊瑚鱼躲藏其中。到了晚上，巨大的棱皮龟（*Dermochelys coriacea*）和礁鲨会在沉船周围游荡。

这块海域的独特之处在于几乎每次潜水都能遇到海豚，这里是众多条纹原海豚（*Stenella coeruleoalba*）和瓶鼻海豚（*Tursiops truncatus*）的栖息地。有时，十几只海豚会一起游过，运气好的话，甚至能够看到五十只到上百只海豚成群结队的场景。你只需要在浅滩上闲游，便会与它们相遇，尤其是在下午。更让人惊喜的是，小巴哈马浅滩的海豚友好又大方，条纹原海豚会直接游到你面前，在你身边来来回回，停停看看，嬉戏十来分钟，仿佛在邀请你远离人类的世界，投奔到它们之中。单单是这种不可思议的经历就足以让整个行程物有所值，也证明了这些神奇的海洋哺乳动物是如此聪慧可爱。

**P20 上左**
在奥林波斯山的暗礁上，一只大型的烛台状柳珊瑚繁茂生长。

**P20 上右**
三只花斑原海豚（*Stenella frontalis*）一同游过来，似乎想和潜水者一起玩耍。

**P20 下**
一条护士鲨在沙洲的延伸带上找到了理想的栖息地。

**P20-21**
一条被鲫鱼附着的佩氏真鲨（*Carcharhinus perezi*），遇到潜水者它也没有逃跑。

**P21 下**
一大群马丁拟羊鱼（*Mulloidichthys martinicus*）以紧凑的队形游动着，也许是感知到了拍摄者的迫近，它们正在试图躲避。

# MOLASSES REEF

# 糖蜜暗礁

**FLORIDA KEYS**
**KEY LARGO**

**美国佛罗里达群岛——基拉戈岛**

**P22 上**
一小群大西洋棘白鲳栖息在珊瑚的低凹处。这种鱼类在潜水者面前表现得很大方，还很喜欢潜水者弄出的泡泡。

**P22 下**
虽然巴拉金梭鱼（*Sphyraena barracuda*）在清澈的海水中并不具有攻击性，但近距离目睹它们有力的牙齿总能让人印象深刻。这种鱼最长能长到2米。

佛罗里达群岛位于美国佛罗里达半岛的南面，是一个由两百多个岛屿组成的长弧形群岛，从东北向西南绵延300多千米。温暖的墨西哥湾流从佛罗里达的珊瑚礁中穿过，给沿岸岛屿带来了温暖的气候和亚热带植被。

42座跨海大桥将两百多个岛屿中的34个连接起来，形成了著名的美国国家一号公路。公路旁有英里里程路标，这对于确定你在群岛中的位置至关重要。基拉戈岛刚好位于第100英里的路标处。

将佛罗里达群岛的海底地形与巴哈马群岛做个比较，就能发现该地区真正的珊瑚礁其实离海岸线很远，沿岸海域布满了红树林和大叶藻（*Zostera marina*）。从生态学的角度来说，这些广阔的浅水区域非常重要，它们是许多海洋生物的繁殖地，也是幼鱼度过生命最初阶段的地方。

中心地带由整块珊瑚礁构成，常常被大叶藻包围。这里的海床稍深，有3～5米。近海珊瑚礁地带同样由几乎生长到海面的大块珊瑚礁组成，海水特别清澈，是一片很棒的潜水区域。海床向下倾斜渐渐延伸到深处的暗礁，珊瑚礁在海底形成横沟纵壑，有时又像手指一样从沙子里伸出来。珊瑚礁可到达的外海区域广阔

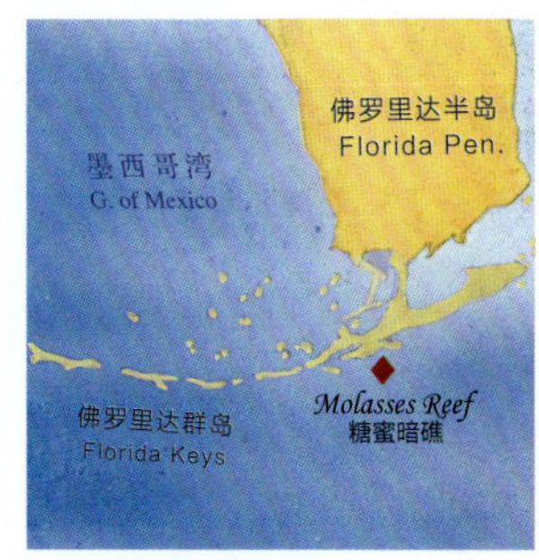

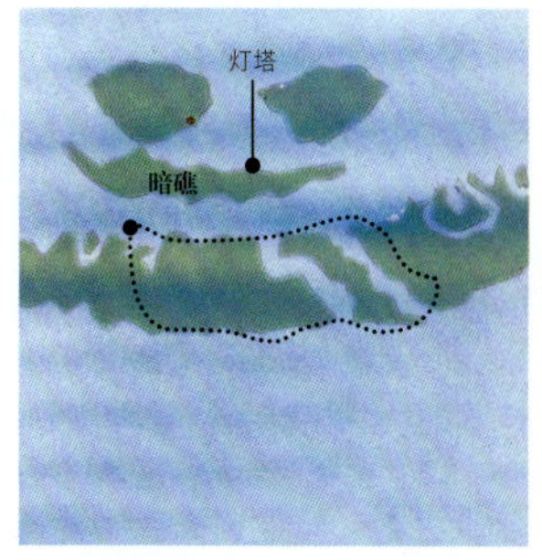

## 实用贴士

| | |
|---|---|
| 最大下潜深度 | 17米 |
| 建议潜水季节 | 9—4月 |
| 难度等级 | 容易 |
| 潜点特色 | 大西洋棘白鲳 |
| 能见度 | 30米 |
| 水流强度 | 弱 |

6米

17米

而多沙，深度可达17～20米。

由于珊瑚礁离海岸很远，不能从岸边直接下水，所有的下潜都得从船上开始。在佛罗里达群岛，用于潜水的船只都由海岸警卫队专门建造和检测。船上安全是第一位的，而且所有的潜点都有详细的介绍说明。

**P24-25**
一只巨大的海葵（*Paracondylactis gigantea*）伸展着它的触手。触手的顶端膨胀且呈亮粉色，隐藏着有毒的刺囊。

**P24 下左**
一只清洁虾（*Periclimens yucatanicus*）停留在一只海葵的触手上。它们之间的共生关系意味着海葵可以得到清洁，而虾可以得到保护。

**P24 下右**
尾巴、黄色的鳍以及身上的斜纹是法国石鲈的特征。这是加勒比海和佛罗里达地区分布最为广泛的鱼类。

**P25 上**
生长在石珊瑚中的一群丛生管虫（*Bispira brunnea*）。这种物种通过分裂的方式进行无性繁殖，所以常常呈丛生状态。

**P25 下左**
一大块珊瑚礁从白色的沙床中伸展出来，上面长满了柳珊瑚和各种各样的海绵动物。

**P25 下右**
一条斑点管口鱼（*Aulostomus maculatus*）静静地潜伏在珊瑚中，注视着拍照者的一举一动。这种生物会改变颜色和体态来适应环境。

基拉戈岛周围的海域是约翰·彭尼坎普珊瑚礁州立公园（John Pennekamp Coral Reef State Park）的一部分。该公园于1960年开放，是美国第一座水下公园，以佛罗里达居民约翰·D.彭尼坎普的名字命名，纪念他为保护珊瑚礁及自然环境做出的卓越贡献。从岸上到最后一块珊瑚礁，这片区域绵延5500米，最深处达90米。

如果你问任何一个到过基拉戈的潜水者“最喜爱的潜水地点是哪里”，答案一定都是糖蜜暗礁。这片珊瑚礁位于公园南部的边界，是最为多彩的一片区域。不远处就是著名的沉船“杜安”号（Duane），该船是专为潜水者而弄沉的，附近还有许多不幸触礁沉没的船只。现在，糖蜜暗礁上已经建起了作为航标的灯塔。

墨西哥湾流穿过这片珊瑚礁，带来了新鲜健康的海水，极有利于动植物的生长。你甚至能在这里发现大型的远洋鱼类。即使在水不是很深的地方，珊瑚礁的地形也非常有趣，其中交错着小峡谷和绵延的沙洲。接近海面有一座海底高地，高地边缘急剧下落，最深处达17米。一些地方有着突出的迷你墙（Miniwall），在其下面，鱼群以一种罕见的方式聚集在一起。潜水者能在这里探索许多洞穴和通道。

**P26 上**
一条八带笛鲷（*Lutjanus apodus*）躲藏在突出的礁石下。这种鱼通常群居生活，但不愿被人靠近。

**P26 中**
正在对峙的两条石斑鱼（可能是伊氏石斑鱼，*Epinephelus itajara*）。从体型来看，这应该是两条争夺地盘的雄鱼，在对峙中，它们极具标志性地张着嘴并抖动身体。

**P26 下**
一条护士鲨在珊瑚礁的低凹处休息，头顶上还附着一条鲫鱼。这种鲨鱼的皮肤像砂纸一样粗糙。

无论你是在火珊瑚洞（Fire Coral Cave）、迷你墙还是韦尔伍德斜坡（Wellwood Side）入水都无关紧要，糖蜜暗礁的各个地方都很有意思。在一个叫“墙洞”的地方，你能在其平整的底部看到一个被称为“西班牙锚”（Spanish Anchor）的巨锚。

不管向何处望去，你都能看到生长在隔断物边缘和珊瑚礁表面的麋角珊瑚，它们向外伸展着巨大的分枝。这种珊瑚是加勒比海和大西洋西部的典型物种。

除了珊瑚，你还能在四周看到各种成群结队的小鱼，比如法国石鲈、蓝纹石鲈和白石鲈。管口鱼一动不动地潜伏在珊瑚枝之间，它们的外貌和珊瑚的枝条极为相似，这意味着猎物会在毫不知情的情况下被管口鱼捕获。巨大的法国神仙鱼以及同科的其他鱼类随处可见。这里的灰神仙鱼和女王神仙鱼色彩鲜艳夺目。

珊瑚礁中如同水族馆一样，目力所及之处尽是五颜六色的小鱼，还有海鳝和鲈鱼等较大的鱼类。在外海也

**P26-27**
一条绿裸胸鳝（*Gymnothorax funebris*）从礁石的裂缝中伸头露齿。这并不是恐吓行为，只是为了让水流经过鳃部以进行呼吸。

**P27 下**
一条鹦嘴鱼正向摄影者展示身体侧面。这可能是一条幼年红尾鹦鲷，通常在这个时期发育雌性生殖器。

能遇见有趣的景象：在遍布黄尾鱼的浅滩附近，珊瑚礁上方游荡着至少8条大西洋棘白鲳（*Chaetodipterus faber*）。这些鱼身长可达50厘米，看起来很像热带蝙蝠鱼，但其实跟它们并没有关系。

在糖蜜暗礁中畅游，要记住一点：时间飞逝，你的氧气很快就会用完！

# CABO FRANCÉS

# 弗朗西斯角

**CUBA**
**ISLA DE LA JUVENTUD**

**古巴——青年岛**

弗朗西斯角位于古巴的青年岛，那里的水下地貌令人印象深刻。海面下的岩壁与大陆架边缘正好重合，海底地形在此急剧下降，最深处可超过1000米。这是一处著名的潜点，几十年来，它清澈的海水、不可思议的深度以及其中巨大的海绵动物吸引着全世界的潜水爱好者在此相聚。水下海床在20米深处开始迅速下降并消失在蓝色的深渊中，直到落入百米之下的海底。这片峭壁非常狭长，无论是沿着峭壁还是在后面的浅滩，随处可以下水进入。这里到处都是各种形状和大小的海绵动物，从肉眼几乎看不见、在珊瑚礁中掘穴过活的微小种类到直径可达3米的巨型象耳海绵，应有尽有。不要走马观花或是只关注它们的大小：海绵动物不是没有生气的东西，而是活生生的生物，它们生长、繁殖，并且战斗；你能看到它们为了争夺空间和阳光，在岩礁上进行一场无声而残酷的生存竞争。作为这片海域的特色景观之一，它们值得细细观察。即使是同一个物种，由于

**P28 上**
弗朗西斯角的水下有岩壁垂直落入深海，而清澈的海水常常会造成对水深的误判。照片前景中是一只桶状海绵，虽然看起来潜水者在海面附近，但根据微弱的光线可以判断他所处的水深并不浅。

**P28 下**
陆地上的植被一直延伸到由白色珊瑚礁颗粒形成的海滩边缘。

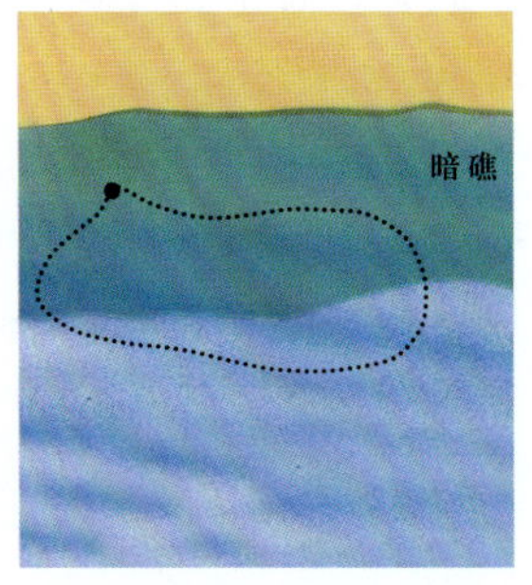

## 实用贴士

| | |
|---|---|
| 最大下潜深度 | 20米 |
| 建议潜水季节 | 5—11月 |
| 难度等级 | 容易 |
| 潜点特色 | 成群的大海鲢 |
| 能见度 | 30米 |
| 水流强度 | 经常变化 |

环境和水深的差异，不同的海绵个体也会呈现出千姿百态的外形。它们用身上数以千计的小孔将海水抽入体内，过滤之后再通过身体中间的大排水口将海水排出。一只中等大小的海绵24小时之内就能抽提200升的海水。

岩壁上有好几处洞穴，其中一个非常大的洞穴向下延伸达50米。由于洞顶是开阔的，你在洞里能看到身披巨大银色鳞片的大海鲢（这是加勒比海的典型鱼

---

**P30-31**
一名潜水者在一处水下洞穴里遇见了一群大西洋大海鲢（Megalops atlanticus）。这种鱼类的领地感很强，一群鱼可以在一个地方生活数年时间。

**P30 下**
一大群银色的小鱼藏在一处沟壑中。鱼群非常紧凑，手电的光几乎无法穿透；它们成群活动，这样可以降低单个个体被捕食的风险。

类）以明亮的海面为背景慢慢游过。

海下岩壁上有一处垂直的切口，它有一个浪漫的名字——爱情隧道（Tunnel of Love）。隧道岩壁上生长着巨大的海绵，你可以在其中穿行而过。岩壁后面的珊瑚礁深度不会超过15米。白色沙床上形成了许多石珊瑚，是专家级潜水者的爱好所在。一群群大海鲢在3～4米高的珊瑚礁旁游来游去。石斑鱼到处都是，而且因为潜水者经常带着食物，它们都很容易接近。没有哪种鱼会对送上嘴的美食不屑一顾，而导游经常利用它们这个弱点，把潜水者带到离它们足够近的地方。

隐士山（El Cabezo Solitario）是一块孤礁，有许多甲壳类“清洁工”在此安家。岩缝中的海葵扭动着长长的触手；在这里，许多紫色透明的小虾会为来来往往的鱼儿清理身上的寄生虫。附近的石斑鱼张着大嘴，似乎因为得到如此细致的打理而受宠若惊。礁石沟壑的岩壁上生长着许多可爱的紫色柳珊瑚，仔细观察它们的枝条，你能在上面发现一种叫作“火烈鸟舌”（Flamingo tongues）的软体动物。这种动物是加勒比海所特有的，不受打搅时，它们会把自己壳上的花纹伪装成方形图案，隐藏在柳珊瑚枝的背景中。

潜水的间歇，你可能会在海上餐馆就餐休息。然而，即便是支撑海上餐馆的平台下面这种最不起眼的地方也值得一去，哪怕你只有一副面罩和一双脚蹼，因为你能在平台支柱之间发现大群密集的热带短须石首鱼。这里的海水能见度常常一般，不过绝对值得一跃而入。这片海域最好的潜水时间是5月到11月，不过要避开降雨最多的9月和10月。

**P31 上**
扇状柳珊瑚在礁石上总是以合适的角度生长，这个角度通常会使其与水流的接触面积尽可能大。

**P31 中**
从照片的拍摄角度看，潜水者好像是从管状海绵中钻出来一样。柳珊瑚和这种管状海绵是加勒比海的典型生物。

**P31 下**
在礁石的突起处生长的枝状海绵。这样的生长方式增加了水流与体表的接触面积，可以达到营养吸收的最佳效果。

# CABEZERIA DE CAYO BLANCO

# 卡约布兰科岬角

**CUBA**
**CAYO LARGO**
**古巴——拉戈岛**

在古巴本岛和拉戈岛之间蜿蜒着一道很深的水下峡谷，沿着这条巨大的峡谷岩壁，边上便是卡约布兰科岬角，它在水下直落200米之后又缓缓地伸向更深的海域。卡约布兰科岬角有加勒比海最为精彩的几处潜点。这里的场景非常梦幻，水下峡谷通向环绕在拉戈岛北面的一片开阔浅滩，即“花园浅滩（Jardines Bank）”，长长的礁石带和白色沙洲随着潮水的涨落而时隐时现。

这片半海半陆的广阔区域在一面猝然下降200米的岩壁处骤止，这个交界处经常形成强劲的水流，这有利于底栖生物和珊瑚鱼类的生长繁衍。这里如此丰富的生物对所有路过此地的远洋鱼类产生了难以抗拒的吸引力，大型锤头双髻鲨和虎鲨在每年中的头几个月经常造访这片海域。

**P32 左**
环绕拉戈岛的众多珊瑚岛礁之一，周围是白色的海沙和蓝绿色的海水。这是这一区域的典型景观。

**P32 右**
鸟瞰拉戈岛。清澈的海水使海底清晰可见。

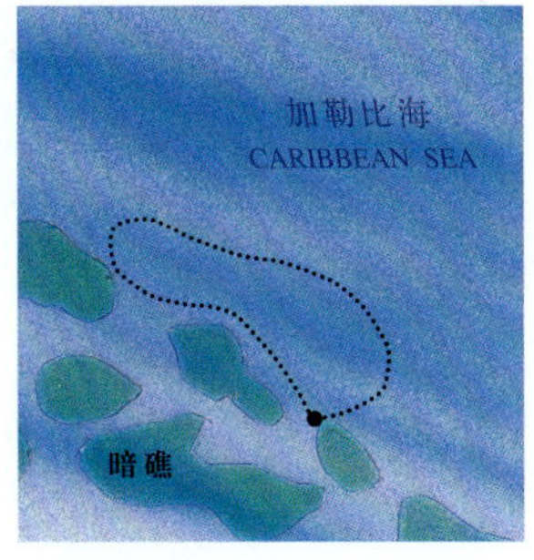

## 实用贴士

| | |
|---|---|
| 最大下潜深度 | 16米 |
| 建议潜水季节 | 6—12月 |
| 难度等级 | 专家级 |
| 潜点特色 | 许多大型鱼类 |
| 能见度 | 超过30米 |
| 水流强度 | 强 |

10米

16米

**P34 上**
一条灰神仙鱼在礁石上游动。它们一般成对活动，并不害怕潜水者的接近，常常会自己游过来。

**P34 下左**
巨大的伊氏石斑鱼从洞穴中探出头来。一条鲫鱼附着在这种身长可达2米的大鱼身上。

**P34 下右**
一群丛生管虫。它们触手上的绒毛（颜色可能不同）用于呼吸和取食。

很难在这个岬角精确地标出一处潜水点。这里的水下岩壁基本上没被开发过，有着丰富的底栖生物：珊瑚虫、海绵、柳珊瑚，以及各种鱼类，包括巨大的牙鲷、热带石斑鱼和护士鲨。这里还是大型远洋生物的地盘，比如鲨鱼（包括鲸鲨）、魔鬼鱼和鹰鳐、鲹鱼以及洄游鱼类。在这里潜水，你得一只眼盯着岩壁，一只眼盯着开阔的海域，最重要的是仔细观察沿着岩壁不断游动的鱼。真正非比寻常的是在当地“蓝洞”中探索，这个礁石中的大洞里漆黑一片，倒是谈不上什么“蓝”。你得从一处相对较浅的隐蔽入口进入其中，然后顺着礁石下曲折的通道到达洞穴深处。洞穴中光滑的岩壁上虽没有什么生命迹象，但在黑暗的洞穴里下潜还是相当惊险刺激的。整个岬角都很有趣，特别适合专家级的潜水者，这倒不是因为必须到达极深的深度才能看到大型鱼类（实际上它们会在接近水面的区域游动），而是因为这里强劲的水流会使许多下潜活动最后都变成“漂流”。不过，每个人还是都能找到适合自己的，即使是不能下潜太深的新手也能享受与海洋霸主的邂逅。在这些几乎未知的地方潜水，每个人都能乐在其中。各种鱼类（石斑鱼、牙鲷、鳐鱼）的数量之多说明这片区域仍然人迹罕至。此外，造访角鲨湾（Gulf of Cazones）的最佳时间是盛行东南风的6月至12月。

**P35 上**
一条纳氏鹞鲼（*Aetobatus narinari*）在光下的剪影。这种动物很难接近，它们的身上布满斑点，尖尖的头上有双大眼睛。

**P35 中**
一条美洲魟在混合着海沙和礁石的海底游动。这种魟鱼一边在沙床上巡游，一边寻找沉积物中的无脊椎动物。

**P35 下**
一群八带笛鲷（*Lutjanus apodus*）在礁石上方游动。这种鱼总是成群活动，常停在柳珊瑚遮蔽下的大块珊瑚礁上休息。

# SANTA ROSAS WALL

# 圣罗萨斯岩壁

**MEXICO**
**COZUMEL**

**墨西哥——科苏梅尔岛**

墨西哥的科苏梅尔岛位于尤卡坦半岛东北海岸12千米处。它是一个长47千米、宽15千米的小岛，岛上最高点的海拔只有14米。科苏梅尔岛是该海岸三个岛屿中最大的，其他两个岛屿是穆赫雷斯岛和孔托伊岛。

科苏梅尔岛的水下世界是世界第二大珊瑚礁伯利兹珊瑚礁的一部分。伯利兹珊瑚礁从穆赫雷斯岛南端一直延伸到洪都拉斯湾，长达300千米。

科苏梅尔岛四周围绕着珊瑚礁浅滩，由于东岸的潮汐迅猛，岛上几乎所有的潜水活动都在背风的西岸进行。你可以从岸边直接下水，然后轻轻划几下脚蹼就能到达地势猝然下降的地方。这里可以使用信用卡租借潜水装备，还可以租车沿海岸行驶。岛上有20家潜水商店，每一家都能为你提供潜水点的清单。

**P36 左**
一只巨大的柳珊瑚随着水流招展枝条。水流对于它的生长至关重要。

**P36 右**
一群白仿石鲈（*Haemulon album*）沿着珊瑚礁游动。这种鱼不分昼夜地进食，翻找沙层中的底栖无脊椎动物。

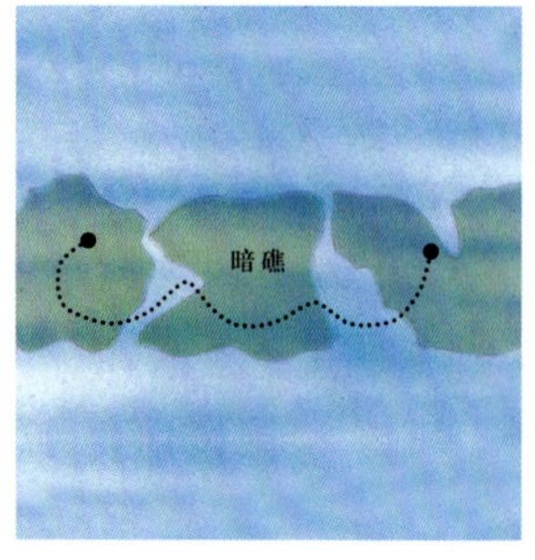

## 实用贴士

| | |
|---|---|
| 最大下潜深度 | 20米 |
| 建议潜水季节 | 9—4月 |
| 难度等级 | 普通 |
| 潜点特色 | 大型绿裸胸鳝 |
| 能见度 | 超过40米 |
| 水流强度 | 中 / 强 |

P38 上
珊瑚礁之间一处宽阔的缝隙。阳光从上面照下来，形成了一幅生动的单色画面，海底的白沙与之辉映，使这幅景色更具美感。

P38 下
数百条巴拉金梭鱼成群游动。它们幼年时会集群活动，成年之后则是独来独往。

P38-39
珊瑚礁上，一条女王神仙鱼（额斑刺蝶鱼，*Holacanthus ciliaris*）面对着镜头，似乎已经摆好拍照姿势。它常常躲在柳珊瑚中，幼鱼会为柳珊瑚清洁身体。

在科苏梅尔岛潜水，必须充分重视水下环境，合适的浮力控制装置也是必备工具之一。

科苏梅尔岛的水下世界是加勒比海东北部海域的典型代表。这里的珊瑚礁区域分为三类：浅水礁、中水礁（中等水深的礁石）和峭壁。

水下地貌，尤其是浅水礁和中水礁的区域，常常被称为“sandshuts”的长方形冲沟所隔断。这些冲沟一直延伸到岸边，是冰河时期的陆地被急速的水流冲刷而形成的。今天，这片海域已经被石珊瑚、白珊瑚和各种海绵所覆盖，呈现出非凡的美景。恒定的水流使得科苏梅尔岛附近的海水清澈见底，能见度有时可达50米。水温也几乎全年不变，从冬天的25℃到夏天的29℃。

这片海域的鱼类数量令人惊叹。即使看不到大型远洋鱼类，潜水者也能在水下峭壁或中水礁的地方下水，然后接连不断地碰见纳氏鹞鲼、梭鱼、鲹鱼、钝吻真鲨和污翅真鲨，

**P39 下左**
微型环境展示了不同种类生物之间的复杂关系，各种各样的海绵占据主导地位。这里最常见的就是黄绿色的海绵。

**P39 下右**
被柳珊瑚和其他无脊椎动物簇拥着，这只管状海绵的巨大分枝从硬珊瑚中钻出。

还能经常在沙床上发现美洲魟，在悬凸的礁石下方找到大型护士鲨。

这里的珊瑚鱼包含了加勒比海所有的种类。最常见的是神仙鱼，还有成群的鲷鱼，它们主要在中等水深的礁石附近游动。科苏梅尔还拥有一种特有鱼类——光灿礁蟾鱼（*Sanopus splendidus*），它们白天躲在悬凸的珊瑚礁下，夜晚才出来在珊瑚礁上游荡，捕食速度极快，所以最好别碰它们，小心被咬伤。在夜潜的时候，你还能在水中听见它们磨牙的声音。

圣罗萨斯岩壁是一处水深10～12米的珊瑚海台，台地边缘向下垂直落入深海，形成一面珊

**P40-41**
一条礁蟾鱼从它的巢穴中探出头来。这种鱼在科苏梅尔非常常见，是当地的特有物种。

**P40 下左**
一条护士鲨在沙床上休息，它把头藏在珊瑚礁的岩缝下面，一条䲟鱼附着在其尾部。

**P40 下右**
一条停在石珊瑚间的长刺真鳂（*Holocentrus rufus*），可以通过它背鳍顶端的三角形标记区别与之相近的物种。

**P41 上**
大型海绵是这里永远的特色，它们的存在意味着这里的海水含有丰富的有机物，这些有机物可促进海绵大量生长。

**P41 下左**
一丛柳珊瑚覆盖了一块突出的礁石，还生长着黄色的海绵和仙掌藻（*Halimeda* sp.），后者是一种不寻常的绿藻。

**P41 下右**
不同的动物使用相似的方式从水流中捕获浮游物质。柳珊瑚使用它们微小的触须捕捉有机颗粒，而图中的红色海绵则通过过滤海水的方式获得营养。

瑚礁岩壁。潜水者可以通过礁石之间的通道穿行，也可以透过通道望向另一边的深海。陡峭的岩壁上布满了深海柳珊瑚、海绵等生物，包括橘红色的象耳海绵以及超过90厘米长的黄色管状海绵。

在黑珊瑚和死去的柳珊瑚枝上，你可能会看到奇妙的海鞘纲被囊动物（Ascidiacea）。鱼类主要在小于20米水深的区域活动，下面则是植被的世界。在这些鱼类中，有巨大的黑石斑鱼（博氏喙鲈，*Mycteroperca bonaci*）和滑动着长长的身体穿过石缝的绿裸胸鳝。在礁石的沟壑里还能发现整群的眼斑龙虾。

潜水通常从珊瑚礁的后方开始，然后游过略微倾斜的沙洲，到达珊瑚礁。珊瑚礁被一些通向陡峭斜坡的冲沟隔断。这些冲沟的底部覆盖着白沙，而珊瑚礁的突出部分则被白珊瑚和海绵所覆盖。海绵明亮的颜色与海水的蔚蓝形成对比，令人赏心悦目。在沟壑中感觉不到明显的水流，一旦游到外海一侧的陡坡，就会感到被水流缓慢而持续地拖曳。这时，你只要放松下来，便可享受被水流轻轻推着，沿着珊瑚礁漂流的奇妙感觉。

如果看到了什么有趣的东西，轻划几下脚蹼就能游到珊瑚礁边。那里水流很弱，你可以稳定下来，驻足观赏。这里的海水特别清澈，你能清晰地看到限制潜水深度以下的景象，想去更深处一探究竟的冲动会非常强烈。

# BLUE HOLE

# 蓝洞

## BELIZE<br>LIGHTHOUSE REEF

## 伯利兹——莱特豪斯礁

**P42 上**

蓝洞是水下洞穴的顶部坍塌形成的空洞，洞内深蓝色的海水和周围海床的浅色形成鲜明对比。

**P42 下**

蓝洞内部的岩壁直达海底黑暗的深渊。海水清澈，你必须时刻留意深度表，以防无意间下潜太深。

伯利兹堡礁是仅次于澳大利亚大堡礁的世界第二大堡礁，它沿着伯利兹海岸绵延280千米。这条堡礁带与海岸线近乎平行，距离陆地13～24千米，为潜水者提供了一个几乎从未被破坏的水下世界。在堡礁和陆地之间是平坦的沙质海床，上面点缀着许多被称为“Caye”的红树林小岛。在伯利兹堡礁东边，海床向下深陷形成了三个独立的环礁：特内夫群岛、格洛弗礁和莱特豪斯礁。其中，莱特豪斯礁是最棒的潜水胜地。

伯利兹沿岸的海洋动植物都是加勒比海的典型物种，但颜色和种类更丰富。在一些地方，每年都有数以千计的鲈鱼交配，刺鱼会为即将进行的新婚之旅在那里相聚，海豚嬉戏玩耍，迎接潜水者的到来。这片区域处在洋流交汇的海域，生长着繁盛的珊瑚和海绵。在环礁外围潜泳时，你会发现礁岛的陡峭外壁笔直地下降，直达1000多米深的海底。这里的水温全年相差不大，冬季为23～25℃，夏季为25～28℃。在堡礁边的岛屿和环礁上所有的著名景点，都有负责运送游客到各个潜点的潜水中心。被称为“船宿”（Liveaboard）的潜水专用船也会在这片水域四处巡游。

加勒比海的许多地方都有蓝洞，比如安德罗斯岛和大巴哈马岛，而最大的蓝洞则位于莱特豪斯礁几乎正

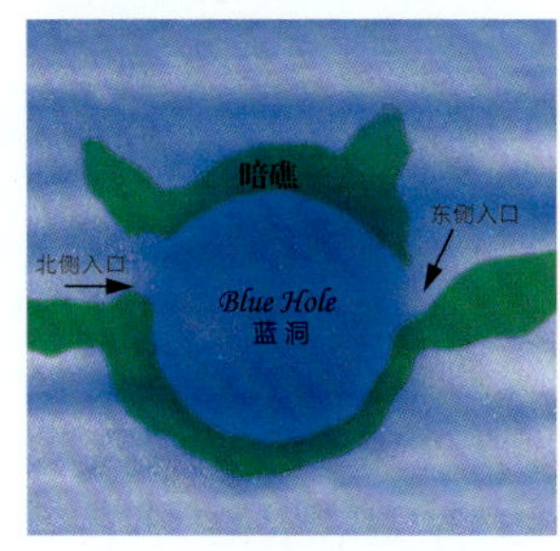

## 实用贴士

| 最大下潜深度 | 145米 |
|---|---|
| 建议潜水季节 | 9—4月 |
| 难度等级 | 专家级 |
| 潜点特色 | 水下钟乳石 |
| 能见度 | 超过40米 |
| 水流强度 | 无 |

40米

145米

中心的位置。冰河时期的海平面比现在低几百米，大量的水侵蚀砂岩岩体，将其掏空，便有了这些喀斯特洞穴。蓝洞内的石笋和石钟乳证明了它们一度干涸，后来，海水淹没这片区域，洞顶坍塌，形成了环形开口，这就是典型的水下“天坑”。1972年，海洋探险家雅克·库斯托（Jacques Cousteau）驾驶着他的“卡里普索”号驶入蓝洞，并使用微型潜水器探索了洞底，从而揭开了蓝洞的神秘面纱。这个蓝洞有两个入口，小型潜水器可以穿过并进入洞中。

蓝洞直径达400米，深145米。洞壁陡峭，在突出的礁石下，潜水者能够找到钟乳石，有些长度超过3米。蓝洞里没有什么特别的海洋生物，这也不是蓝洞的魅力所在。在这里潜水是对古老时光的一种

**P44-45**
洞内一片漆黑，潜水者在钟乳石之间游动。微弱的光线和有限的水动力意味着这里不适宜大多数海洋生物生存。

**P44 下**
一名潜水者在蓝洞的入口处用手电照射着巨大的钟乳石。这些岩石是在岩洞被海水淹没前，由碳酸盐沉积物形成的。

**P45 上**
柳珊瑚在洞口周围海床的珊瑚礁上肆意生长着。

**P45 下**
一小群巴拉金梭鱼在沙床上巡游。它们只在海水浑浊时对人类构成威胁。

回溯，可以给潜水者留下难忘的印象。蓝洞的下潜深度可达40米到145米，这对潜水者提出了极高的要求。在下水之前，会有人详细告知潜水者这次潜水的出发、持续时间和潜水深度；按照规定，必须有潜水专家陪同下水。

洞中的光线比较微弱，为了更好地观察钟乳石，也是出于安全考虑，必须随身携带手电。

摄影爱好者最好选择高感光度来捕捉暗背景中的影像；摄像时需要人工照明。

最大的钟乳石位于蓝洞西北侧，离北入口不远。这条斜坡通道的沙层上覆盖着棍状的珊瑚礁，潜水可以将这里作为起点和终点。按照规定，在潜水开始的地方会有一个小浮标，其缆绳一直延伸到峭壁。向深处的下潜就从浮标处开始，此时必须对浮力控制加倍小心，因为你下方是150米的深渊。与开阔海域的珊瑚礁相比，这里的礁壁很光滑，上面覆盖着棕色和绿色的海藻。即使头顶有阳光的时候，30米以下的海水中也已是一片漆黑，必须使用手电筒。在水深40米处，可以看到钟乳石的黑色剪影。手电筒的光束在岩壁下悬挂着的松塔形钟乳石上投射出一道魅影，一些钟乳石的形状扭曲得好似一把螺旋酒钻，多么奇妙的景象！在海底的时间过得飞快，必须对潜水装备时刻留心。潜水的终点，即沙质海底的斜坡。上升到水深6～4米的地方时，你可以花些时间看看鱼，不过最重要的还是细细回味伯利兹大蓝洞带给你的深刻印象。

# THREE SISTERS

# 三姐妹礁

## GRAND CAYMAN NORTH WEST WALL

## 英属大开曼岛——西北岩壁

开曼群岛位于古巴和中美洲之间的海面上，在迈阿密以南770千米处。1503年，哥伦布在他的第四次航行中偶然发现了这个群岛，他是在今天的“小开曼岛”登陆的，因为岛上有许多海龟，当时便将其命名为“Las Tortugas”，意思是海龟之岛。后来的航海图上将这片群岛标记为“Lagatargos”，1530年开始改称“开曼群岛”，“开曼”这个名字源于一个印第安语单词，意思是“小鳄鱼”。

大开曼岛周围的海域都可以进行潜水，以西侧海域最为平静，全年都可畅游，也最受潜水者欢迎。更具挑战性的潜点在北岸所谓的“西北岩壁”。这些潜点很远，所以能否一去取决于天气

**P46 左**
一对灰神仙鱼慢慢游过珊瑚礁上一丛茂密的柳珊瑚。这种鱼幼年时体表呈黑色，鳍呈蓝色，体表的斑纹和鳍的边缘则呈黄色。

**P46 右**
珊瑚礁的一景展示了此地的生物多样性：绿海藻、硬珊瑚、柳珊瑚和海绵动物共居一处。画面的前景是一只象耳海绵。

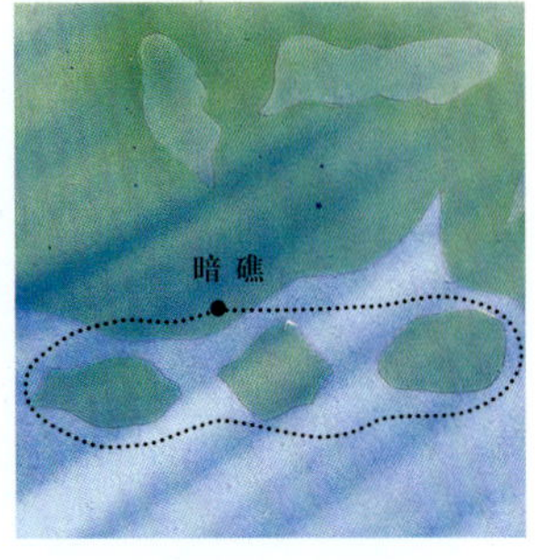

## 实用贴士

| | |
|---|---|
| 最大下潜深度 | 40米 |
| 建议潜水季节 | 9—4月 |
| 难度等级 | 专家级 |
| 潜点特色 | 大型柳珊瑚 |
| 能见度 | 超过30米 |
| 水流强度 | 无 |

5米
22米
40米

**P48 上**
潜水者正在用手电照射一只巨大的海绵。

**P48 中**
近距离拍摄的巴拉金梭鱼。

**P48 下**
柳珊瑚的体型在日光的映衬和广角镜头的作用下尤为醒目。这种紫海扇（*Gorgonia ventalina*）本身很大，高可达2米。

**P48-49**
加勒比海珊瑚礁的一个特征就是上面生长的各种颜色和形状的海绵，它们的色调常常很鲜艳。在这张照片上，管状海绵正簇拥着一只松球羊海绵（*Ircinia strobilina*）。

状况。强风恶浪会限制潜水，甚至完全阻碍行程。岛的北侧无疑是景色最壮观的地方。这里离任何酒店和潜水中心都很远，必须乘坐大型游艇才能到达。这里也是我们的精选潜点“三姐妹礁”的所在地。

三姐妹礁几乎位于大开曼岛南部海岸的最末端，离东部通道（East End Channel）很近。值得注意的是，在岛的这边，水下岩壁的落差比西海岸要深得多。三姐妹礁的顶端离海面只不到22米，由三个巨大的礁石基底组成，它们矗立在礁岸的岩壁前，仿佛是未知的神秘力量将它们安放在那里。三块礁石完全分开，潜水者可以在它们之间的峡谷中穿梭游泳。礁石上生长着许多生物，在这里潜水要加倍小心，以免损伤它们。如果潜水者想对三姐妹礁进行一次全面探索，必须做出精确的潜水计划，因为三姐妹礁的总长度足有80米。从游

艇下水游到礁石边的距离也必须计算在内。为了节省氧气，在刚开始游向礁石时建议在海面上进行浮潜（使用面镜、呼吸管和脚蹼），这会让你对海底地形有一个很好的了解，使你更容易辨别方向。

另一条路线是从礁石之间的小峡谷处直接下水。这里景色更为壮观，会使你深入珊瑚礁中。这条路线仍然需要考虑潜水时间和氧气供应的问题，因为通常携带的气体不足以游完整个区域。

三姐妹礁上生长着丰富的生物，许多深水柳珊瑚和各种海绵使这里熠熠生辉。到处都是明亮的橙色象耳海绵，而管状海绵好像枪管一样直立在开阔的海水中。潜水者还能在这里发现各种各样的鱼类和其他较小的动物，这与开曼群岛其他地方的物种没什么不同。在这里，潜水者仍然有机会看到东部通道的大型鱼类，比如

**P49 下**
这种大型桶状海绵（*Xestospongia muta*）是珊瑚礁上的典型一景，它能长到2米高，寿命可达一百多年。

**P50-51**
黑眼鲹（*Caranx latus*）身长可达75厘米。这种鱼的幼鱼对盐分适应性很强，有时在淡水中可见。

**P50 下左**
一群数以百计的黑眼鲹。它们是食物链顶端的捕食者，有时体内会富集一种对人体有害的雪卡毒素。

**P50 下右**
钝吻真鲨（*Carcharhinus amblyrhynchos*）在延绵的沙床上靠近拍摄者。这条鲨鱼已经进化出了适应捕食生活的完美体形。

**P51 上**
一大群鲷鱼与潜水者一起自在游动。加勒比海至少有五种银色的鲷鱼，从远处是无法辨别出具体种类的。

纳氏鲼鲼、鲨鱼或其他海洋捕食者。但最让潜水者着迷的是这里奇异的水下风景、丰富的柳珊瑚和海绵，以及水晶般晶莹剔透的海水，这些才是这一区域的经典景观。

由于海水深度较深以及严格遵守潜水计划的需要，三姐妹礁只对有经验的潜水者开放。所以，事先由潜水专家做简要情况介绍是潜水的重要环节。一张展示礁石走向的水下地图是必备的辅助工具，它可以帮助潜水者确定船只的位置和去往最佳地点的最快路线，而水流的流向自然也要考虑在内。有一条经典路线可以最深入地体验三姐妹礁：首先游向最左边的礁石，然后顺着水流向东，沿着水下的岩壁依次游览第二、第三块礁石。

从远处就能看到巨大的珊瑚礁岩壁从海底升上来。它几乎是方形的，与岸边的礁壁之间隔着一道深深的峡谷。一下水，首先给你留下深刻印象的是大群密集的尖胸隆头鱼，以及许多悬垂的柳珊瑚，这些珊瑚好像一张张编织精美的软席。在这些柳珊瑚下面，成群的鲈鱼用它们的大眼睛好奇地打量着闯入的潜水者。沿着长满软珊瑚的岩壁下潜，你就来到了第二位“姐妹”身边。“她”更瘦削陡峭地向上升起，像一根巨大的手指。这里也有一个挨一个的柳珊瑚，在头顶阳光的映衬下，形成了奇妙的剪影。左右两边的海水都是无底的深渊。要不是时间有限，你会在这里一连待上几个小时而流连忘返。然而，去往第三块礁石的距离比预计的要远。这位“姐妹”身形较大，魅力却毫不逊色。到这时，剩下的时间只允许潜水者在22米的距离之外俯视一下礁石的顶部了。

**P51 中**
这张照片展示了三姐妹礁丰富多样的水下生命。

**P51 下**
太阳下黄色管状海绵（*Aplysina fistularis*）的分枝。直立的生长方式使这种海绵即使附着在礁石上的面积有限，也能以较大的表面积来摄取营养。

# ISLA CATALINA

# 卡塔利娜岛

## DOMINICAN REP.
## PARQUE NACIONAL DEL ESTE

### 多米尼加——埃斯特国家公园

多米尼加共和国东部是世界上开发程度最高的旅游区之一。包括绍纳岛在内，埃斯特国家公园总面积790平方千米。不过很遗憾，加勒比海最有趣的潜水地之一并不在公园的范围之内。公园以东离海岸不远处的卡塔利娜岛可称得上是最棒的潜水胜地。在该岛北岸附近，有一个深7～8米的水下平台延伸至边缘，之后近乎垂直地下降到25米深的海域。从这个深度开始，海床开始缓缓倾斜，变得不那么有趣。潜水主要在缤纷多彩的20米深的区域进行。

平台边缘的岩壁上等距排列着一系列凹槽，在水流冲刷下形成裂缝，并促进大型海绵在这里生长。海绵和柳珊瑚是这片海景中最具特色的两种海洋生物。黄色、紫色和棕色的管状海绵体形修长，常从同一个底部长出不同的分枝，有时活像一只长号，向上伸展着喇叭口状的末端。这里也有大型的桶状海绵，里面居住着小型鱼类和甲壳类动物。柳珊瑚生长在海绵以及其他软硬

**P52 上**
这只柳珊瑚的枝条形成了一张致密的过滤网，这不单单是为了摄取营养微粒，还为了获取光线。手电筒的光穿透它之后，亮度被大大削弱。

**P52 下**
一只管状海绵从硬珊瑚礁上长出来。海绵是这块区域最有特色的元素之一，管子顶端的圆口是海绵向体外排水的地方。

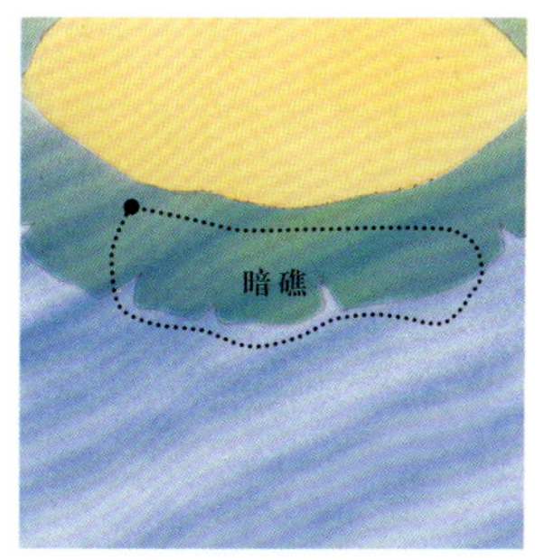

## 实用贴士

| | |
|---|---|
| 最大下潜深度 | 25米 |
| 建议潜水季节 | 9—4月 |
| 难度等级 | 普通 |
| 潜点特色 | 大型管状海绵 |
| 能见度 | 超过30米 |
| 水流强度 | 弱 |

8米

25米

珊瑚之间，形成一面面巨大的淡蓝色扇子；它的分枝非常致密，几乎编织成了一张网。这种形态可以增强它那无数羽状触须的捕食能力。

在更深的水域，你能找到有着长长茎干的橘黄色柳珊瑚。海绵和柳珊瑚使得这里的海床有杂乱之感，这也正是加勒比海的特色之一。海床上很少会有开阔的空间，也很难在此发现一片片的海沙。

在这里潜水是在同一深度进行的简单的往返游。如果有水流经过，就跟着水流走，这样就有更多的机会看到大型梭鱼从外海向你靠近。这里的海水非常清澈，能见度往往超过30米。由于深度适中，潜水距离比较长，在最后一段的潜水尤为有趣：你能在浅滩上发现许多奇异的海洋生物。你会在岩缝里发现巨大的海蟹（*Mithrax spinosissimus*）；还有长着奇异绿色眼睛的密斑刺鲀在珊瑚上方慢慢游动。海扇似乎形成了一个独立的世界，无数无脊椎动物在它们精致的分枝

**P54**
管状海绵的形状和颜色很独特，很容易在礁石顶部的硬珊瑚和各种柳珊瑚之间被注意到。这只管状海绵的外形好像一支萨克斯管。

**P55 上**
一只白点前孔鲀在长着海绵和柳珊瑚的珊瑚礁上不慌不忙地游动。你可以轻易地凑近这种鱼类，观察它们身上的斑点是如何随着身体颜色的变化而出现或消失的。

**P55 中**
一只巴拉金梭鱼在礁石上方孤独地巡游。这种生物有过在加勒比海攻击人类的记录，不过都是在特殊情况下，大多数是在混浊的海水中。

**P55 下**
一只美洲魟刚刚从沙底藏身处出来，正在礁石上游荡。这种刺鳐类在沙中搜寻猎物时喜欢将自己掩藏于沉积层之下。

**P55 下中**
一名潜水者用手电筒照射一只被柳珊瑚簇拥的巨型桶状海绵。鱼类和小型甲壳动物常常躲藏在海绵的中心腔中。

**P55 下右**
海鞭子（*Ellisella elongata*）的长茎从几乎垂直的峭壁上伸展出来。这种生物是这片海域的典型物种，通常生长在水深20米以下的区域。

间游荡。有一些动物，如清洁虾只是在此寻求庇护，而另一些，如袖扣海兔螺（*Cyphoma gibbosum*）则以柳珊瑚的珊瑚虫为食。袖扣海兔螺那闪闪发亮、中间膨起的外壳看起来像瓷做的一样。它的光泽是由于这种生物以黏液包裹全身而呈现出来的。柳珊瑚采取的也是同样的策略，都是为了保护自己。

在海绵或海葵上，你还能找到一小群有着长长触须的小龙虾，它们充当着清洁工，为珊瑚鱼提供至关重要的清洁服务。在众多珊瑚鱼中，你会看到白点前孔鲀（*Cantherhines macrocerus*），它们的身体在黄色和棕色之间转换时，身上的白色大圆斑点也随之时有时无。这种鱼在珊瑚和海绵之间缓慢游动，有人靠近也不会被轻易吓到。

在浅滩上的海藻中，你可能会遇见可爱的绿海兔（*Tridachia crispata*），它的贝壳好像一片蕾丝。眼光敏锐的潜水者还能在一种大型海星身上发现寄居的美洲叶颚虾（*Gnathophyllum americanum*）。

# LA FAILLE

# 拉法耶

## MARTINIQUE
## DIAMOND ROCK
## 法属马提尼克岛——钻石岩

马提尼克岛拥有许多美到令人惊叹的潜点，适合所有潜水者，无论新手还是老手。这座岛屿各个潜点的水温都很理想。最棒的潜点位于马提尼克岛的南端以及西南海岸。这些地方有许多礁石、洞穴、隧道、拱门、陡坡，当然还有沉船，都在等待你的探索。每个潜点的动植物都很丰富：海床和礁石上长着珊瑚、海绵和海百合，水中则游动着各种各样的热带鱼、海龟和无脊椎动物。

毫无疑问，最受欢迎和最令人惊叹的潜点是钻石岩及其周围。这些潜点位于马提尼克岛西南端，受到马提尼克岛的遮挡，不受外海强劲的洋流影响。乘船自马提尼克岛航行大约1600米即可到达这座巨大的钻石形岛礁，它高出海面176米。

**P56 左**
一条大西洋蓝吊鱼（蓝刺尾鱼，*Acanthurus coeruleus*）在拉法耶附近的水域中巡游。

**P56 右**
在拉法耶，水螅甚至可以在20米深的海底生长。这个深度是个头最大的一种水螅所钟爱的。

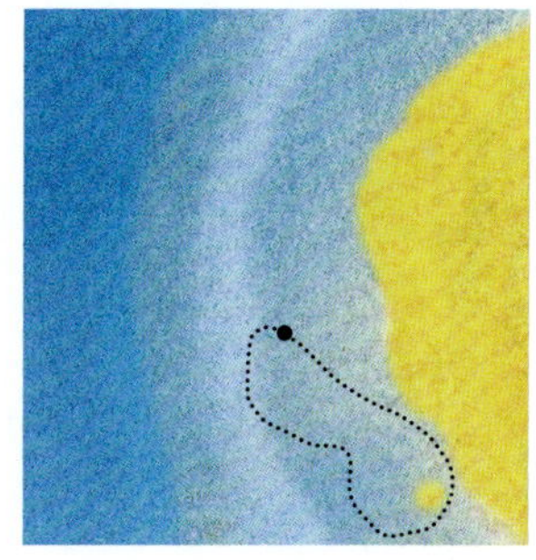

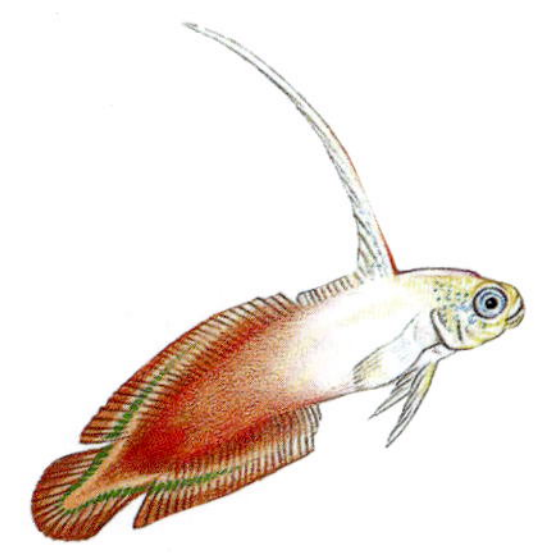

## 实用贴士

| 最大下潜深度 | 60米 |
|---|---|
| 建议潜水季节 | 7—9月 |
| 难度等级 | 普通 / 高级 |
| 潜点特色 | 隧道、拱门，晚上有乌贼和章鱼 |
| 能见度 | 20～30米 |
| 水流强度 | 弱 |

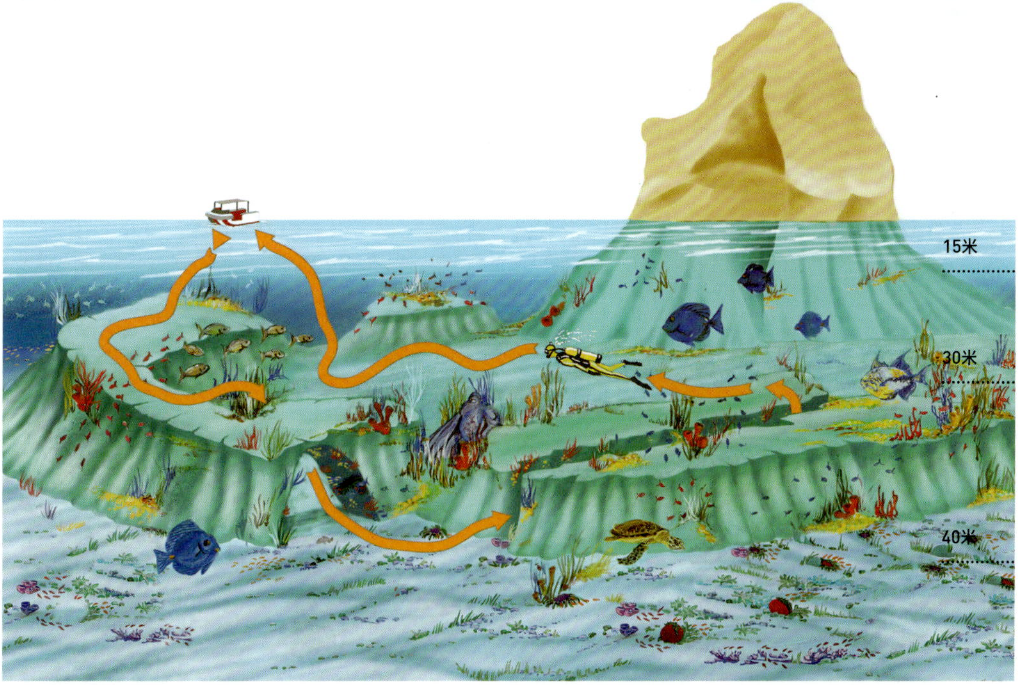

15米
30米
40米

在钻石岩的西北侧，有一处叫作拉法耶的著名潜点。该潜点深15～60米，能见度约为20米，由水下岩缝、隧道和拱门组成，海洋生物十分丰富。潜水船会在一块水深21米的暗礁处下锚，潜入水中并下降到岩礁和沙床的区域，会看到一大片茂盛的马尾藻。目光敏锐的潜水者还能够发现伪装得很巧妙的管口鱼，它们头朝下垂直漂浮在马尾藻中。再向下游，马尾藻渐渐退去，呈现出一片鲜艳明亮的海绵和珊瑚。美丽精致的海百合在水中挥动着触手，与海葵以及各种水螅虫生长在一起。在隧道的入口处，有许多柳珊瑚，上面爬着以柳珊

**P58-59**
一只火焰贝（*Lima scabra*）使用触须捕捉食物并送到身体内部，它们也用触须来感知外部世界。

**P58 下**
珊瑚虫在水流中伸展触手。它们的身体是透明的，上面覆盖着一层有生命的组织。

**P59 上**
一条川鲽（*Platichthys flesus*）在它能得到养分的深海中游动。这种鱼是比目鱼的近亲。

**P59 中**
拉法耶最有趣的居民之一是扳机鱼（妪鳞鲀，*Balistes vetula*）。这种鱼总是在进食，它的肉有很强的毒性。

**P59 下**
海百合与一只海绵共享一处水域。海百合是一种跟海星有亲缘关系的棘皮动物。

瑚为食的袖扣海兔螺。进入隧道后，潜水者将沉醉于各种硬珊瑚、黄色管状海绵以及柳珊瑚构成的美景之中。游览完隧道，向右转回到泊船处，这时你将经过一面栖息着许多有趣动植物的斜坡。这面斜坡上有脑珊瑚、花珊瑚、多彩的海绵和海葵。还有各种让人叹为观止的热带鱼，比如岩豆娘鱼、蓝吊鱼以及穿行在珊瑚和海绵中的扳机鱼。靠近观察，你还能看到躲在许多暗礁下的斑高鳍。其他有价值的收获可能是发现一些甲壳类，比如海蟹和螯虾，它们躲藏在岩缝和洞穴里，只露出触须；清洁虾则在海葵鲜艳的触须之间欢快地跳舞。

在这里，从来都没有足够的空气和时间让人欣赏水下的所有美景。这里的夜潜美得令人窒息，有几家潜水商店会为有经验的潜水者提供服务。夜潜时，你不妨留意海龟、章鱼，还有正在进食的珊瑚虫。

# SOLOMON POINT

# 所罗门角

## MARTINIQUE
## PASSE DES FOURS
## 法属马提尼克岛——福尔斯航道

与钻石岩迥然不同，所罗门角是另外一处美丽非凡的潜点，两者地形上的差异最为明显。这个区域有好几处潜点，但所罗门角最为吸引人。它实际上是一块很小但非常美丽的暗礁，位于钻石岩北部不远处，离海岸线不远。潜游从大约15米的深度开始，沿斜坡下降到25～30米深。下水之后，你就能看到珊瑚礁，然后是层层下降的覆盖着珊瑚的平台。这里的能见度达25米，为所有潜水者提供了一处充满奇观和惊喜的全景视野。

这处礁石的景色非常壮观，到处都是丰富多彩的海洋动植物，斜坡上布满了各种形状、大小和色彩的柳珊瑚和海绵，令人目不暇接。这里有许多不同种类的珊瑚，无论是硬的还是软的，都在礁石上安家落户，并呈现出令人眼花缭乱的颜色和纹理。在硬珊瑚上，很容易找到缓缓爬行的

**P60 左**
所罗门角是一处生机盎然的潜点，在那里你会遇到女王神仙鱼，它以海绵、海藻和被囊动物为食。

**P60 右**
所罗门角最丰富多彩的居民是皇后鹦嘴鱼（*Scarus vetula*），它以珊瑚礁上的植物为食。

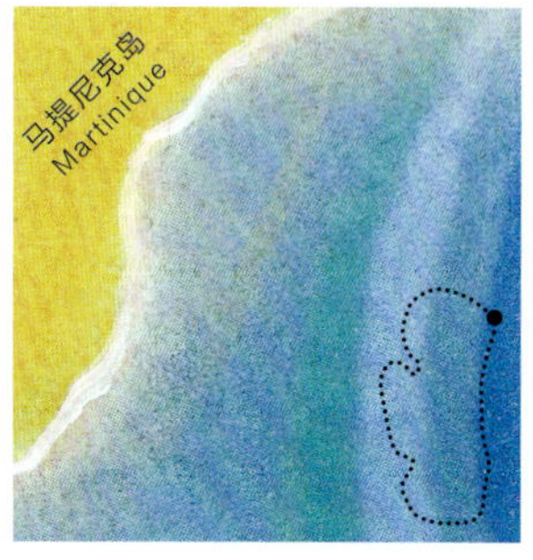

## 实用贴士

| | |
|---|---|
| 最大下潜深度 | 30米 |
| 建议潜水季节 | 7—9月 |
| 难度等级 | 容易 |
| 潜点特色 | 柳珊瑚、海绵和无数热带鱼 |
| 能见度 | 25米 |
| 水流强度 | 很弱 |

22米
30米
40米

**P62 上**
这只海绵的雅致色彩是所罗门角水晶般清澈海水中的众多色调之一。

**P62 下**
一条法国神仙鱼在探索所罗门角的礁石。这种鱼很容易靠近，面对潜水者一点儿也不害羞。

**P62-63**
一只“清洁工”虾在海葵的触手间工作。

**P63 下**
在扇状珊瑚上爬动的一只火刺虫（*Hermodice carunculata*）。这种贪婪的捕食者以珊瑚和水母为食。

刚毛虫。可以看它，但千万别碰，因为刚毛虫身上有上百条微小的毛状刺，被它蛰到会灼痛难忍。你还会看到海螺，比如披着伪装外衣的袖扣海兔螺正在蚕食软珊瑚。仔细观察海葵那随水流摆动的多彩触手，你还能发现在其中来回跳跃的清洁虾。你最有可能遇见的应该是在珊瑚中横冲直撞的箭蟹，有时甚至能碰见一两只寄居蟹。

在岩石和珊瑚礁上有许多旋鳃虫，又被称为“圣诞树虫”，你会惊异于它们多彩的羽毛状鳃冠。不过一旦感受到潜水者靠近引起的水压变化，它们就会立刻逃走。这里的热带鱼种类也多得令人吃惊，比如在植被中无忧无虑游动着的神仙鱼、蝴蝶鱼、河豚以及管口鱼。

神仙鱼和蝴蝶鱼的大多数种类通常都成对游动，因为它们是单一配偶制，一生只有一个配偶。鲜艳的雄性鹦嘴鱼一定能吸引你的注意，它会一点一点地啃噬珊瑚，产生一团团白色的沙雾，沉积到海底。

虽然这处潜点很适合新手，但对更有经验的潜水者也充满着吸引力，尤其是摄影爱好者。一定要从容不迫地游览这处水下胜景，因为在每个转角处景色都美得令人窒息，每个角落、每处岩缝都有着不同的吸引力。

每次在这里潜水，你都能发现之前未曾留意的鱼类、软体动物、甲壳类和其他无脊椎动物。

# PONTA DA SAPATA

# 萨帕塔海角

**BRAZIL**
**FERNANDO DE NORONHA**
**巴西——费尔南多－迪诺罗尼亚岛**

费尔南多－迪诺罗尼亚岛位于大西洋，距巴西东北部海岸约350千米，它是21个岛屿组成的小型群岛中面积最大的一个。1503年，在葡萄牙富商费尔南多·迪诺罗尼亚资助的一系列探险活动中，探险家阿梅里戈·韦斯普奇（Amerigo Vespucci）发现了这个群岛。

1988年以前，该群岛曾多年被作为战略军事基地。为保护岛上和海中的生物多样性，该群岛被辟为总面积达112平方千米的国家公园。

严格而必要的法规保护群岛的生态平衡不被任何外在因素破坏：水下捕鱼、拾贝、捕猎等都是被禁止的，并且在海龟产卵的季节不允许游览海滩。因此，这些岛屿仍然是海洋中的一处迷失的小天堂。

**P64 左**
费尔南多-迪诺罗尼亚岛北部海岸一处美丽的水湾，距离如画般的圣安东尼奥港不远。

**P64 右**
费尔南多-迪诺罗尼亚岛的海岸色彩对比强烈，黑色的火山岩、蓝色的海洋和长长的白色沙滩在这里交替。

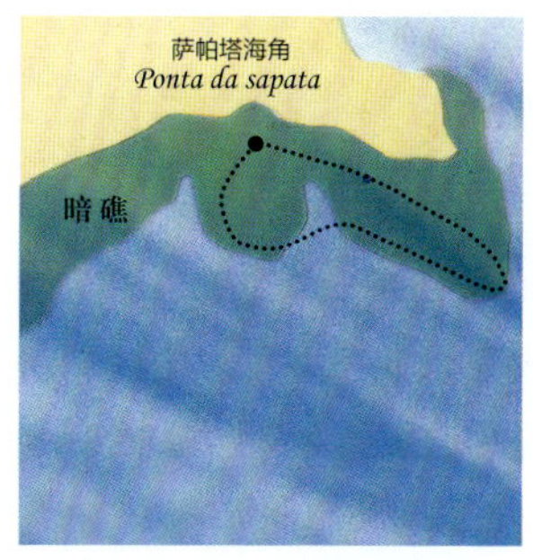

## 实用贴士

| | |
|---|---|
| 最大下潜深度 | 40米 |
| 建议潜水季节 | 8—4月 |
| 难度等级 | 普通 |
| 潜点特色 | 成群的鲹鱼、梭鱼和笛鲷 |
| 能见度 | 超过30米 |
| 水流强度 | 弱 |

在多夫芬霍斯湾能够欣赏到费尔南多－迪诺罗尼亚岛最特别的一面。每天黎明时，几百只海豚进入海湾平静的水域，一直待到黄昏才返回外洋。

费尔南多－迪诺罗尼亚岛的水下世界也很特别。该岛是火山喷发而成的，因此形成了壮观的底座，水底是大片的黑色火山岩，有些地方被石珊瑚覆盖。潜水者一下水就能感受到这种独特的环境，这里的场景更像地中海而不是热带海域。

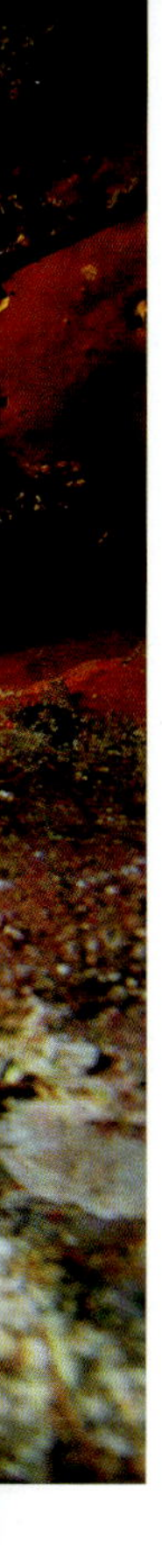

**P66-67**
费尔南多－迪诺罗尼亚岛附近海域有很多大龙虾，粗糙多洞的火山岩床为它们提供了理想的栖居地。

**P66 下左**
黑异孔石鲈（苏里南异孔石鲈，*Anisotremus surinamensis*）在这片海域的浅水区和深水区都很常见。

**P66 下右**
绿裸胸鳝看起来很凶猛，不过靠近它并不困难。

**P67 上**
海床火山岩上的硬珊瑚并不高大，使得水下场景更像地中海而不是热带海域。

**P67 下左**
一条银色的梭鱼在大西洋的蓝色海水中泰然自若地游动。

**P67 下右**
一群四线笛鲷在能见度超过30米的海水中游动，在如此情景中潜水极为有趣。

这里最可爱的潜点是位于该岛最西端的萨帕塔海角。潜水从海岬的北侧开始，从那里下潜经过一面布满岩块和小沟的岩壁，直达40米深的海底沙床。由于面向大洋，在水深10米之下，海床显示出大西洋洋流和其他洋流影响的痕迹。

海床的黑色岩石上长着有趣的石珊瑚，基座低矮坚固，最能抵御海浪的冲击。在15米的深度，出现了一块很大的平整区域，成片的火山岩卵石与大型岩脉交替出现。鹦嘴鱼在这里不断用牙齿啃噬珊瑚礁，而闪闪发光的蓝刺尾鱼则在岩石周围悠游，对潜水者的到来毫不关心。岩质的海底和缺乏浮游植物使这里的海水清澈得令人难以置信，能见度可达20～30米。

向更深处游去，在28米的深度有一块岩石向下延伸至40米深的海底。海底则是一片延伸到外洋的广大沙床，这里是鳐鱼和比目鱼的理想栖居地。

岩石中的每个角落中都潜藏着龙虾、海鳝、金鳞鱼和石鲈，而在开阔的海水中常能看到鲹鱼、梭鱼和笛鲷的银色鱼群，偶尔还能见到大型鲨鱼的黑色身影。

回到海面上，如果洋流不是很强，则可向西游，在那里你会经过一面可爱的岩壁，上面覆盖着许多五颜六色的海绵，栖息着好奇的神仙鱼和刺尾鱼。

沿着岩壁向上游去，在水深15米处，是一片布满大块岩石的区域。再向南游去就能回到潜水船上。

第二章

# 地中海

地中海是世界上最为封闭的海域，通过狭窄的直布罗陀海峡（最窄处只有14千米）与大西洋相连。而连接地中海与红海的通道更为狭窄，是1869年人工修建的苏伊士运河，河道内水体盐分浓度差异造成的阻碍，使两者的海水交换总是维持在最低水平。在全球所有的海域中，地中海是独一无二的，不仅是因为它的孤立格局，更为重要的是其多样的气候条件：这里的海水本身相对较冷，水温在最冷季节的12～13℃和最热季节的25～26℃之间波动。生物学家认为地中海是一片相对贫瘠的海域，因为总体而言，其水域的有机物没有其他海域丰富。在这里，阳光产生了正反两种效果：光是生命的源泉之一，是植被生长的基础，而这里许多水域都很清澈，阳光得以穿透水面到达很深的海水中；不过强烈的光线似乎也赶走了自然的色彩。接受阳光最多的地方——海岸边延伸的沙床、欧海神草（*Posidonia oceanica*）草场、暴露在光线中的岩石——好像被包裹在一致的蓝色中，不见了斑斓的色彩，与在热带海域几米深处就能看到的五彩斑斓截然不同。不过，这正是地中海引人入胜的第一要素。色彩在这里也确实是存在的——看看这里的照片就知道，但是你必须在大块岩石的阴影下、海底洞穴中、岩缝里以及海水深处探寻它们的踪迹。所有最明亮多彩的生物——海绵、柳珊瑚，甚至是鱼类——都躲避着光线，好像在与观察者捉迷藏一样。

地中海的第二个迷人之处在于它的美丽不是一览无余的。领略地中海的美需要探索、真知、专注和耐心。或许地中海的美是古老的，不只限于它的人类历史：地中海的美学属于过去，游览其中，像是在品味一本厚重的古典巨作，与你在互联网上浏览年轻堡礁的浮光掠影形成鲜明对比。

地中海最令人惊奇的是它的水下景观，这是非常重要的潜水要素，但这很难在照片中呈现。峭壁、尖峰、成堆的岩石、洞穴和沟壑像是复制了陆地上的景象，但是蔚蓝的海水改造了它们，将无数的生命形式遍布其中。

地中海如此美丽的第三个原因是：遍布其中的大大小小的生物不会直接呈现在潜水者面前，

而是需要潜水者提前做好功课，带着知识进行探索。仔细观察可以发现各种颜色和大小的生物体之间复杂微妙的关系，以及地中海特有物种的分布范围：地中海中20%的物种——从蔚然成林的欧海神草到无处不在的带有斑点的海蛞蝓（*Peltodoris atromaculata*）——都是在这片孤立的海域中演化形成的。剩余的75%来自大西洋或北部海域，5%是热带物种。这是由地中海的地质史决定的：地中海的地质活动从未停止，如果这种演变一直持续，它注定将成为完全孤立的海域。尽管它的面积很小（约251万平方千米，东西总长约4000千米），但从其生态系统来看，地中海可以被划分成截然不同的地理区域。从西向东，地中海中的大西洋物种数量明显减少，而热带物种数量相应增多，最终到达东部港湾，在那里来自红海的生物开始出现并定居。

在地中海，保护区对于环境质量的改善和维持作用是显而易见的。与大石斑鱼近距离邂逅，或是被各种鱼群环绕，是海洋公园里独有的景象。在西班牙、法国、撒丁岛、突尼斯及其他地区被保护的海域，你可以看到海洋在潜水成为一项常见运动之前的景象。当然，即使在保护区之外，也有可能进行值得纪念的下潜——正如本书中将要介绍的那样。而这些海洋公园也有力地证明，正确的水下环境保护政策（不仅仅是禁止条例）可以创造出与众不同的罕见美景。

# CARALL BERNAT ROCK

# 卡拉贝尔纳特岛礁

**SPAIN**
**MEDAS ISLANDS**

**西班牙——梅达斯群岛**

梅达斯群岛距埃斯塔蒂特港大约仅有1600米，是蒙特格里石灰岩山体在海中的延伸。在这个群岛附近，海洋生物比地中海其他地方要丰富得多。这种丰富度取决于多种因素，最重要的原因之一便是特尔河，它在群岛西面流入大海，给群岛周围的海域带来了养分。此外，洋流保证了海水仍可以不断流动和交换，即使在岛屿周围最深的水域也是如此。又由于这些海水的水质优良，使得梅达斯群岛拥有令人叹为观止的多样化生境。除了得天独厚的自然条件，近些年来梅达斯群岛还一直受到严格的环境法规的保护。自1983年以来，加泰罗尼亚地区政府就禁止在群岛附近海域进行任何形式的捕鱼活动，并于1990年颁布了专门保护野生生物的法律。梅达斯群岛因此成为加泰罗尼亚地区最大的海洋公园，也是地中海最重要的海洋公园之一。

**P70 左**
四五月份时，梅达斯群岛是这种海鸥在地中海最大的栖居地之一。

**P70 右**
小梅达斯岛位于大梅达斯岛南面，为许多鸟类提供了居住的岩穴。

## 实用贴士

| | |
|---|---|
| 最大下潜深度 | 35米 |
| 建议潜水季节 | 4—11月 |
| 难度等级 | 普通 |
| 潜点特色 | 红色柳珊瑚和许多鱼类 |
| 能见度 | 夏季可达30米 |
| 水流强度 | 弱 |

P72-73
纹首鮨（*Serranu scriba*）是鮨科（鲈鱼类）的一种鱼。它头部两侧有蓝色和红色的条纹。

P72 下左
梅达斯群岛海域的变形角珊瑚拥有分明的色彩：底部是红紫色，而顶端的分枝则是明黄色。

梅达斯群岛提供了许多绝佳的潜点。其中最棒的莫过于卡拉贝尔纳特岛礁。这是一座位于群岛最南端的小岛，靠近较大的塔斯孔斯格罗索斯岛。潜水可以从两个小岛之间的狭窄水道开始，那里的水深大约为6米。当你沿着右侧卡拉贝尔纳特岛礁的水下岩壁下潜时，会发现海床缓缓地向下倾

**P72 下右**
在白天，地中海海鳝从黑暗的巢穴中探出头来。

**P73 上**
梅达斯群岛海域到处都是鱼。潜水者经常被项带重牙鲷和黑椎鲷（*Spondyliosoma cantharus*）围绕。

**P73 下左**
拥有高超变色能力的章鱼（普通章鱼，*Octopus vulgaris*）是最善于伪装的生物之一，常常难以被发现。

**P73 下右**
梅达斯群岛的一个难忘之处是这里的黄腹石斑鱼（*Epinephelus guaza*）。这种鱼会在洞穴外一动不动地待着。

斜。水下到处是带有裂缝的大块岩石和深深的沟壑，在光照较少的区域，呈现在潜水者面前的是无穷无尽的色彩鲜艳的生物，比如海绵、石珊瑚、石灰藻和裸鳃类动物，它们覆盖了全部海床。地中海海鳝（泽生海鳝，*Muraena helena*）、欧洲康吉鳗（*Conger conger*）和褐鳕（*Phycis phycis*）不时地从岩缝中探出脑袋好奇地张望。继续向下潜，经过几处宽广的“台阶”后，在水深15米的地方，卡拉贝尔纳特岛礁的北坡上会出现好几处水下洞穴。自水深20米处海床开始极速倾斜，陡峭的岩壁一直下降到35米深的海底。这里的非凡景色特别令人兴奋，岩壁上长满了郁郁葱葱的变形角珊瑚，在手电筒的照耀下显现出独特的美丽颜色：茎干是浓烈的红，分枝则是明亮的黄，分外绚烂。不用下潜到岩壁的底端，待在水深25～30米的地方，我们就能看到成群的大型项带重牙鲷（*Diplodus vulgaris*）、黑尾斑鲷（*Oblada melanura*）和细点牙鲷（*Dentex dentex*）游动形成的壮观的银色旋涡。好奇的石斑鱼（*Epinephelus guaza*）会出现在岩石间，一点也没有被吓到的意思，潜水者可以凑上前去拍摄质量很棒的照片。接下来仍然沿着右侧卡拉贝尔纳特岛礁的岩壁漫游，并上升到水深大约20米处，穿过一处壮观的峡谷，来到岛礁的南面。在那里，海床在水深15米处变得不那么陡峭，上面布满了大岩块。虽然深度变浅了，但是这面斜坡还是特别有趣，因为这里有许许多多岩栖鱼，鲉鱼、项带重牙鲷、小雀鲷等各种鱼类栖息在岩缝中。再向上游去，在水深10米处，便回到了这次潜游的起点，卡拉贝尔纳特岛礁与塔斯孔斯格罗索斯之间的狭窄水道。

# GRAND CONGLUE

# 大康格鲁岛

**FRANCE**
**MARSEILLE**

**法国——马赛**

距离法国马赛市以东16千米处有一系列无人岛，大康格鲁岛是其中最远的一个。这些巨大的岩礁上荒野崎岖，风疾浪高，海鸥群集，拥有一种独特的野性魅力。来到大康格鲁岛陡峭岩壁前的游客会感到人类的渺小，仿佛与世隔绝。

大康格鲁岛、小康格鲁岛以及有趣的因佩利奥克斯周围的海域有许多非凡的潜点，从东西两边都可启程到达。其中最快的路径是从马赛西边的红角港出发，那里有许多潜水站提供船只去往该区域最棒的潜点。

东边的出发地有卡西斯港、拉西约塔港和莱勒凯港。虽然距离马赛市区远一些（大约25千米），但仍有船只从这里开往潜点。

大康格鲁岛有着非凡的水下景观，是海洋摄影爱好者的天堂。此地独一无二的景观特别适合使用广角镜头和全景模式进行拍摄。

该岛西北部的海域禁止潜水和捕鱼，也不允许在这里下锚，只有东南部的海域对潜水者开放。在这片可供潜水的区域，最壮观的海床出现在北边的角落里，在那里可以看到一个由峭立的岩壁、峡谷和台地组成的水下世界。

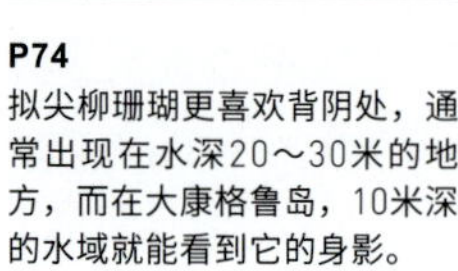

**P74**
拟尖柳珊瑚更喜欢背阴处，通常出现在水深20～30米的地方，而在大康格鲁岛，10米深的水域就能看到它的身影。

## 实用贴士

| | |
|---|---|
| 最大下潜深度 | 80米 |
| 建议潜水季节 | 5—10月 |
| 难度等级 | 普通至难 |
| 潜点特色 | 柳珊瑚、鲻鱼 |
| 能见度 | 夏季可达50米 |
| 水流强度 | 普通至特强 |

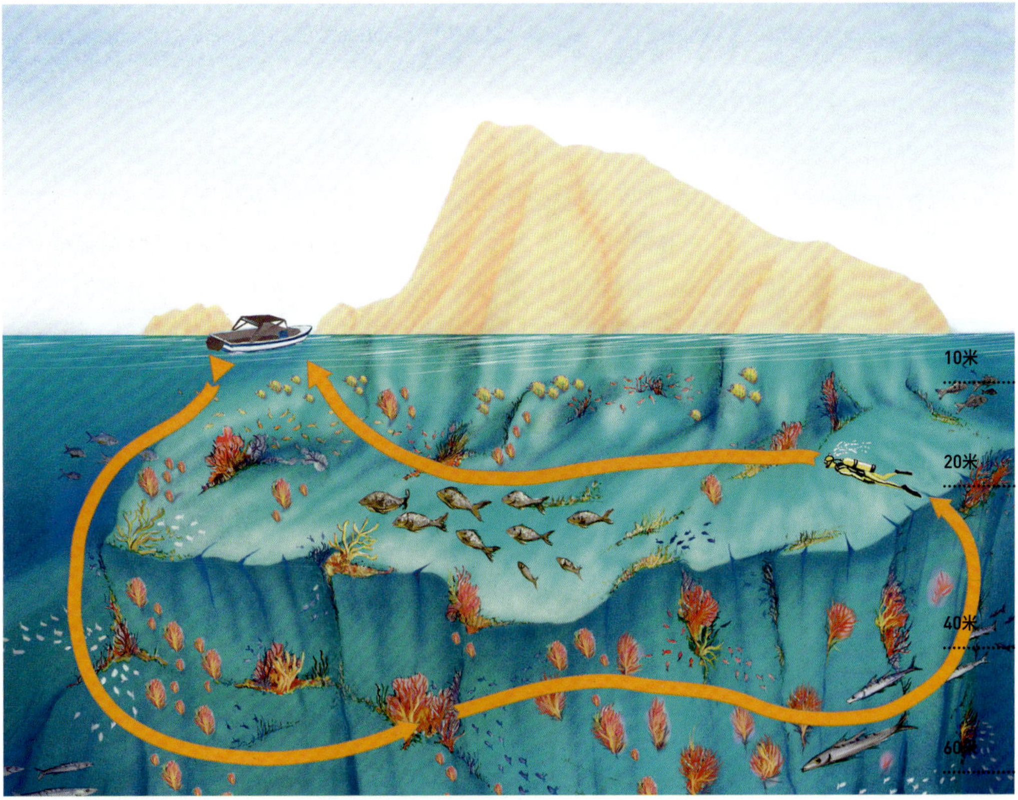

10米
20米
40米
60米

根据风向和天气状况，这个角落几乎总能为船只提供一个安全的系泊处。然而，马赛东部地区以极不稳定的天气条件而闻名，因此需要谨慎行事。恶劣的天气会使水流在几分钟内改变方向，而大风也会让任何一个有经验的船员吃尽苦头。在密史脱拉风——地中海一种猛烈的西北风——的影响下，海面会产生危险的湍流，让船只绕着锚打转。所以当“东风”乍起时，要尽快到岛后面躲避。在任何情况下，船上都应该至少留一个人，其余的人只需惬意地跟着潜水中心的领队即可。这个建议也适用于所有自行驾船来此的团队。

下水之后，我们直接沿着岩壁潜游，岩壁在20米的深度之下都是笔直的。由于海岛的南面只在早晨有阳光照射，其余时间都被阴影笼罩，所以从海面下几厘米开始，岩壁上就生长着黄色的海葵和各色各样的海绵。向下再潜数米然后向海面望去，在海浪拍打岩石的地方，成群结队的鲻鱼和其他捕食性鱼类正在巡游狩猎。在离岩壁不远的开阔海域还居住着梭鱼——在地中海曾经很罕见——它们是近些年才在大康格鲁岛海域定居下来的。

这处潜点以茂盛的柳珊瑚丛而闻名，该岛的强劲海流十分适宜它们的生长。长着拟尖柳珊瑚（*Paramuricea clavata*）的岩壁从海面下10米处一直延伸到80米以下。在岩壁变垂直之前，我们正好游到一块微微倾斜的小平台上。在这里，各种各样的柳珊瑚向上舒展着分枝。凑近它们，你就能发现白色的筐蛇尾（*Astrospartus mediterraneus*）。这种海星是热带海域的常见生物，而在地中海非常罕见。

当我们沿着平台潜游时，经常会遇到成群的鮨鱼。这种鱼在法国海岸已受到了多年保护。如

**P76 上**
探索这片海域时，常能看到大型鱼群捕食的场景。

**P76 中**
在水下礁石上生长的一种小轴海绵（*Axinella cannabina*），其枝状外形可以增大体表面积，有利于营养物质的吸收。

**P76 下**
拟尖柳珊瑚上的一枚猫鲨卵。

**P76-77**
拟尖柳珊瑚之所以能在大康格鲁岛附近海域繁荣兴盛，是因为强劲的水流给它们带来了丰富的营养物质。

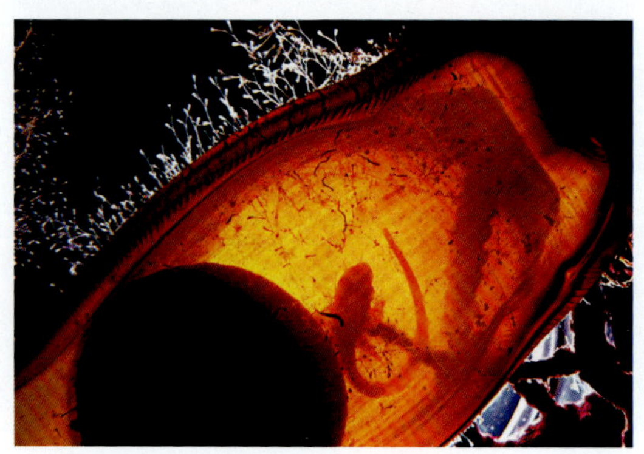

果幸运的话，我们还能看到从洞穴中探出头来的泽生海鳝。

在大康格鲁岛潜水，掠过悬崖的边缘——千万不要超越你的经验水平——并沿着铺满柳珊瑚的陡峭悬崖游下去才算完整的体验。红色柳珊瑚间躲藏着乌贼，它们会变幻身体颜色以融合在周围的背景中，非常有趣。在春天，你可能会碰到斑点猫鲨（*Scyliorhinus stellaris*），不幸的是这种生物在地中海正变得越来越少。这些小型鲨鱼身长不会超过1米，主要在海床上生活，平时在迷宫般的柳珊瑚中活动，还在它们的分枝上产卵。

深水潜游结束，返回平台，有无数的礁石、岩缝和小小的洞穴等着你去探索。这里生活着棘刺龙虾（*Palinurus vulgaris*）和螳螂虾，那些足够幸运的潜水者借助可靠的水下手电筒，还能发现海螺、扁形虫和其他多彩的海洋生物。

在平台附近可以进行必要的安全停留和减压。船只可以在离岛几米的海面上等待潜水者返程。

**P77 下**
一只海星正盘踞在拟尖柳珊瑚上怪异地伸展着触手。

# ILE VERTE

# 韦尔特岛

**FRANCE**
**LA CIOTAT**

**法国——拉西约塔**

**P78 上**
一只鲉鱼潜伏在韦尔特岛东南部“玫瑰花园”浅滩的海床上。

**P78 下**
在“玫瑰花园”浅滩的海床上有一片蔚然成林的变形角珊瑚等待着潜水者的造访。从2005年起，一项禁止下锚的法令开始在这里实施，以保护其脆弱的生态系统。

韦尔特岛（法文意为绿色的小岛）位于莱勒凯湾的西北部，它的名字来源于岛上郁郁葱葱的松树和其他茂密的植被。该岛西北部有一处名叫“鹰之喙”（Bec de l'Aigle）的海岬，那里曾是拉西约塔造船厂的所在，如今早已废弃多年。

韦尔特岛的北部有一道浅浅的海峡将其与大陆分开，这道海峡最深处约15米，在海峡中间有一个名叫康诺尼尔的有趣沙洲，其顶端在海面下4米深的地方。有一条大约10米长的天然隧道穿过沙洲。从西北到东南，海床变得越发陡峭，海水也更深，并且形成了两层水下台地。

第一层浅滩名叫“玫瑰花园”（Sec des Roisers），它在距海岸100米处开始并延伸到岛的东南部。在这里，潜水者能欣赏到一些有趣的峭壁和嵯峨的水下世界，到处都是深达30米的岩缝和裂隙。浅滩先开始向水中缓缓倾斜，接着是平坦的沙床。

沙床一直延伸到距岛300～400米远，止于15米深处，接着就是第二层浅滩——“地中海东部的石头”（La Pierre du Levant）。对潜水者来说，沙洲最有趣的部分在岛的南面。在这里，岩礁上覆盖着红色的柳珊瑚，与北面不同的是，这里还生长着大量的“烛架”状的小轴海绵（*Axinella* sp.）。

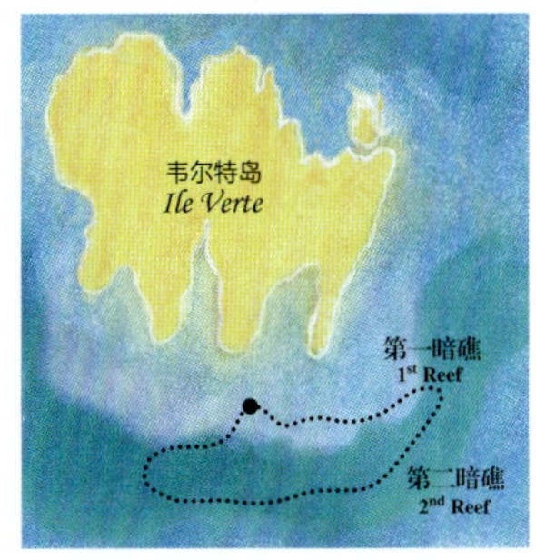

## 实用贴士

| | |
|---|---|
| 最大下潜深度 | 45米 |
| 建议潜水季节 | 5—10月 |
| 难度等级 | 普通 |
| 潜点特色 | 柳珊瑚、胭脂鱼、海葵、珊瑚、枝状海绵 |
| 能见度 | 夏季可达40米 |
| 水流强度 | 弱至强 |

15米

30米

40米

当然，最壮观的部分是东南部，那里的浅滩陡然下降，在某些地区深度达60米。由于水流的作用，这里的柳珊瑚非常丰富华丽，还有多种多样的鱼儿环绕。这里的季节和天气状况一般很棒，水下能见度经常很好，有时水平能见度甚至可超过40米。

“玫瑰花园”和“地中海东部的石头”这两个潜点都可列入法国蔚蓝海岸十大最佳潜点。不过我们要牢记一点，“地中海东部的石头”浅滩只适合经验丰富的潜水者，因为岩礁在水下30米才开始出现，然后就一头扎进海底。而“玫瑰花园”浅滩完全适合各种水平的潜水者。从拉西约塔、莱勒凯和拉马德拉格的潜水站出发，都能到达这些潜点。

为保护海床，从2005年起就禁止在“玫瑰花园”浅滩附近下锚。船只可以系泊在固定在海底的浮标上。在这里下潜，你将直接到达15米深的水下峭壁的顶端。这里有奇异的岩峰，上面铺满了黄色的沟迎风海葵（*Anemonina viridis*），还有成群的重牙鲷和密密麻麻的光鳃鱼在暗礁的最高点周围游动。水流随天气状况而强弱不定。通常，潜水从逆流开始，沿着经典路线，然后向下迅速潜到预定的深度。

毫无疑问，这处潜点最大的特征是红色的变形角珊瑚。变形角珊瑚是一种具有柔软、灵活骨架的柳珊瑚，其中居住着有数以亿计的微小动物，就是所谓的珊瑚虫。这些柳珊瑚的颜色从深红到浅红不等，一些柳珊瑚的身上甚至有不同的色调，从红色渐渐变成灿烂的金黄色。在一天的大多数时候，暗礁的垂直面都处在阴影中并承受水流的冲刷，这对柳珊瑚的生长有促进作用。

在笔直的峭壁边上潜泳，景色美得让人窒息。岩壁上有一些开着口子的洞穴。在这里探索，你应该随身携带一支水下手电。当你照亮这些洞穴时，会看到一整片绚丽的浓赤珊瑚（*Corallium rubrum*）。在这里值得稍作停留，去近距离地欣赏它们。早在古罗马时期，红珊瑚就被认为是无价的水下奇珍，它像宝石一样被切割、打磨并镶嵌在珠宝上。在中世纪，珊瑚饰品的贸易蓬勃发展，甚至佛教僧侣和其他高级神职人员也佩戴这种材料制成的珠宝。

**P80 左**
虽然这里的海水很清澈（水平能见度达40米），但善于伪装的海洋生物，比如这只章鱼，还是能把自己藏起来。

**P80右**
在“玫瑰花园”岩石海床上，一只美丽的海羊齿（*Antedon mediterranea*）悠闲地躺着，这里有丰富的藻类。

**P80-81**
“玫瑰花园”海床上的一大群海葵。

“玫瑰花园”浅滩的险峻岩壁是许多裸鳃类（它们通常被称为海蛞蝓）的秘密家园。幸运的话，你能碰到地中海体型最大的海蛞蝓，它是高海牛属（*Hypselodoris*）的一种，身长可达20厘米，身上有深黄色的条纹，很容易辨认。

在峭壁底部，你会到达35～45米深的海底，具体的深度取决于你开始潜水的位置。在这里，海底沙床缓缓向大海倾斜。这里不值得再前行了，因为在这样的深度时间总是不多的，而且海床也没什么有趣的地方。

返回上升时，你应该向上凝视，从底部欣赏垂直的峭壁。只有这样你才能将覆盖在岩壁上奢华的柳珊瑚尽收眼底。粉红色的小鱼在柳珊瑚的分枝上飞舞。这种鱼与它们的热带表亲很相似，可以通过头部的三条白色条纹和它长长的彩色胸鳍来识别。在潜水期间，你还能遇到许多美洲多锯鲈（*Polyprion americanum*），由于一系列的保护措施，它们现在重新在法国海岸定居。在“玫瑰花园”，这些鱼好奇心很重，常常会跟随潜水者游动，不过它们总会保持一定的距离。

当你到达峭壁顶端时，水深大约20米。如果你还有足够的空气，可以继续探索峭壁另一面的斜坡，岩壁的倾斜角度约为40度。岩礁上铺满了柳珊瑚，但最引人注目的是大量黄色的“烛架”海绵，它们在这里可以长到1米高。

畅游“玫瑰花园”之后，在回到船上之前，你必须在海面下5米处进行3～5分钟的减压安全停留，沿着浮标索进行是很容易且安全的，同时你还可以充分回味刚刚的奇妙之旅。

# THE GABINIÈRE SANDBANK

# 加比尼勒浅滩

**FRANCE**
**HYÈRES ISLANDS**
**法国——耶尔群岛**

耶尔群岛位于蔚蓝海岸沿岸，距离拉旺杜港几千米，由波克罗勒岛、克罗港岛和勒旺岛三个小岛组成。

法国政府颁布了一项特别的法令保护该群岛，使其免遭旅游开发。事实上，早在1963年，克罗港岛及其周围海域就被辟为国家公园。1971年，政府为保护宝贵的自然环境，买下了波克罗勒岛的一大部分。

如今的克罗港岛成为一座向自然献礼的岛屿，岛上树木茂密，郁郁葱葱，在时间的流逝中人类只留下了一些微不足道的痕迹。

根据保护区目前的管理政策，克罗港岛国家公园在保护动植物的同时，还担负着科普教育的任务。公园中除了某些特定区域是不对公众开放的，其他部分仍吸引着许多游客前来瞻仰大自然的财富。

**P82 左**
加比尼勒岛拥有生机勃勃、未受污染的海床。

**P82 右**
在克罗港岛上鸟瞰帕吕湾和拉斯卡斯岛。克罗港岛上已经建起了一座潜水培训中心。

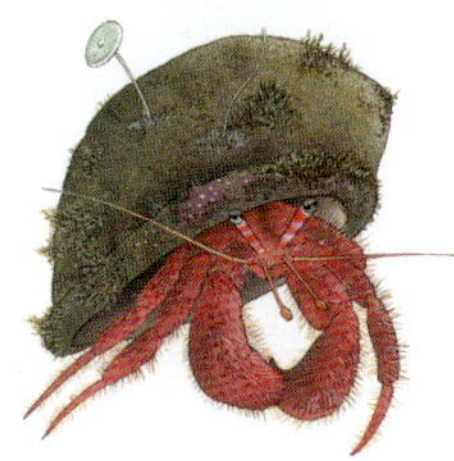

## 实用贴士

| | |
|---|---|
| 最大下潜深度 | 45米 |
| 建议潜水季节 | 4—11月 |
| 难度等级 | 普通 |
| 潜点特色 | 石斑鱼和弓背石首鱼 |
| 能见度 | 夏季可达30米 |
| 水流强度 | 弱 |

10米

25米

45米

在克罗港岛的南边是加比尼勒小岛，该岛拥有耶尔群岛最棒的水下景观。美景就在加比尼勒岛海岸附近。在加比尼勒岛以南数百米的地方有一片沙洲，高出海面10米，风平浪静时，从海面上能清楚地看见这片沙洲。

我们从岛的南侧入水，向西南方下潜。一潜入清澈的海水中，我们立即被海底的半月形海床震惊了。浅色的岩石似乎形成了一层层巨大的阶梯，缓缓下降到大约45米深的海底，在那里大块的岩石组成了一个壮观的迷宫。

我们在岩石上搜寻，惊奇地发现每一处裂缝里都居住着龙虾（*Palinurus elephas*）、泽生海鳝、弓背石首鱼（*Sciaena umbra*）和许多项带重牙鲷。抬头望向海面，眼前的场景真是如梦如幻，海胆、细点牙鲷，还有成群的黑尾斑鲷和牛眼鲷（*Boops boops*）不断从眼前经过，它们在水肺产生的气泡周围悠闲地游动着。我们继续向西前进，上升到大约30米处，就来到了这片沙洲的最西端，从这里开始我们沿着北坡前进。这一

**P84 上**
跟成年个体相比，幼年黄腹石斑鱼的颜色较浅。

**P84 中**
在这里还常能发现小型细长臀鳕（*Trisopterus minutus*）成群结队，可以通过其银色的身体和长长的触须来识别。

**P84 下**
在加比尼勒的浅滩上，你一定能发现弓背石首鱼栖居的洞穴，它们对于潜水者的到来安之若素，允许你在很近的距离内观察。

**P85 上**
石鲉（*Scorpaena porcus*）的体色使它能够隐藏在海床上。它的脊刺会分泌一种烈性毒液，蜇一下就会引起剧烈的疼痛。

**P85 下左**
这只章鱼（普通章鱼，*Octopus vulgaris*）很有好奇心，它正兴高采烈地从洞穴中出来迎接潜水者。

**P85 下右**
在加比尼勒岛南部的暗礁中探索时，你常常会与身长或超1米的大型黄腹石斑鱼打个照面。

侧的地形完全不同，岩石非常陡峭，高达25米的岩石好似壁垒。这面斜坡的特点是有着鲜艳的珊瑚——到处都是苔藓虫、龙介虫、环虫、海绵和红色的大型柳珊瑚，甚至最小的岩缝也不放过。变形角珊瑚之间游动着密集的花鮨鱼群，雄花鮨鱼的身体是华丽的红色，上面有黄色和淡紫的斑纹。最后，我们有幸见到了这片水下世界毫无争议的王者——黄腹石斑鱼，它们丝毫不受潜水者的打扰，以经典的“蜡烛式”姿势一动不动地漂浮在离巢穴很远的地方。再向前去，迎接我们的是另一个惊喜——壮观的弓背石首鱼鱼群在无数的项带重牙鲷中游动，这片水下沙洲的确是地中海的恩赐。浮出水面，我们可以在沙洲顶部稍作停留，观赏蜂拥群集的项带重牙鲷、横带重牙鲷和黑椎鲷，它们在潜水者的面罩周围游来游去，丝毫没有被惊扰到的感觉。

**P86**
这种美丽的海葵（*Alicia mirabilis*）只有在夜里才能窥见，因为在黑暗中，它会将透明的触须伸展出来；而在白天，它的触手是全部收起来的，像一个栗色的球果。

**P87 上**
从加比尼勒岛的暗礁上入水，你会被密集的黑尾斑鲷和牛眼鲷组成的密集鱼群包围。

**P87 中左**
这种裸鳃类动物（*Cratena peregrina*）身体呈半透明的乳白色，背上有亮紫色的棘须，鼻前部还有两块橘色的斑点。

**P87 下左**
红色柳珊瑚形成的巨大扇形结构长可达1米。它们覆盖着加比尼勒浅滩北部，为这里增添了几分颜色。

**P87 中右**
在地中海众多的海绵种类中，最绚丽的无疑是小轴海绵。

**P87 下右**
红色的变形角珊瑚有时会为各种无脊椎海洋动物提供绝佳的落脚点，如这些精致的水螅纲动物，它们在柳珊瑚上形成了树状的繁杂分枝。

# THE PAMPELONNE SHALLOWS

# 庞珀洛讷浅滩

**FRANCE**
**ST.TROPEZ**

**法国——圣特罗佩**

**P88 上**
一条海鳝潜伏在庞珀洛讷海底的岩缝中。

**P88 下**
着生在岩壁上的变形角珊瑚为庞珀洛讷的海水带来了一抹红晕。

圣特罗佩，“富饶与美丽”之城，是一个世界知名的小镇。许多电影明星、音乐人和各种社会名流都在此拥有别墅或者至少停泊着一艘大游艇。圣特罗佩还有著名的庞珀洛讷沙滩，绵延6千米的白色沙滩，是游泳、日光浴以及各种水上运动的理想场所。

庞珀洛讷没有别墅或酒店，只有一些度假村、露营地和各种档次的餐厅，包括几家非常高档的场所，隐藏在原生态的风景中。由于面向东方的庞珀洛讷湾的庇护，沙滩可以躲避密史脱拉风的侵袭，这种猛烈的阵风常使潜水无法进行。这里最可爱的潜点是庞珀洛讷浅滩，与庞珀洛讷沙滩正对着，相距大约5千米。这片浅滩的顶端离海面有15米，所以除非海水特别清澈和平静，不然很难从海面上发现这处潜点。这个问题通常可以用回声探测器来解决。去往该潜点最简便易行的方法是搭乘当地潜水中心组织的轮渡。位于庞珀洛讷沙滩的欧洲潜水中心每天都有开往庞珀洛讷浅滩的游艇。从圣特罗佩站出发，只需45分钟就能到达欧洲潜水中心。

浅滩自西北向东南延伸，最壮观的水下景观距离船只系泊处约100米，那里有三处洞穴以及穿梭着胭脂鱼的岩礁。这处潜点位于开阔的海域，海水能见度也极高（常常能达到50米），即便受到强劲洋流的冲刷，海水也不会混浊。

## 实用贴士

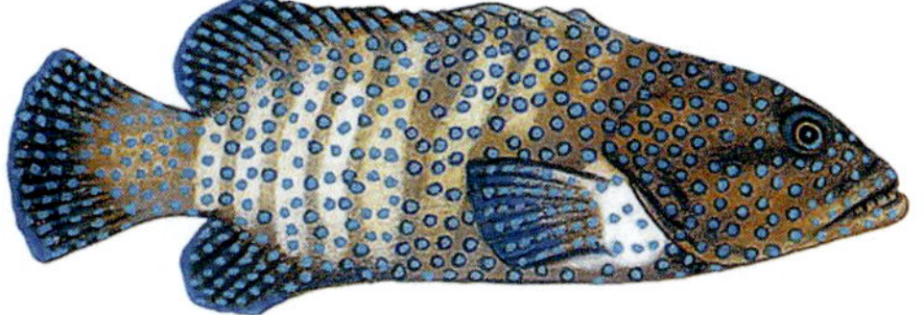

| 最大下潜深度 | 44米 |
|---|---|
| 建议潜水季节 | 5—10月 |
| 难度等级 | 普通 |
| 潜点特色 | 柳珊瑚、多锯鲈、珊瑚、龙虾、帆鳍鲉 |
| 能见度 | 夏季可达40米 |
| 水流强度 | 弱至强 |

18米
25米
44米

**P90 上**
庞珀洛讷浅滩真是红色柳珊瑚的天堂。它们覆盖了海底的珊瑚礁，并向开阔的海域伸展枝条。

**P90 下**
一群叉牙鲷（*Sarpa salpa*）在庞珀洛讷附近的海域寻觅藻类和小型甲壳动物为食。

**P90-91**
变形角珊瑚的生长角度垂直于水流方向，这样可以更好地过滤富含营养的海水。它们在庞珀洛讷的海水中生长得非常旺盛。

要从上述浅滩潜水，船长必须将船系泊在浅滩最高点之一、海面下大约18米的地方。鉴于海水并不是很深，对于经验不足的潜水者也很适合。浅滩顶端的岩石是光秃秃的，所以在这里下锚不会破坏柳珊瑚和其他珊瑚。从你下潜到达岩石的那一刻，你将被成千上万的光鳃鱼包围，这是一种在地中海非常常见的小型鱼类。浅滩的顶部是一个微微倾斜几米的平台，延伸到边缘后陡峭地坠入海底。通常，你可以直接游到台地边缘，然后沿着垂直的岩壁下潜，到达预定的最大深度。

这片海床最明显的特征是长满了地毯般的柳珊瑚，它们的枝条垂直伸向大海，在洋流中舞动。用水下手电照亮这些动物，你就能欣赏到它们美妙的鲜艳色彩，从最深到最浅的各种红色。有几种变形角珊瑚的顶端还是黄色的。

垂直的峭壁向下延伸20米后开始变缓，慢慢倾斜至大约40米深的平整沙床。在岩壁前方约15米处，我们发现了一块同样被柳珊瑚覆盖的高高的岩礁，它的独特之处是周围游动着许多多锯鲈。这里的岩缝也值得去探究，幸运的话，你会碰到一两条海鳝。

这时的深度已达44米，该返回浅滩上了。沿着岩壁斜着上升并向东南方前进。不一会儿，你会注意到岩壁附近的一块大石头，它与峭壁之间形成了一个小峡谷。当你进入其中并继续向上游时，很容易发现一个4～5米宽的洞穴入口，完全被海绵和珍贵的浓赤珊瑚

覆盖。仔细观察，你会发现龙虾的长触须，它们白天躲在岩缝里，只在晚上离开巢穴到珊瑚礁上觅食。

再向东南方向游几米，你会发现还有另外两个较小的洞穴，里面同样长满了柳珊瑚，还有各种小型海洋动物。裸鳃类最喜欢这种阴暗的洞穴。它们没有防御的外壳，完全是“裸”的，外露鳃羽从它们背部的下三分之一区域成簇地伸出来。它们可能看起来很脆弱，但不是任何动物的猎物，因为它们不能被鱼类食用，有些种类甚至还有毒。在洞口处生活着几种鳚科的鱼类，其中最漂亮的绝对是蝶鳚和黑头鳚。在交配季节，雄鳚鱼的头和身体都会变色，这些独一无二的鱼类在海床上“蹦来蹦去”地活动：由于没有鳔，它们只能在岩石上生活，我们永远不会在开阔的海水中见到它们。此外，在这三个洞口，你还能发现一些多锯鲈，不过它们非常胆小，很难接近，即使很微小的动作也会吓跑它们。我们建议尽可能慢地靠近，呼吸也要缓慢平稳，眼神接触也很重要。如果动物看到了正在接近的物体，它更有可能待在原地不动；而它要是感觉到来自后方的威胁，则很有可能马上逃之夭夭。

现在你离沙滩顶端已经很近了，再向上到达海面后就能回到船上。如果还有时间和氧气，你可以回头继续探索岩礁和远处的海床。要是你选择回程，可以沿着船只的锚索向上游。上升至5米深时，必须进行强制性的3分钟安全停留。

# THE MOUNT

# “那座山”

**ITALY**
**PORTOFINO**
**意大利——菲诺港**

菲诺港的海岬周围有很多潜点，当地人称之为Il Monte（意为“那座山”）。所有潜点都有美丽多彩的水下景色，都能遇到有趣的鱼类，不过其中最可爱、最完美但也最具挑战的潜点位于伊赛拉浅滩。

在基亚帕海岬东北角的花岗岩前方，距海岬末端200米的地方，海床向上升起至水深13米处，这就是“暗礁教堂”，它坐落在50～60米深的泥质台地上。

在这里潜水，可以很方便地在暗礁上下锚，公园管理机构在这里安装了系泊用的浮标，从任何方向下潜都没有问题。

暗礁的每一面都有有趣的景色。你在水下的路线取决于水流和你自己的能力。要是你沿着朝向陆地的一侧下潜，深度不会超过40米，而在面向大海的西侧，暗礁基部的深度为50～55米，这一面也更为吸引人。

**P92 左和右**
这两张照片展示了迷人的菲诺港湾。尤其是在航拍时，我们能看到菲诺港的具体位置以及停泊在小小港湾内的船只。

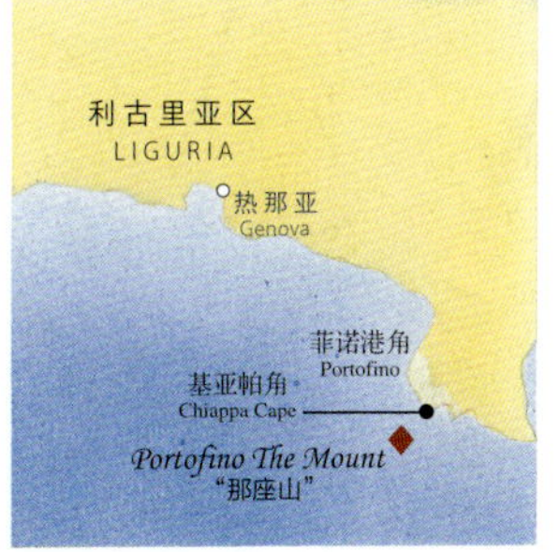


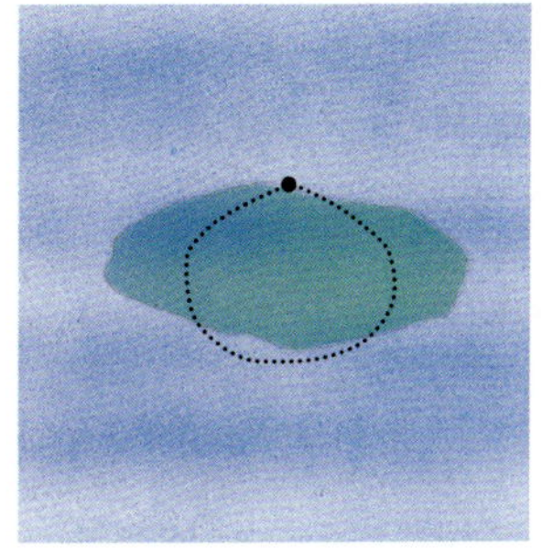

## 实用贴士

| 最大下潜深度 | 50米 |
| --- | --- |
| 建议潜水季节 | 4—11月 |
| 难度等级 | 普通 |
| 潜点特色 | 红珊瑚 |
| 能见度 | 30米 |
| 水流强度 | 弱 |

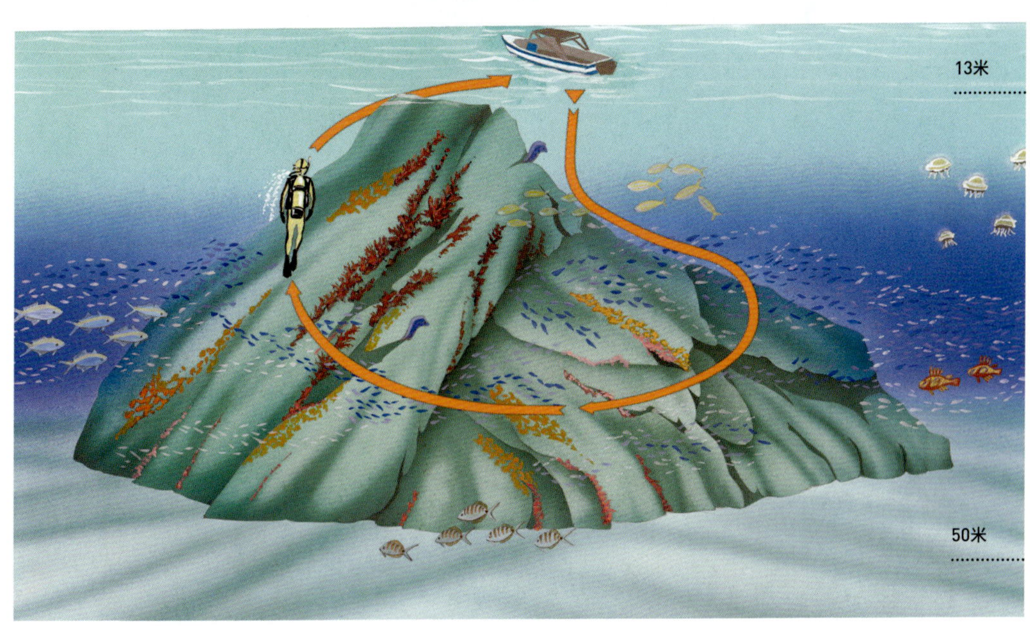

**P94-95**
红色柳珊瑚（*Paramuricea clavata*）那巨大的扇状结构是菲诺港“那座山”海床的一大特色。

**P94 下**
花鮨（*Anthias anthias*）鱼群常常在柳珊瑚中四处游动。

**P95 上**
一群叉牙鲷在海藻间迂回穿行，寻觅食物。

**P95 下左**
在伊赛拉碰见大型的翻车鲀不是什么稀奇事。

**P95 下右**
一只小泽生海鳝从洞中探出头来。

向南下潜，在下潜的过程中慢慢转向西，你会遇到一个上面布满岩缝的斜坡，在那里你会发现海鳝、龙虾或是各种章鱼和鲉鱼。要是你早上下水，还可能找到体型适中的石斑鱼、海鳗或黄貂鱼。

你首先看到的是白色柳珊瑚（*Eunicella verrucosa*）的黄色枝条，然后是越来越密集的大型红色和紫色的柳珊瑚，周围有一群群的花鮨、鲉鱼，还有爬到柳珊瑚分枝上的一种漂亮的黄色裸鳃类，它是高泽海麒麟属的一种。这里也有美丽的海羊齿。

在岩石之间的缝隙中，你会发现到处都是红珊瑚，在这些珊瑚后面可能还藏着一只伪装得很好的鲉鱼。在暗礁基部沙床上的藻类之间，你一定能看到海葵和甲壳类（比如铠甲虾和螳螂虾）。

到这时，你应该返程上升一段距离做安全停留。停留时可以看看四周：在暗礁边，除了水母，你还能看到海胆、成群的项带重牙鲷和叉牙鲷、在暗礁上穿梭的翻车鲀（*Mola mola*）、海兔——斑点海蛞蝓（*Peltodoris atromaculata*）和粉色的扇羽海蛞蝓（*Flabellina* sp.），以及许多非洄游鱼类。如果进行夜潜的话（要注意潜水深度），你还能遇见乌贼和一种珍奇的海葵（*Alicia mirabilis*）。

**P96 上**
这种海百合（*Antedon mediterranea*）在伊赛拉岛很常见。

**P96 上中**
一只藏身在海底岩石中的铠甲虾（*Galathea strigosa*）。

**P96 下中**
一只海蛞蝓（*Corphella lineata*）在它所捕食的一只水螅身上蠕动。

**P96 下**
一只大个儿显鲉（*Scorpaena notata*）在黄色太阳水螅珊瑚（*Parazoanthus axinellae*）中惊现。

**P96-97**
这只大个儿赤鲉（*Scorpaena scrofa*）正试图伪装自己，它和身边浓赤珊瑚的颜色一样。

# MEROUVILLE

# 梅鲁维尔

**FRANCE**
**LAVEZZI ISLAND**
**法国——拉韦奇岛**

博尼法乔是法国最南部的城镇，它位于一个长约1500米的狭窄半岛上，伫立在海边60米高的白垩岩层上。该镇在罗马帝国时期非常重要，海边峭壁上的堡垒在中世纪抵御了无数次攻击。这个港口小镇风景如画，尤其是夕阳余晖沿着海岸线挥洒的日暮时分。这座古老的小镇有许多中世纪的建筑，其中穿插着犹如迷宫般的狭窄街道和小小的广场。博尼法乔的岩壁是个绝佳的观测点，可以眺望博尼法乔海峡、俯瞰博尼法乔的街道和12千米外的意大利撒丁岛。博尼法乔是前往潜水中心所在的拉韦奇水下国家公园潜水的最佳出发点。

拉韦奇岛位于博尼法乔东部海域，在科西嘉岛和撒丁岛之间的海峡中，方圆只有100米。1982年，整个拉韦奇海域都被辟为国家海洋公园，之所以设立这处国家公园，其中一个原因无

**P98 左**
博尼法乔是出发去梅鲁维尔潜水的港口。在这里能看到马多内塔灯塔。

**P98 右**
博尼法乔峭壁上松软的石灰岩是海水作用的痕迹，底部的大石块是海浪侵蚀的结果。

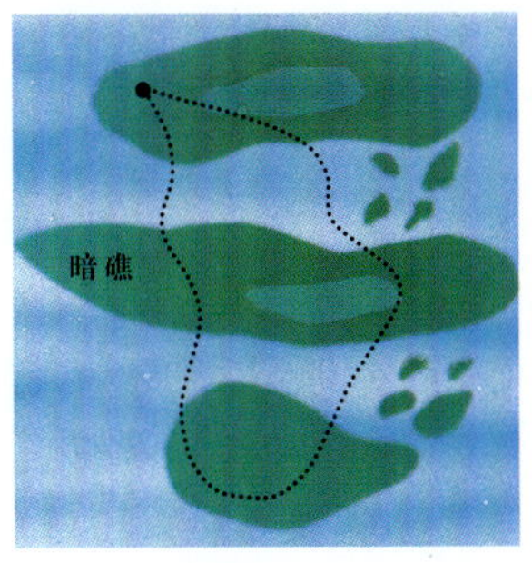

## 实用贴士

| | |
|---|---|
| 最大下潜深度 | 30米 |
| 建议潜水季节 | 4—11月 |
| 难度等级 | 普通 |
| 潜点特色 | 大型石斑鱼 |
| 能见度 | 超过30米 |
| 水流强度 | 有时很强 |

10米

25米

30米

**P100-101和P100下**
梅鲁维尔的乌鳍石斑鱼（*Epinephelus marginatus*）习惯于潜水者带着食物的靠近。如今虽然很少有潜水者再去喂它们了，它们还是会主动凑上来。

**P101 上**
某些种类的珊瑚（*Coralium rubrum*）表面的珊瑚虫是白色的，与红色的珊瑚本身形成了鲜明的对比；这种珊瑚在博尼法乔海岸附近广泛生长，时至今日仍被采摘出售。

**P101 下**
水下礁石的岩壁上长满了太阳水螅珊瑚，它们喜欢在光线不足的地方定居，这种珊瑚的珊瑚虫不会形成骨架。

疑是这里栖息着大量的鱼类。由于海水的深度和恒定的洋流，这里的海水很清澈，为鱼类提供了充足的食物。

梅鲁维尔字面意思是“石斑鱼之城”，位于拉韦奇岛东面。这处潜点是由三块巨大的水下花岗岩和其他较小的巨石堆积而成的，位于30米深的沙质底床上，面积约为50米 × 100米。该潜点最高处距海平面约16米。

梅鲁维尔的确名副其实。地中海其他地方都没有这么多这么大的石斑鱼。黄腹石斑鱼（*Epinephelus guaza*）一度在沿海水域非常常见，然而由于肉味鲜美，遭到潜水者和渔民的滥捕，数量急剧减少。以前你需要很好的运气才能在潜水时碰到一条，而且只能在深水中远远观望。但自从数年前法国禁止捕猎石斑鱼之后，种群的规模得到了快速恢复。石斑鱼是一种很有魅力的生物，它长长的椭圆形身躯可达150厘米，巨大的下颚微微前突，能够吞下自身体重一半大小的猎物，这让它看起来既可怕又有趣。

石斑鱼是非洄游性鱼类，只在岩质海床附近生活，以那里的洞穴和隧道作为藏身之处。任何尝试过拍摄石斑鱼的潜水者都知道它们多擅长玩捉迷藏的游戏，但拉韦奇的石斑鱼一点也不害羞，在这里还能观察到它们由雌性变为雄性的过程。

通常，在三块大花岗岩之间都能发现石斑鱼。它们不会让你等很久，在你潜水时，它们会一个接一个地凑上来跟着你。这里最棒的潜水区域在东坡，那里的洞穴和岩缝完全被植被覆盖。

**P102-103**
章鱼是很聪明的猎手，但在梅鲁维尔它的日子可不好过，因为有垂涎于它们的石斑鱼。在梅鲁维尔经常能看到触手破损的章鱼。

**P102 下左**
梅鲁维尔的石斑鱼体型都特别大，体重可以超过30千克；这些大家伙几乎都是雄性，因为石斑鱼长到5千克重时会变性。

**P102 下右**
两条小鲉鱼（*Scorpaena* sp.）对自己在岩石上的伪装能力很自信；在自然光线下它们的伪装很成功，不过在手电筒光的照射下就失去了效果。

**P103 上**
远东海鲂（*Zeus faber*）有着长长的扁平身体和超长的背鳍，特色鲜明，绝不会认错。

**P103 中**
这只大型海绵（*Axinella* sp.）的黄色分枝使得周围的柳珊瑚相形见绌；这种生长策略可以使海绵在占据很小海床面积的情况下拥有比较大的体表面积，有利于营养物质的吸收。

**P103 下**
梅鲁维尔的大块花岗岩上长满了变形角珊瑚，它们很享受暗礁上强劲的水流。

石斑鱼无疑是拉韦奇的明星，不过除了这种大鱼，这里其他丰富多样的地中海动植物也值得关注。大型的海鳝和石斑鱼能够和睦相处，有时甚至在一起活动；鲉鱼伏在岩石上，而海鳗的灰色身躯藏在岩石的凹缝中。岩石凸出部分和顶部长满了黄色的海葵，和深蓝色的海水形成了鲜明的对比。在海床上岩石的阴影中，自然也少不了红色的柳珊瑚。潜水者还会被成百上千的花鮨鱼所环绕，在有的季节还能看到大型水母（*Cotyloriza tuberculata*）。在科西嘉岛和撒丁岛之间的开阔海域潜游，要是没碰见斑点鹰鳐或其他远洋鱼类才真是稀奇事。

珊瑚礁之间还有许多种动物。你会看到成群的叉牙鲷和重牙鲷。它们蜂拥着争抢岩石上的藻类，又一起跑掉。各种颜色的雀鲷在覆盖着红藻的岩石附近游动，它们总是在寻觅食物，在有东西吃的地方就有它们的踪迹。

# THE SECCA DEL PAPA

# 帕帕浅滩

**ITALY**
**TAVOLARA**
**意大利——塔沃拉腊岛**

塔沃拉腊岛是一座长6千米、宽1千米的石灰岩岛，最高点海拔565米。它位于海洋保护区的中心，是撒丁岛东北海岸平缓花岗岩景观中的一个异类。该岛西南侧的白色悬崖垂直落入海中。

乘船去塔沃拉腊岛，你得经过该岛的最东端——帕帕海角，再往前约300米，帕帕浅滩从40米深的海底升起。该浅滩是一系列东西走向的暗礁，其中最高的主礁位于暗礁的中心，高出海面15米。这里的海水很清澈，你下潜到15米的深度也能清楚地看到30米下的海床。暗礁的上部被密集的光鳃鱼环绕，它们会在你靠近时给你让路。这里有很多条潜水路线，但通常是先向西游，在大约30米深时掠过主礁，到达一处被柳珊瑚覆盖的凸起礁石，其中穿梭着成群的花鮨鱼。在这一深度继续前进，会遇到第二块凸起的礁石，同样覆盖着柳珊瑚，你会看到巨大且成群的项带重牙

**P104 左**
彩虹似乎是从撒丁岛东海岸的塔沃拉腊岛上高耸的岩石上长出来的一般，该岛周围有许多潜点，而其中最棒的位于帕帕浅滩。

**P104 右**
暗礁的北坡上长满了红黄两色的变形角珊瑚，周围游动着花鮨鱼、项带重牙鲷和雀鲷。

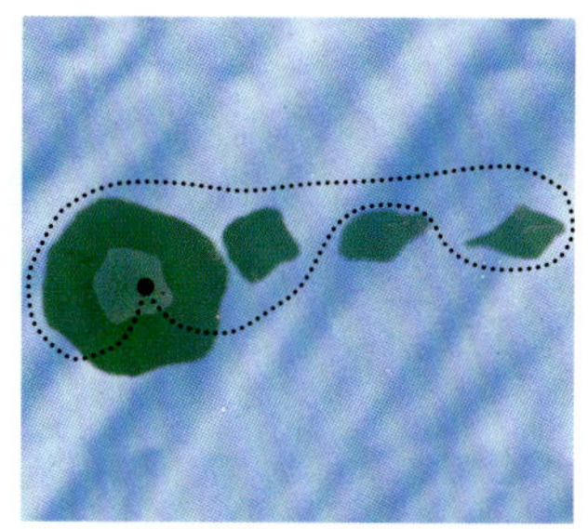

## 实用贴士

| | |
|---|---|
| 最大下潜深度 | 40米 |
| 建议潜水季节 | 4—11月 |
| 难度等级 | 普通 |
| 潜点特色 | 红黄二色柳珊瑚 |
| 能见度 | 夏季可达40米 |
| 水流强度 | 很少有强水流 |

15米

30米

40米

**P106 上**
在暗礁的岩壁比较笔直的地方，覆盖着一层太阳水螅珊瑚。

**P106 下**
在暗礁最深处，距海面约36米的地方有一小群东大西洋石斑鱼（*Epinephelus marginatus*），它们现在已经习惯了潜水者的到来。

**P106-107**
帕帕浅滩的柳珊瑚跟地中海其他一些地区的一样，末端是黄色的，目前我们对这种变色现象还没有科学的解释。

鲷和牙鲷。经过这块岩礁之后，继续向海床上一块凸起的礁石游去，在这里一定要慢慢前进，以免惊扰到在岩石上栖息或在岩石上方盘旋的乌鳍石斑鱼，眼尖的人在10米开外就能看到它们的剪影。诱使它们靠近的最好方法是待在约36米深的岩石顶端休息，然后就是等待。不多会儿，六七只多疑但好奇的石斑鱼就会一只又一只地游过来，有的重达25千克，这些也是最大胆的。只要你不做大动作，它们可能会靠近你到2米那么近。有时也会游过来一只棕线石斑鱼（*Epinephelus costae*），它身上有横条纹，尾巴末端平截不分叉，很好辨认。到这里就该原路返程了。回程时最好保持在大约28米的深度，为最后沿着主礁的上升留下更多时间。向主礁的北坡游去，这面峭壁垂直下落25米，满满地覆盖着红黄两色的柳珊瑚，这种颜色的变体只在地中海的几个地方才能看到。在中午时分，鲜艳的柳珊瑚与深色的岩壁、明亮的海面形成强烈对比，十分壮观。慢慢向上游动时，你会看到生活在柳珊

瑚分枝间的众多生物：环虫、牡蛎、小型甲壳类和成群的红色雀鲷。一种可爱的软珊瑚（*Pererythropodium coralloides*）常常寄生在柳珊瑚树枝上，抢占了一部分柳珊瑚的空间和阳光，它的珊瑚虫身上有黄色和乳白色相间的斑纹。在24米深时，紫红色的柳珊瑚消失了，取而代之的是阴影中毛毯一样的太阳水螅珊瑚，岩缝中躲着许多海鳝，有时还有小的石斑鱼。

暗礁的上半部分也很有趣，那里的岩缝中有甲壳类动物，海藻里藏着寄居蟹，它们的外壳上覆盖着海葵。鲜艳的裸鳃类动物在挥舞着触手的水螅虫中显得分外醒目，而当你专注地观察这些小生物的时候，你可能会被一群红甘鲹（杜氏鰤，*Seriola dumerili*）包围，它们在水肺产生的气泡之间旋转着，直到越游越远，消失不见。

**P107 下**
这片浅滩是由岩层的露头组成的，在一个岩块的顶部能看到其他岩块。在这只柳珊瑚的基部，岩石上覆盖着弱光区典型的绿藻，比如诨名“海中硬币”的盘状仙掌藻（*Halimeda tuna*）和钙扇藻（*Flabellia petiolata*）。

# MOUNT SCILLA

# 锡拉山

## ITALY
## STRAIT OF MESSINA
## 意大利——墨西拿海峡

**P108**
这些柳珊瑚仍是红色的，只不过末端染上了黄色的晕彩。

地中海也有毫不逊色于热带海域的潜水胜地。其中一处便是意大利本土和西西里岛之间的墨西拿海峡，古罗马人骄傲地将其称之为“我们的海”（Mare Nostrum）。在自南向北的几公里范围内，墨西拿海峡的海床从海面下1300米上升到距离海面仅70米。卡拉布里亚区和西西里岛的海岸在最北端离得最近，相距约1600米，形成了一个漏斗状的巨大水道，向南较宽的开口通向伊奥尼亚海，向北较窄的开口靠近墨西拿城和圣乔瓦尼镇。潮汐交替使得墨西拿海峡南北两端海盆——伊奥尼亚海盆和第勒尼安海盆——的海平面升高和降低，由于文丘里效应的存在，这些变化足以产生强劲的海流，且随着海峡的变窄而加剧。汹涌的潮水沿着墨西拿海峡的南北中轴线流动，每六个小时改变一次方向。所以，在潜水之前，我们应该参考意大利海军部水文研究所每年发布的潮水时刻表。时刻表会给出一年当中每天的海流预测强度，包括海流的最大强度和平缓的时间。在墨西拿海峡进行水下活动，这本手册是必备的工具书。

这片海域有许多潜点，有一处整体质量很高，值得特别介绍。首先，在这方圆几百米之内几乎能看到这片海域的所有美丽之处。而且，在这里潜水可以直接从海滩下水。以上这些原因让这个潜点非常有名，但你每

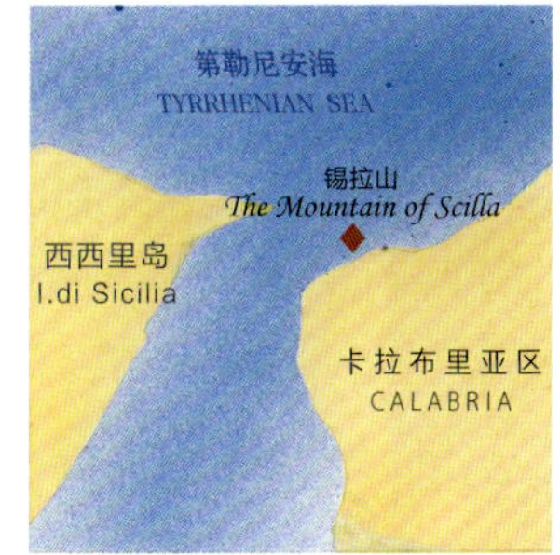

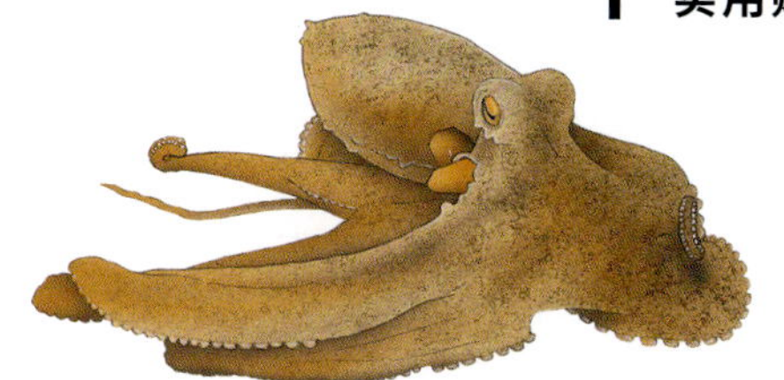

## 实用贴士

| 最大下潜深度 | 45米 |
| --- | --- |
| 建议潜水季节 | 4—11月 |
| 难度等级 | 专家级 |
| 潜点特色 | 红黄二色柳珊瑚和黑珊瑚 |
| 能见度 | 夏季可达40米 |
| 水流强度 | 经常变化 |

22米
30米
45米
57米

次来这里潜水，都会有全新的发现。

上述潜点位于墨西拿海峡的北入口，在意大利半岛的锡拉村附近。我们来到海边，沿着沙滩走，直到小路通过岩石下的隧道。在这里，查完潮水时刻表，我们便下到水中，朝着水下海岬的端点游大约200米。下水之后，我们发现了一面十分陡峭的斜坡，上面布满了半露的巨大石块。这是一个壮观的地方，栖息着丰富的岩石鱼类，岩壁上布满了海星、海绵和苔藓虫。到了晚上，这儿美得像天堂。在大约30米深的地方，石块被颜色极淡的粗砺沙床所取代，由于海水极其清澈，这些沙子反射周围环境的光线也泛着幽幽的光。在我们前面有一座海底山脉的雄伟轮廓，即所谓的锡拉山。我们向那里游去，它的轮廓在水晶般晶莹剔透的海水中越来越清晰。这块尖塔状的大岩礁从海底约40米上升到20米多一点。当我们靠近它的时候，简直忘记了呼吸。岩壁上覆盖着红色的柳珊瑚，染着金黄的晕彩——真是令人惊叹的美景！一系列的大岩石从沙床上升起，上面也覆盖着华丽的腔肠动物。每块岩石上都铺满了这些柔软的柳珊瑚，而黑红两色的成群雀鲷在海水中游来游去。在主礁四周，散布着石块的沙床先是缓缓下斜，然后急剧下降，形成一面10米高的垂直岩壁。在朝向大海的方向，岩石又以一种壮观的方式从更深的海床上升了起来。现在我们处在一个壮观的海沟中，底部铺满了红黄相间的柳珊瑚，被上面地毯一样的橙色海星映衬得格外漂亮。岩石的侧面陡然下降了几十米，我们一边观察陡壁，一边向外部岩块的顶点游去，到达一处开阔的高台。在我们下面，岩壁紧凑垂直地直落海底，湮没在柳珊瑚丛中。有一天，我突然有了一种想要探索深渊尽头的欲望，于是从这里开始了漫长的下坠。我从岩壁边上跳下去，下落得很快，就像一个从阿尔卑斯山顶跳下的跳伞运动员。没过一会儿，我就到了80米深，但深渊

**P110 上**
锡拉山柳珊瑚丛中的一只猫鲨卵。猫鲨是一种对人类无害的小型地中海鲨鱼。

**P110 下**
就像黑珊瑚所做的一样，这只珊瑚的分枝攻击并杀死红色柳珊瑚的珊瑚虫，以占用它们的“骨架”。

**P111 上**
一只海鲂在柳珊瑚丛中静止不动，在锡拉山的冬季很容易找到这种鱼，尽管它试图用鼻子朝上来隐藏自己。

仍不见底，岩壁一成不变地下落，黄色的柳珊瑚在深蓝的海水中分外醒目。上下左右，到处都是闪着光的明黄色的黑珊瑚分枝。

看来在这儿潜水真的是永无止境。不过，我们还是谈谈这儿的海洋生物吧。除了明艳的柳珊瑚，还有许许多多其他生物，光是列出它们的名单恐怕都得写一本书了，所以我们只介绍最美丽非凡的。首先是大型的管海葵，我们在30～36米深的岩石斜坡和主礁之间发现了一对，在主礁和另外一面的岩礁之间也有一对。在这里，经常能遇到从海底游上来的大个儿的海鲂，有时还有魔鬼鮟鱇鱼。海鲂很擅长隐藏在柳珊瑚的分枝中，只给潜在的威胁者一个正面的视野，这样看起来更瘦长和隐蔽，从而被威胁者忽视。而鮟鱇鱼则待在沙床上一动不动，身上覆盖着类似海床上生长的藻类一样的肉瘤。在主礁外侧，一只巨大的石斑鱼已经在此现身多年，附近岩壁上一条很深的岩缝应该是它的家。同样值得一提的是从30米深开始生长的黑珊瑚。地中海黑珊瑚（*Savalia savaglia*）以寄居的方式生长在其他柳珊瑚的分枝上。它攻击变形角珊瑚，杀死它们的珊瑚虫并取而代之。当整块柳珊瑚都被黑珊瑚的黄色珊瑚虫摧毁之后，它将柳珊瑚的骨架变成一种完全不同的、更坚硬、更有抵抗力的黑色骨架，它的名字就来源于此。这种动物跟热带的珍稀黑珊瑚有一定亲缘关系，但只是长得像，它的骨架没什么价值。

在这里进行了一天的潜水活动后，也不要向疲惫屈服。在晚上再潜一次吧。除了所有其他在夜间从藏身之处出来的奇妙生物，你还会遇到一种罕见的棘皮动物，它们在晚上才会把触手伸展出来，在光线到达后数秒之内就把触手收缩回去。

# THE COLOMBARA BANK

# 科隆巴拉浅滩

**ITALY**
**ISLAND OF USTICA**
**意大利——乌斯蒂卡岛**

乌斯蒂卡岛位于西西里岛北部海域，对意大利潜水者来说，无疑是一处胜地。不仅如此，它还是水下科技学院（Academy of Underwater Science and Techniques）的所在地。这所学院对全球水下活动做了40多年的调查，设立了“金三叉戟奖”以表彰那些与海洋生命密切相关的重要人物。雅克·库斯托（Jacques Cousteau）、杜伊利奥·马尔坎特（Duilio Marcante）、雅克·皮卡德（Jacques Piccard）等人都曾在乌斯蒂卡获得过这份显赫的殊荣。该岛还是意大利的第一个海洋公园，它的建立是为了保护其无与伦比的海下美景。毫不夸张地说，乌斯蒂卡岛周围的海域囊括了地中海所有最美的海洋生物，而且世界上恐怕也没有几个地方拥有如此清澈的海水。

**P112 左**
从港口动身前往科隆巴拉暗礁，你会绕过雄伟的法尔科纳拉角，这里矗立着一座灯塔。

**P112 右**
在岛上北部的任何一处悬崖向下望去，都能看到极为清澈的海水。

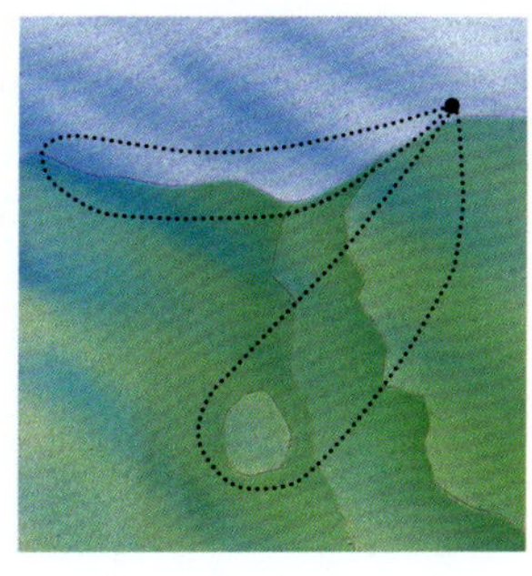

## 实用贴士

| 最大下潜深度 | 45米 |
| --- | --- |
| 建议潜水季节 | 4—11月 |
| 难度等级 | 专家级 |
| 潜点特色 | 黑珊瑚 |
| 能见度 | 夏季可达40米 |
| 水流强度 | 弱 |

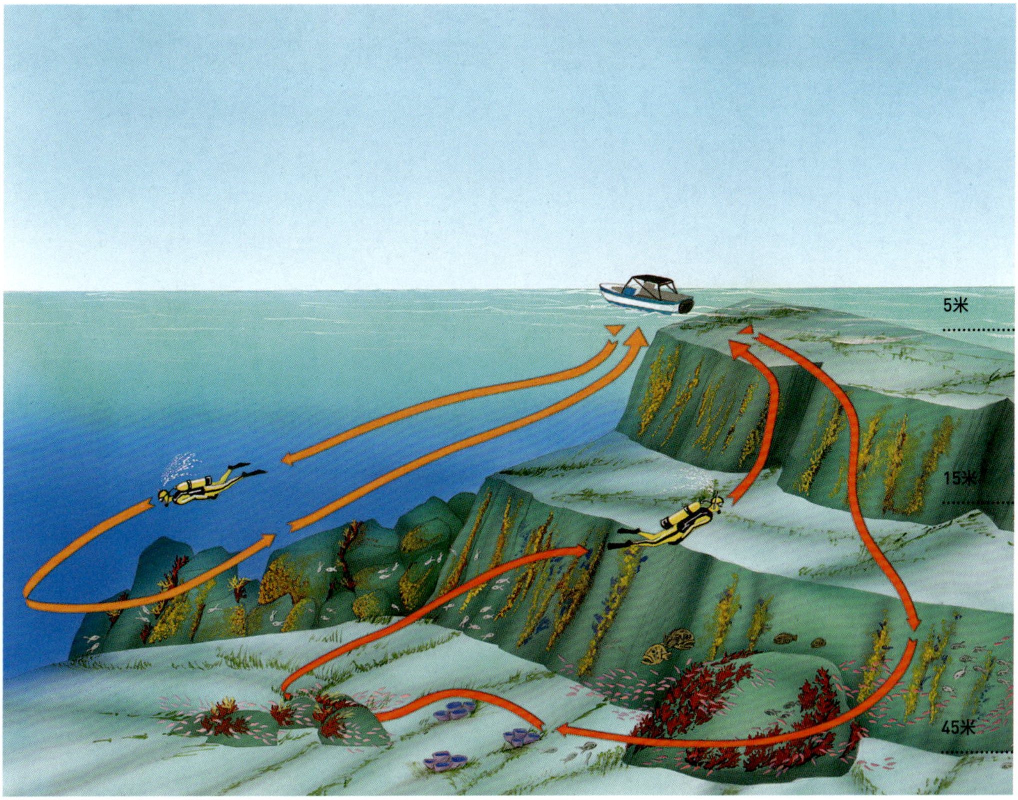

5米
15米
45米

**P114-115**
水深40米的暗礁上巨大的珊瑚分枝。由于其坚硬的"骨架"是黑色的，这种动物被称为地中海黑珊瑚。实际上这个名字是很有误导性的，因为它跟真正的黑珊瑚一点关系都没有。

**P114 下**
在浅滩上的时间会过得飞快，你可以和数目众多的旦岛龙嬉戏，它们可能正等着你给它们送来海胆或者其他零食。

**P115 上**
从海底向上游去，你会发现岩石变得白而洁净。由于海浪和洋流的冲击，只有固着的生物才能在这里生存，比如海胆和藤壶。

在乌斯蒂卡岛众多的潜点中，我们选择了一个提供不同潜水路线、不同类型的潜水方式和不同潜水难度的潜点，以适应各种水平和不同经验的潜水者。该潜点就是科隆巴拉浅滩，它位于乌斯蒂卡岛北部海岸中间，在被称为梅迪科的岩石东边。这片浅滩很容易找到，因为在远处就能看到它绿色的边缘。它是一个巨大的由浅色岩石组成的台地，从3米的高度逐渐向西下降。

我们最感兴趣的部分在浅滩的西面和南面，后者是最常选择的入水点。从这里下水，沿着台地向南游去，直到你到达一个5～10米深的平缓的落差区域。从这里你可以看到一面垂直的峭

**P115 下左**
沿着面向梅迪科岩的斜坡的长路线很少有人去，因为要潜的深度深、距离远。然而斜坡底端的景象——正如照片中所展示的——会让之前的努力获得充足的回报。

**P115 下右**
两名潜水者正从浅滩顶端游过。这里的海水清澈犹如水晶，夏日阳光也正耀眼。

壁落到水深约15米深处的一个平台上，然后继续向下落到45米深的沙床上。这儿的海水非常清澈，你在开始下潜之前就能看到底部。由于垂直的岩壁上有许多很深的裂缝，岩壁上存在的海洋生物在各个层面上都很壮观，大部分是海绵、苔藓虫和海星。鱼类也很丰富，包括在洞穴里好奇观望的小石斑鱼。专家级的潜水者会潜到海底，那里有壮观的景色在等着他们：在离浅滩主体结构之外不远的地方，一个巨大的岩体从沙子中升起，上面生长着巨大的红色柳珊瑚。屏住呼吸，不一会儿就会有一群花鮨鱼将你团团围住。

向西游去，你会遇到大量可爱的玫瑰色海绵，这些是橙色管状海绵，在加勒比海很常见，但在地中海很罕见。同样珍稀的是在黑色火山砂上生长的墨角藻。突然，眼前又出现了一系列覆盖着柳珊瑚的岩块，这些石头比你刚刚离开的那块要小，但它们也带来了惊喜：在红色的柳珊瑚丛林中，你一定会注意到黑珊瑚生机勃勃的黄色枝条。如果上面说的你都看到了，那毫无疑问已经到了该上升返程的时候了。不过别忘了在浅滩的西坡潜一回，那条路线更有挑战性，要越过浅滩边缘向西游过一大片20～26米深的石头。这片石滩有丰富的鱼类，不过要是想到达最终目的地，就不要在此停留。继续下潜越过另一个平台边缘，在一系列巨大的岩礁上逐级下降，到达水深50米处。这里的景色特别壮观，覆盖在岩礁上的海绵的数量和种类都多得惊人，在巨大岩石之间的角落里的柳珊瑚也特别美丽。这里还是观赏各种大型鱼类的理想地点。

# THE ISLAND OF COLOVRI

# 克罗沃里岛

**GREECE**
**KÉRKIRA (CORFU)**

**希腊——克基拉（科孚）岛**

**P116 上**
美丽的异齿鹦鲷（*Sparisoma cretense*）可以长到30厘米长。雄鱼呈绿棕色，而雌鱼则呈现出明亮的红色。

**P116 下**
克基拉岛西侧的阿基沃斯高迪斯海滩，是前往克罗沃里的最佳出发点。

克基拉岛是伊奥尼亚群岛中的第二大岛，海岸线长217千米；在荷马史诗《奥德赛》中，传奇的斯刻里亚岛就是克基拉岛，它一度由阿尔喀诺俄斯国王和他美丽的女儿瑙西卡统治。除了是历史自然遗迹，克基拉岛的水下美景也非常值得探索，它展现着地中海的活力和风韵。

克基拉岛的西面是最有趣的，它的北部是高大而参差不齐垂直落入大海的悬崖。南部的海岸则平缓得多，一系列宽阔的沙滩间隔着延绵的石块，海岸逐渐延伸到海里。

这里最棒的潜点就位于克罗沃里小岛旁边，距克基拉岛西海岸大约1600米。传说这座小岛是由“尤利西斯”号变成的，是诸神为了阻止英雄回到家乡伊萨卡而耍的把戏。

克罗沃里岛很小，周长约400米；在海面下，朝着克基拉岛的一侧深度达50米，而朝向外海的一侧超过100米深。这块巨大的礁石是由浅色的石灰岩构成的，已饱受海水侵蚀。得益于水晶般清澈的海水，在海上就能看到海面下好几米所呈现的非常美丽的景象。潜水可以从小岛的东南面开始。一下水，我们就发现下方迷宫般的大块岩礁，这些岩石成了黄色纽扣珊瑚、多毛纲动

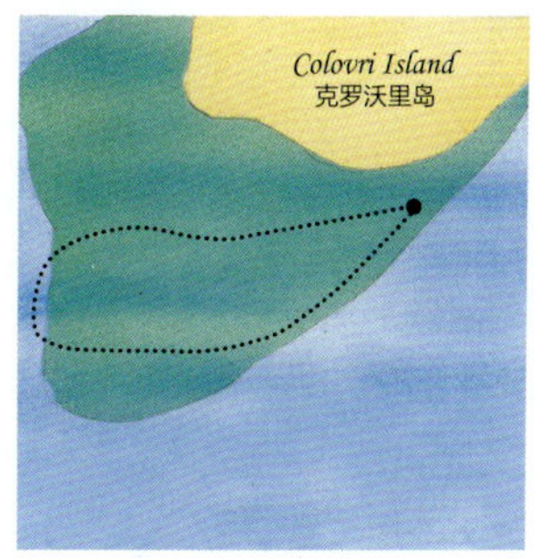


## 实用贴士

| 最大下潜深度 | 25米 |
| --- | --- |
| 建议潜水季节 | 4—11月 |
| 难度等级 | 普通 |
| 潜点特色 | 洞窟和岩穴 |
| 能见度 | 超过30米 |
| 水流强度 | 无水流 |

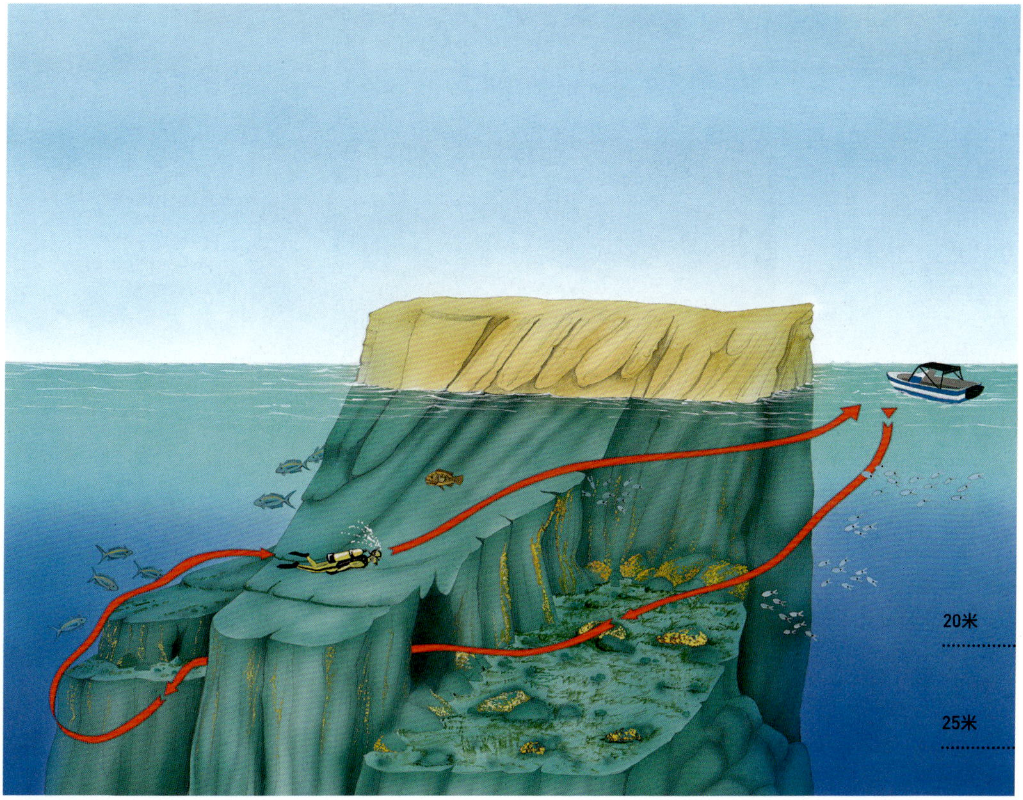

20米

25米

**P118-119**
颗粒馒头蟹（*Calappa granulata*）受惊的时候，习惯把双螯举起贴近身体以保护自己。这让它看起来像是种害羞的动物。

**P118 下**
鮟鱇鱼（*Lophius piscatorius*）通常在海底沉积物中潜伏着等待猎物，它使用头顶的肉瘤当作诱饵，捕杀上当的受害者。

物、苔藓虫纲海绵和许多其他海洋生物的栖息地，包括五角形的海星（*Peltaster placenta*）。

我们沿着岩壁向西游，下降到一个巨大的拱门形通道前，在半明半暗的光线中，项带重牙鲷、黑尾斑鲷和牛眼鲷聚集在一起躲避深海的捕食者。在拱门的另一端，约20米深的地方，我们的右手边出现了一系列洞穴，里面栖息着成千上万的独角红虾（*Plesionika narval*）。除了这些

**P119 上**
这张夜间拍摄的照片展示了居住在克罗沃里岛的一种鲜艳的海绵（*Clathrina clathrus*）。

**P119 中**
这只小纹首鮨颜色鲜艳，很容易辨认出来。这是一种好奇心很强的鱼类，当你游进它的领地，它会毫不迟疑地靠近你。

**P119 下**
在克基拉岛沿岸的各种洞穴里探索时，你会在最隐蔽的石缝中发现欧洲康吉鳗（*Conger conger*）的身影。

生龙活虎的小甲壳类动物，在手电筒光的帮助下，我们还在岩缝里发现了九带鮨（*Serranus cabrilla*），它在黑暗中正一动不动地伺机捕猎。洞穴中很黑，限制了它的捕猎，不过要是小虾进入了手电筒的光柱，它就会发动突然袭击，然后享受这意外的大餐。

继续下潜，在25米深时，岩壁突然水平向外伸展出几十米，然后再次跌入伊奥尼亚海的海底。这里是观赏深海鱼类洄游的理想环境，实际上没过多久，一大群牙鲷就会从深蓝色的海水中出现，在我们面前成群结队地游过。在春天，能看到银色的红甘鲹鱼群，还能碰到翻车鱼。到这里就该沿着克罗沃里的岩壁回到海岸，上升几米之后，我们能看到黄腹石斑鱼在洞穴门口好奇地张望着。继续沿着小岛的南岸游过拱门通道的顶端，那里有海鳝从岩缝中探出头来；从这里，我们穿过雀鲷和黑尾斑鲷鱼群，最后回到船下锚的地方。

第三章

# 红海

# RED SEA

红海位于贯穿非洲、直达阿拉伯半岛的东非大裂谷的最北端。这片海域长2253千米，最宽处约为306千米。红海的北端分为两支，即苏伊士湾和亚喀巴湾，而南端则一直延伸到吉布提与也门之间的曼德海峡，这个狭窄的海峡宽度只有25～32千米。红海与地中海一样是一片封闭的海域，不过它位于北回归线以南，有着不同寻常的温度和盐度。红海地区的气候炎热干燥，终年高温；此外，它与印度洋海水的交流有限，海水的平均温度非常高，从北端最低的17℃到南部最高的32℃，而一些较封闭海域和浅滩的水温可超过40℃，有时甚至与气温相当。这种气候引起的另一个结果就是高盐度，某些区域的盐度高达4.2%，比其他海域高出10%以上。这些气候条件促使石珊瑚爆发，并沿着整个海岸线形成了大面积的堡礁。海岸多岩石，地势很高，陡峭高耸，是由露出水面的石珊瑚化石形成的。红海最典型的景观是延伸到海边的岩石沙漠与水下非凡多样的生命和色彩之间构成的强烈对比。

红海北部有许多旅游胜地，它们近些年才兴旺起来并占据了大片海岸，比如亚喀巴湾北端的埃拉特和亚喀巴，埃及的沙姆沙伊赫、古尔代盖、古赛尔等。再往南，沙特阿拉伯半岛的红海海岸边没有旅游设施，有些地方必须乘游轮才能到达。在红海的南端，厄立特里亚和也门之间延伸着一片巨大的浅海湾，中间被一条海沟分割。海洋卫星地图显示红海这一区域中浮游植物的密度最高。因此，这里的海水能见度较低，只有在某些时段才比较清澈，而且永远不会像北端那样清澈。红海两岸散布着数百个岛屿：西海岸的岛屿形成了达赫拉克群岛；东海岸的也门岛屿形成了费拉桑群岛、卡马兰群岛；在更南端靠近曼德海峡的是哈尼什群岛。这些具有重大自然意义的区域孕育着现在非常罕见的物种，比如儒艮，现在在北部海岸几乎完全消失了。这里还有一些珊瑚岛礁从海面上升起，是令人难忘的游轮旅行目的地，比如宰拜尔杰德岛和兄弟群岛，那里人类对自然的影响仅限于几艘渔船，而载着潜水者的游轮来的次数更少。

红海的一部分海域对潜水者来说可望而不可即：苏丹海岸拥有世界上最美丽的潜水点，却被该国持续动荡的政局所殃及，这就意味着很少有船只能获准在此航行，而获得许可的船只有时也会被出乎意料地驱离。因此，沙阿鲁米、桑加奈卜礁、温盖特礁的水域是大多数潜水者遥不可及的梦想，很少有人能够有幸体验。

红海水域中有相当比例的特有物种：生活于其中的一千多种物种中，超过10%都是本地特有的。最常见的红海特有种是黄色蝴蝶鱼（*Chaetodon semilarvatus*），它们身披黄色外衣，眼睛上缀着蓝色斑点，常成双成对地在珊瑚中慢慢巡游。

红海北岸旅游业的成功给最著名的度假胜地带来了越来越多的潜水者。尽管有像西奈半岛的穆罕默德角这样的海洋保护区，但是珊瑚礁的保护问题仍然越来越尖锐。水下旅游业者为应对危机，成立了HEPCA协会以保护古尔代盖的水下环境。该协会在所有潜点提供浮标和系泊处，以减轻下锚对珊瑚礁的损害，这是为保护红海奇观而迈出的微小但重要的第一步。

# JACKSON REEF

# 杰克逊岩礁

**EGYPT**
**TIRAN ISLAND**
**埃及——蒂朗岛**

**P122 上**
这张照片清晰地展示了蒂朗岛的四块岩礁：杰克逊、托马斯、戈登和伍德豪斯。

**P122 下**
鸟瞰杰克逊岩礁。这块暗礁的南边更为美丽，有更多的观光客。根据洋流的方向，可以从右到左或反过来享受潜水。

西奈半岛像一只楔子嵌入红海，在两侧形成了两个狭长的海湾——苏伊士湾和亚喀巴湾。在西奈半岛东海岸和蒂朗岛之间的亚喀巴湾的入口处，有一条海峡对航运特别危险，但特别适合进行水肺潜水。在这里，你可以在水面上看到四个延伸出来的岩礁：戈登、托马斯、伍德豪斯和杰克逊。从南边向戈登岩礁和杰克逊岩礁的西北侧靠近，你会发现两艘搁浅的船只的残骸清晰可见，足以证明这条海峡对航运的威胁。

这四块珊瑚礁从很深的海床上升起，矗立在洋流强烈的海水中，这就是为什么在这些地方潜水可以看到整个红海最美丽的水下景色。杰克逊岩礁东端和蒂朗岛之间有许多珊瑚礁，围成了一个巨大的潟湖，那里的景色也值得一看。不过我们还是先好好看看杰克逊岩礁海面下有什么样的风景吧。在这个潜点所能看到的很多景色在其他岩礁也能看到，尤其是戈登岩礁，因为它们有一些共同的特点。比如，这些礁石或多或少出乎意料地都是从大约60米深的同一个平台上升起的。该平台先是在几米的深度微微下斜一段距离，然后迅速下落到达约100米深的第二个平台，接着又笔直坠落到深400～800米的海峡深渊中去了。因此，在这里很容易碰到路过的鱼群。在这儿还能经常看到海龟。几乎每次在杰克逊岩

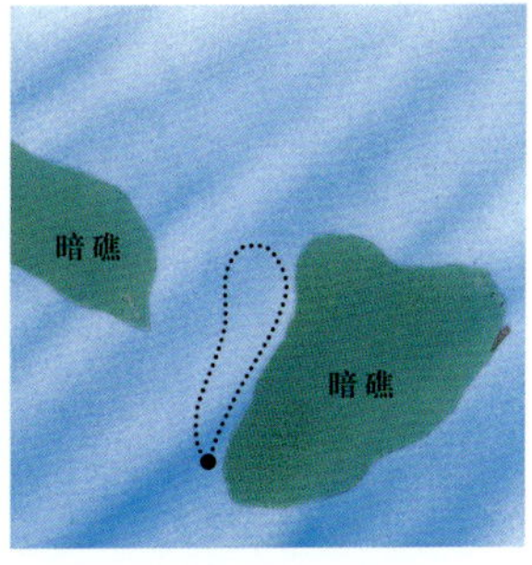

## 实用贴士

| | |
|---|---|
| 最大下潜深度 | 30米 |
| 建议潜水季节 | 全年 |
| 难度等级 | 普通 |
| 潜点特色 | 海龟和珊瑚 |
| 能见度 | 40米 |
| 水流强度 | 强 |

10米
20米
30米

**P124-125**
从杰克逊岩礁的下锚点向东游去，就能欣赏到巨大的软珊瑚丛。

**P124 下**
一只尖吻鳉（*Oxycirrhites typus*）躲藏在一只大型红色软珊瑚的珊瑚虫中。伪装是这种鱼类的防御方式，而它的捕食策略则是打伏击战。

**P125 上**
沿着水下岩壁的边缘向东游去，你会发现突出的岩石上长满了悬挂着的软珊瑚。

**P125 中**
拟花鮨和软珊瑚是红海埃及海域的象征。

**P125 下**
一只小光鳃鱼在软珊瑚丛间寻找夜间的庇护所。

礁或附近的暗礁潜水时，我都能看到游荡的海龟，它们也许正在觅食。看到我靠近之后，它们常常快速甩动四肢划着水开溜。不过有些海龟会允许我靠得很近，甚至跟它们一起游上几分钟。

我们还是回到杰克逊岩礁精彩的潜水路线上来。潜水者通常沿着这块礁石的东南边下水；其他侧面一般都是你无法招架的连续猛烈的洋流。在过去，你可能会错过最佳入水点，在其往西或者往东一点下水，可能被卷入强劲的洋流，或者游到一个不如你预期的地方。后来设置的固定的系泊装置解决了这个问题，它也保护了珊瑚礁免受船只下锚的损害。

蒂朗岛海域的海水总是很清澈，在水中可以看到陡峭的岩壁落入海底。当我们开始潜水时，给我们留下深刻印象的是仅在数米之下发现的火红的珊瑚花园。视线所及之处都是恣意生长的绿色、黄色的精美纤巧的珊瑚，仿佛有人施了咒语，让我们突然之间置身于一个石化植物的花园中。岩壁10～20米深的部分是最迷人的。在那里，我们发现很多软珊瑚的聚集区，它们一个接一个地聚集在一起，五光十色，鲜艳非常。在幽暗的岩缝中还聚集着密集的橙色拟花鮨和亮晶晶的充金眼鲷。这是一片充满生机的世界，到处都是让人惊艳的珊瑚鱼。仔细搜索每处岩缝，不难发现长满红黑斑点的石斑鱼，在珊瑚中完美伪装的鲉鱼，以及追逐水晶鱼的优雅的狮子鱼。向下再潜25米，我们来到了柳珊瑚的王国。在这里有巨大而孤立的柳珊瑚，有的身宽3米。一个由珊瑚虫、小鱼和甲壳类动物组成的完

美生态系统经常生长在这样大的树枝上。在大约30米的深度，陡峭的岩壁趋于平缓，形成了宽阔的台阶，但仍然果断地向大海倾斜。在这里黑珊瑚和棕珊瑚兴盛了起来。现在离岩壁比较远，海水也很深，我们能感受到强劲的水流，这时应该注意那些在海水中掠过的大型捕食者。当我们浮出水面时，几乎肯定会碰到一大群黑白色条纹、背鳍很长的鱼（*Idoli moreschi*）。浮出水面的过程是令人愉快的，因为正如我们所看到的，海水的每一层都提供了壮观的美景和奇妙的红海生物。在潜水的过程中，我们肯定会朝着这样或那样的方向漂移，偏离船只系泊的地点。所以，我们待在有岩礁遮蔽的区域

**P126 上**
在暗礁的岩壁与沙床的交接处可以欣赏到精美的柳珊瑚，它们更适宜在深水中生长。

**P126 下**
杰克逊岩礁南侧岩壁的最深处覆盖着厚厚的彩色软珊瑚。

边缘，那里能感受到猛烈的水流。我们再试着往前游一些，那里有更多生物，碰见大型鱼类和密集鱼群的概率更高。我们在这里逗留几分钟之后就返回，快速穿过不同的减压区，欣赏最后的壮观美景。众所周知，红海总在最初的几米水深里展示自己最美的一面。我们会看到巨大的珊瑚和如华盖般的鹿角珊瑚，密集成群的橙色拟花鮨在灰白色的珊瑚礁之间穿梭。水晶般平静的水面上倒映着礁石的影子，它平滑明亮得好像一面镜子，我们为之陶醉。

---

**P127 上左**
这是埃及海域的典型景象：一只海葵上栖息着两只双带小丑鱼（二带双锯鱼，*Amphiprion bicinctus*）。

**P127 上右**
在蒂朗岛的暗礁上常能碰见海龟，这只海龟正准备进食珊瑚虫。

**P127 下**
杰克逊岩礁最显著的特点之一是丰富的火珊瑚。这张照片展示的是一只绕着这种绿色珊瑚游动的狮子鱼，它对人类很具危险性。

# RAS UMM SID

# 乌姆西德角

**EGYPT**
**SHARM EL MOYA**
**埃及——沙姆莫亚**

最好的潜点并不总是在离港口、游轮的游览路线和启程的基地最远的地方。乌姆西德角就是一个明显的例子，它与这种普遍接受的一般说法相矛盾。乌姆西德角壮观的岩壁位于西奈半岛亚喀巴湾沿岸，在纳马湾中心以南几英里处，距沙姆莫亚港仅数百米之遥。在这里潜水是沿着一面垂直的水下岩壁进行的，它向东伸出一块水下海岬，上面升起裸露的砂岩高出水面几米，遮挡了这里迅疾的北风。这里不但水下景色很棒，而且风平浪静，还靠近出发的基地，极其容易到达。

**P128 左**
这张航拍照片展示了受保护的沙姆莫亚湾，这是潜水旅行的主要出发点之一；然后是宽阔的神庙礁和末端的乌姆西德角；潜水沿着海边，在暗礁、水下岩壁和台地之间进行。

**P128 右**
这张照片展示了乌姆西德角潜点的清澈美景。

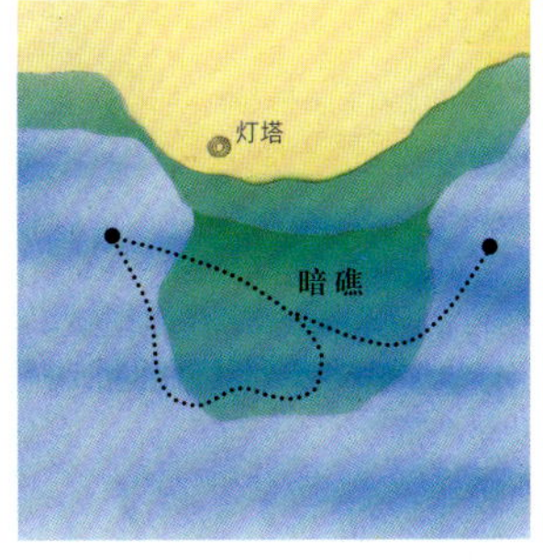

## 实用贴士

| | |
|---|---|
| 最大下潜深度 | 35米 |
| 建议潜水季节 | 全年 |
| 难度等级 | 普通 |
| 潜点特色 | 生活着软珊瑚和水晶鱼的岩穴 |
| 能见度 | 40米 |
| 水流强度 | 某些区域强 |

P130 上
这些可爱的柳珊瑚生长在入水点下35米的深度，在主岩壁和向海延伸的礁石分支之间形成一个夹角。

P130 下
朝珊瑚礁的外围望去，你常能在深水中发现优雅的梭鱼。

P130-131
这里是暗礁与外部岩壁的交接处，一丛红色软珊瑚上方被一群密集的充金眼鲷所包围。

P131 下
水深15米处的暗礁上有许多悬凸的岩石，下面常生长着多彩的软珊瑚。

在那里，潜水者发现一些珊瑚礁从10～20米深的海底升起，直达海面。我们系泊的浮标在灯塔的南面，位于海岸岩壁和水下海岬的夹角处。这里的珊瑚礁分布相当广泛，在海岬尽头有所减少。下水之后，不要沿着海岸岩壁直接下到海底，而要朝着深约15米的平台游去。最强劲的洋流通常来自北方，所以当我们离开海面，可以平静地在开阔的海水中畅游。沿着岩壁的右侧下水，准备好迎接这次潜水的第一个壮丽美景。我们很快就到了海岸岩壁和水下海岬的夹角处。这里生长着一群巨大的柳珊瑚，还有定居在这里的优雅的狮子鱼，非常壮观美丽。狮子鱼在柳珊瑚的分枝间轻盈移动，时而躲藏起来，时而稍稍游出不远。当我们在后方用手电照射，看到柳珊瑚在炫目阳光映衬下的优美轮廓时，可以游到狮子鱼旁边，也不用担心它们会被吓跑。柳珊瑚在15～35米深的海水中一直陪伴着我们。在

更深的地方，岩壁上和一些大型柳珊瑚顶部广泛生长着华丽的软珊瑚，成群的充金眼鲷躲藏在软珊瑚生机勃勃的分枝中。这种景色当然是极好的，但我们不能停留太久，要看的景色还多着呢。

水下海岬在这里急剧下降约10米后，与一个微微向大海倾斜的平台相连。在这片海域中，有可能遇到数量惊人的各种各样的珊瑚鱼，有大型的波纹唇鱼（*Cheilinus undulatus*）和成群的金

**P132-133**
在乌姆西德角潜水时，最经典的景象是在柳珊瑚间穿行的大个儿狮子鱼。

枪鱼。生长在水下台地上的珊瑚非常壮观美丽。我们面前就是大量色彩斑斓的石珊瑚和软珊瑚，其中栖息着水晶鱼、红蓝石斑鱼、鲉鱼和优雅的狮子鱼。这一区域的特点是如伞盖般的大型鹿角珊瑚，其下部由五颜六色的软珊瑚层叠而成。在这儿没有确切的返程地点和特定的潜水深度。我们可以随心所欲地去想去的地方，而不会错过更美丽的东西。

即使是更深的区域，比如平台边缘的峭壁也是很有趣的。特别值得一提的是，岩壁上一处由白色软珊瑚装饰的风景秀丽的洞穴，里面居住着许多充金眼鲷。不凑巧的是，根据埃及法律，距海面30米以下禁止潜水者进入，而这里已经超出了这一深度。然而，我们眼前较浅水层的美景完全可以弥补这一缺憾。因此，潜到半路时，我们往上浮一些，然后沿着另一条不同的路线返

**P132 下**
这里已经到了底部，礁壁在这里与沙床相接，一只可爱的红色海绵把自己固定在一只柳珊瑚的骨架上。

**P133 上**
充金眼鲷栖居在乌姆西德角外围礁壁最深的裂隙里。

**P133 中**
这张照片展示了珊瑚礁上最引人注目的景象：一群充金眼鲷环绕着鲜艳的软珊瑚和火珊瑚游动。

**P133 下**
又一幅红海的经典图景：一只大型红色柳珊瑚从水深超过30米的岩壁上伸展开来，周围笼罩着一群丝鳍拟花鮨（*Pseudanthias squamipinnis*）。

程。转过头，我们看到了其他色彩斑斓的珊瑚礁。这里值得停下来仔细观看，你一定能发现大量伪装的小鱼、小虾、海蛞蝓还有其他各种生物，它们形成一个个小型生态系统。我们继续向上，在较浅的水域游过生长着柳珊瑚的区域。最后，我们看到了海面上的船身，潜水结束了。但惊喜还没有结束。虽然这里已是浅水海域，但如果在这里结束，我们肯定会错过一个非常有趣的开阔区域。这里的珊瑚礁几乎上升到海面，顶端分裂成深深的裂缝，强烈的阳光穿透其中。向缝隙中窥视，我们发现其中长满了软珊瑚，岩缝被密集的银色鱼群占据。岩缝外侧则是硬珊瑚的天下了。虽然距离海面仅仅几米，但水下的景色却是如此美丽，时至今日仍在脑中挥之不去。

# SHARK REEF

# 鲨鱼礁

**EGYPT**
**RAS MOHAMMED**

**埃及——穆罕默德角**

“Ras”在阿拉伯语中的意思是“海角”。穆罕默德角位于西奈半岛的最南端，面朝红海。

这个海角由两块大岩石组成，东边较高的那块叫观鲨台；西边较低较宽的那块位于生长着红树林的潟湖中间。

潟湖向南伸展到一个海下平台上。在平台东西两侧生长着两块珊瑚礁，两块珊瑚礁之间呈马鞍形，深16米，然后快速下降到100米深，最后落入几乎800米深的海底。

整个区域如今都被辟为国家公园，受到严格的法律管制，不但禁止留下或带走任何东西，连触碰任何东西或喂食也绝不允许。但这些行为仍然屡见不鲜，直到1989年导致一条漂亮的波纹唇鱼死亡，之后才有所收敛。

**P134 左**
这张航拍照展示了穆罕默德角的美景。我们能清楚地看到约兰达礁和鲨鱼暗礁的顶端，它们为潜水者提供了经典路线。

**P134 右**
一只华丽的波纹唇鱼在一个水肺潜水者身边泰然自若地巡游。

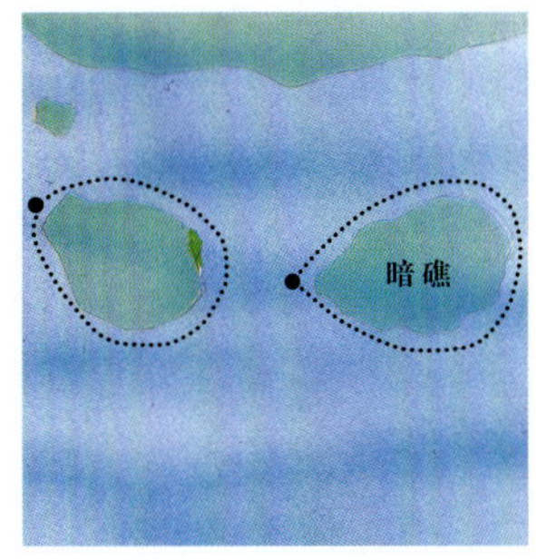

## 实用贴士

| 最大下潜深度 | 30米 |
| --- | --- |
| 建议潜水季节 | 全年 |
| 难度等级 | 普通 |
| 潜点特色 | 大型柳珊瑚和鲨鱼 |
| 能见度 | 超过40米 |
| 水流强度 | 有时很强 |

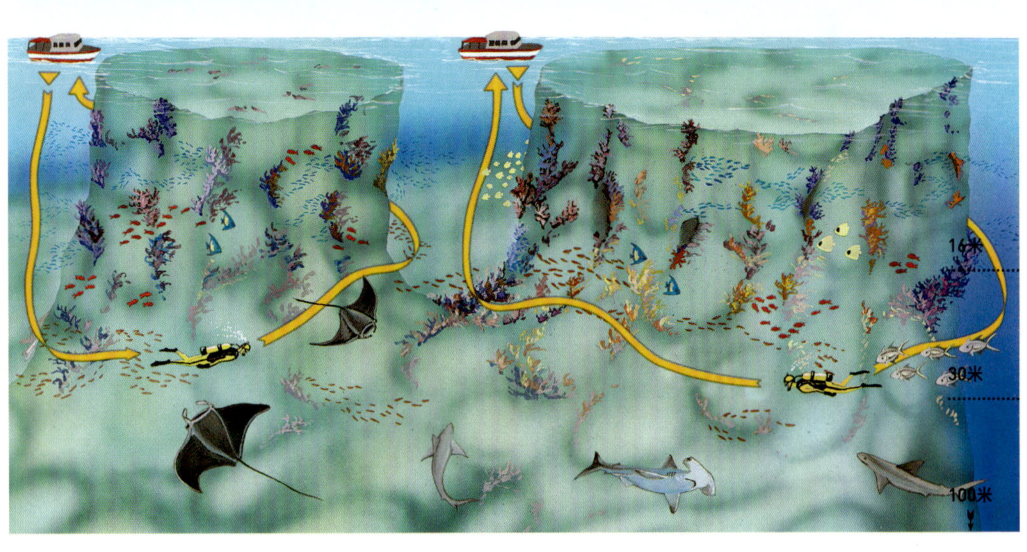

**P136-137**
充金眼鲷躲藏在柳珊瑚的分枝间，而青星九刺鲈（*Cephalopholis miniata*）则从珊瑚中探出身来。

**P136 下**
在鲨鱼礁的水域中，大西洋原海豚正朝潜水者靠近，似乎想与他们见面一样。

**P137 上**
到了春天，红海中到处都是海月水母（*Aurelia aurita*）。

**P137 下左**
帝王神仙鱼（主盖刺鱼，*Pomacanthus imperator*）在红海的珊瑚礁中很常见。

**P137 下右**
快速的水流有利于成排的柳珊瑚的生长。

东边的珊瑚礁叫作约兰达礁，它的名字来源于一场海上事故。1981年，一场猛烈的暴风雨击沉了一艘名叫“约兰达”号的小船，该船当时正在运输浴缸、马桶等卫浴设施。又一场猛烈的暴风雨将残骸拖到了200米深的海底。在大约12米深的地方，船舱的部分结构仍然存在，令人惊讶的是上面爬满了红色的棘穗软珊瑚（*Dendronepthya* sp.），其中还有一堆与海底环境格格不入的马桶和水槽。这里已经安装了一个系泊用的浮标，从这里开始潜水，或者完成潜水后从这里返程更好，因为更有挑战性的部分在另一块珊瑚礁——鲨鱼暗礁周围。

潜水的重点和路线取决于海流。海流通常是相当猛烈的，尽管它的方向并不恒定。它常常来自东北方向，但并不总是如此。在潜水之前，你需要确定其方向。

条件允许时，你可以从两块珊瑚礁之间的水道下水，并从鲨鱼暗礁后面经过，礁壁会在那里笔直地坠落到海底深渊。在这里生长着几米宽的巨型柳珊瑚。这里的海水非常清澈，景色也异常壮观，不过千万不要被美景迷住而不知不觉地下潜太深。

**P138 上**
棘穗软珊瑚的鲜艳分枝为红海增添了几分颜色。

**P138 下**
穆罕默德角有众多青星九刺鲈栖息在珊瑚礁中，这张照片拍到的就是其中一条。

**P138-139**
到了清晨和晚上，蓝鳍鲹（*Caranx melampygus*）和大眼睛的六带鲹（*Caranx sexfasciatus*，照片上的这种）就会出来觅食。

**P139 下左**
由于潜水客数目众多，如今在穆罕默德角很少能遇到大型鲨鱼了。

**P139 下右**
一条小型的灰三齿鲨在穆罕默德角的水域中游动着。

继续顺时针绕着鲨鱼暗礁潜游。外侧的柳珊瑚比较小，不过美景毫不逊色。这面陡峭的礁壁是绝对垂直的，海底深不可见。

这里是（或者说曾经是）潜水者与海洋鱼类相遇的绝佳场所。从前，灰三齿鲨（*Triaenodon obesus*）、黑尾真鲨、鲼鱼、鳐鱼，以及成群的牙鲷、鲹鱼和金枪鱼一定会陪伴着你畅游。现在，跟它们相遇不是不可能，只是罕见，它们通常只在清晨或者游客较少的时候才露面。不过，你要是够机灵也足够幸运的话，或许能看到一群漂亮的鲹鱼、鳐鱼甚至海豚。

深处的礁壁也是很美丽的，它被密密麻麻的紫色、玫瑰色和白色的软珊瑚所覆盖。在这些软珊瑚丛中生活着常见的珊瑚鱼，还有可爱的石斑鱼。大陆架上还有大型波纹唇鱼和形单影只的燕鱼。

在约兰达礁附近的潜游就没那么有趣了，因为那里没有柳珊瑚，但那里有一样美丽的珊瑚礁和软珊瑚，以及各种各样的珊瑚鱼。

# BLUFF POINT

# 布拉夫角

**EGYPT**
**GUBAL STRAIT**

**埃及——朱巴勒海峡**

大朱巴勒岛和小朱巴勒岛之间有一道浅滩，在浅滩的东北端有一座小灯塔，标志着苏伊士湾最窄处的通道。在布拉夫角，水流很具有欺骗性，可能在潜水时出乎意料地改变方向。这是因为来自朱巴勒海峡的主要海流向南流去，与两个岛屿之间的水流相遇。随着在此交汇的两股水流此消彼长，水流方向时常会发生改变。无论如何，潜水者都应该一直待在珊瑚礁附近。通常潜水从珊瑚礁的外侧开始，顺着水流的方向进行，在到达灯塔后不久潜水结束，那里最适合船只下锚。沿着几乎垂直的岩壁下潜大约20米后，海床开始变得平缓，形成一个45米长的斜坡。也许在向下潜的过程中，你就能碰到大型波纹唇鱼或是海鳝。这里最佳的潜水深度在15～20米之间，不值得下潜太深。水流有时很迅猛，顺着它前进，你会看到大型柳珊瑚和多彩的软珊瑚，它们在清澈的海水中显得分外鲜艳。珊瑚礁的缝隙中充满了充金眼鲷和生机勃勃的软珊瑚，如果此时水流特别强

**P140 上**
一群漂亮的小鱼在柳珊瑚的分枝间游动，两只软珊瑚从暗礁上伸展出来，正在争夺有利的生长空间。

**P140 下**
布拉夫角的潜水锚地位于朱巴勒海峡小灯塔的下面。这个岛完全是光秃秃的，在清澈的海水中可以看到暗礁的最顶端。

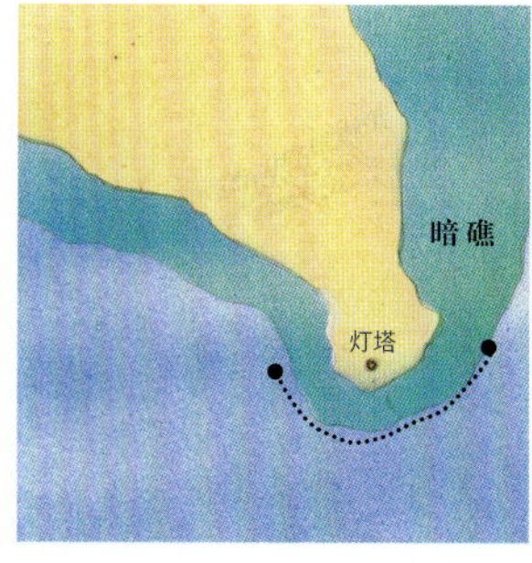

## 实用贴士

| | |
|---|---|
| 最大下潜深度 | 25米 |
| 建议潜水季节 | 全年 |
| 难度等级 | 普通 |
| 潜点特色 | 软珊瑚和鲉鱼 |
| 能见度 | 40米 |
| 水流强度 | 无至非常强 |

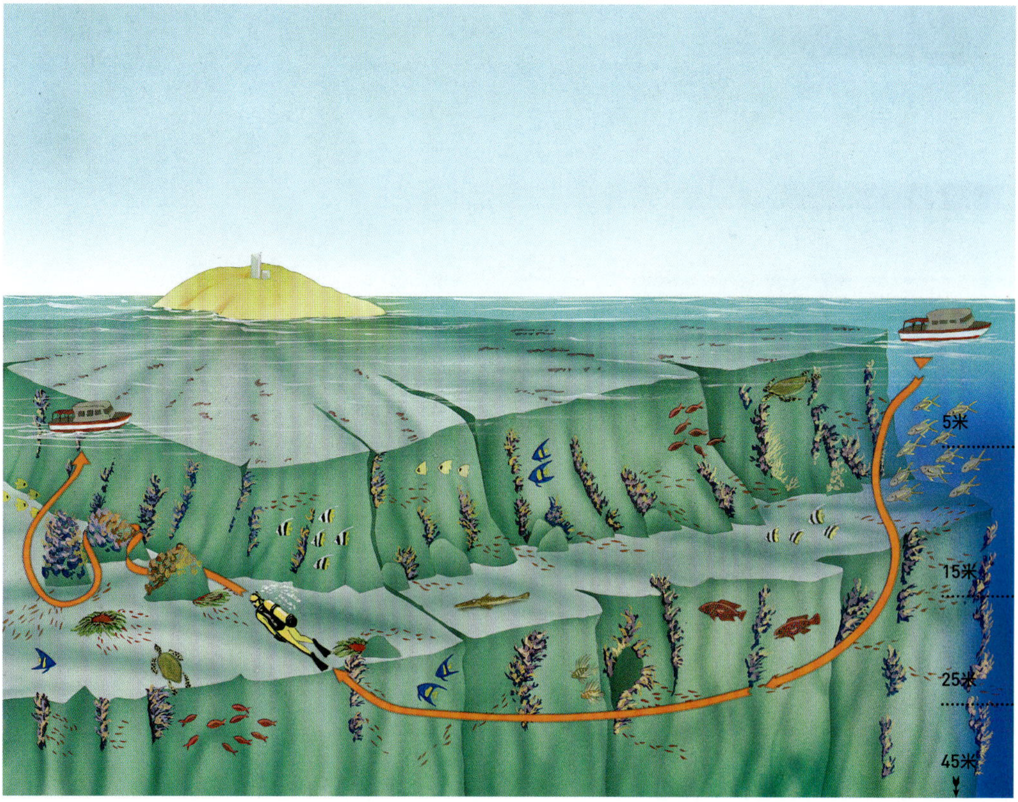

劲，你甚至可能跟鲉鱼在一个岩穴中避难。

柳珊瑚的巨大枝条从岩壁上的软珊瑚中伸出来，你还能在其中发现一只悠游觅食的海龟，这是众多在朱巴勒岛的沙滩上产卵的海龟之一。成群的鲹鱼不时从深蓝的海水中游过来，掠起一道道银色的光带，将小鱼群打散。珊瑚礁中不时冒出尖的岩礁，上面舞动着软珊瑚、肉芝软珊瑚（*Sarcophyton*）和柳珊瑚，神仙鱼和

**P142-143**
一条鲈滑石斑鱼（*Epinephelus tauvina*）正在接受潜水者的近距离观察，展示出它锋利的牙齿。它那斑斑点点的外衣使得它与周围景色融为一体。

**P142 下**
这块礁石上有各式各样纷繁复杂的石珊瑚，中间是一丛皱褶陀螺珊瑚（*Turbinaria mesenterina*），旁边围绕着宽阔的扇形火珊瑚。

红石斑等在其中游动着。

如果在这里没有遇到水流，你就可以上升了。潜水的后半段你会在5～15米深的海床上蜿蜒而过，这个过程一点也不逊色于前半程。无数的珊瑚礁上长满了明亮的软珊瑚，在死去的深色硬珊瑚背景下显得分外鲜艳。在没有水流的地方，你可以待着观赏小鱼、海葵、虾、鹰和其他许多生物。即使在漂流的过程中，你也会有有趣的发现：小石斑、长满尖刺的海胆，以及拥有高超伪装技术的鳄鲬（*Cociella crocodila*）和鲉鱼。要是幸运的话，你会看到一些披着黑天鹅绒外衣并带有黄色小斑点的扁形虫，或者背部伸展着触须的裸鳃类（*Marionopsis cyanobranchiata*）。继续游，一艘小沉船是夜潜的绝佳地点。小船只剩下骨架，里面充斥着各种鱼类，尤其是梅鲷。其中有一部分船体中聚集着几十条大大小小的鲉鱼。黄蓝相间的大个儿胭脂鱼在船的残骸四周来回穿梭。一条长着黑色斑点的白色海鳝在船壳两边进进出出，而一条长头乳突鲬（*Papilloculiceps longipes*）一动不动，准备伏击粗心的猎物。沉船周围的深度不超过12米，在这儿潜水可以持续一个多小时。有这么多奇妙的东西要看，时间过得飞快。

**P143 上**
这只长头乳突鲬对自己的伪装信心十足，任由潜水者停留在距离自己很近的地方。

**P143 中**
一丛火珊瑚、不同颜色的三种软珊瑚和一片鞭状柳珊瑚，是布拉夫角多彩生物的绝好缩影。

**P143 下**
几只星点若鲹（*Carangoides fulvoguttatus*）驱散了一群停留在暗礁上方的小鱼，闪电般的袭击让鱼群迅速撤离了这片浅滩。

# CARELESS REEF

# 无忧礁

**EGYPT**
**HURGHADA**
**埃及——古尔代盖**

在吉夫通群岛北部有三个最美的潜点，其中最著名的是无忧礁。它以三块珊瑚礁柱为中心，这些珊瑚礁从10～15米深的海床上升起，几乎露出水面。它们矗立在北侧一面深约70米的水下峭壁边上，因此保证了这里鱼类的持续多样性。这是一处真正的热带水下花园，因海水非常清澈而更加吸引人。

岩壁北坡有许多固定的停泊装置，因此，你的潜水路线取决于你的出发点和水流，水流明显的话，就都是来自北方。

如果你在西边那座珊瑚礁的前方入水，你将沿着它的西侧潜游。在砂质的底部，你会碰到这里最常见的海鳝。还有巨大的爪哇裸胸鳝（*Gymnothorax javanicus*）从鹿角珊瑚下面或岩礁上的许多洞中探出头来，张着下颚，露出尖牙。它们通常没有攻击性，甚至并不保卫自己的领地。

**P144 左**
在无忧礁的岩壁上遇到的一群密点胡椒鲷（*Plectorhynchus gaterinus*）。

**P144 右**
在海葵（*Heteractis*）的触手间栖息的一对双带小丑鱼。

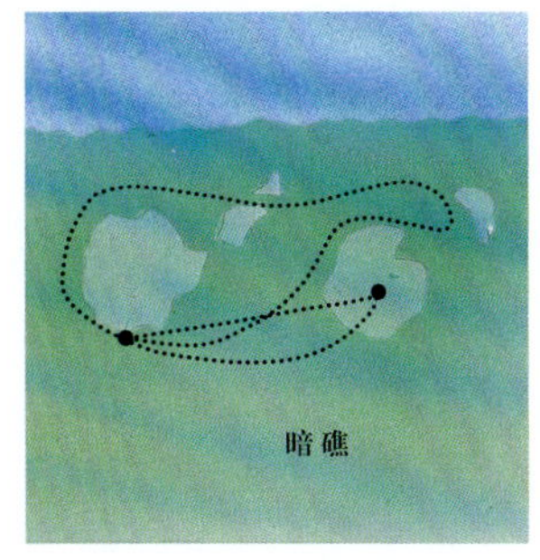

## 实用贴士

| | |
|---|---|
| 最大下潜深度 | 15米 |
| 建议潜水季节 | 全年 |
| 难度等级 | 普通 |
| 潜点特色 | 大海鳝和经过的鲨鱼 |
| 能见度 | 40米 |
| 水流强度 | 有时很强 |

**P146**
石珊瑚庇护着的黄色蝴蝶鱼。

**P147 上**
一只伪装得很好的螃蟹藏在珊瑚丛中。

**P147 下左**
你能在无忧礁的北侧欣赏到超凡出群的红色柳珊瑚。

**P147 中右**
一只石斑鱼潜伏着等待粗心的猎物。

**P147 下右**
石珊瑚下的一只星斑叉鼻鲀（*Arothron stellatus*）。

但它们已经习惯了潜水者的经常投喂，所以它们把任何会移动的东西都当成了食物。因此，如果你靠近它们，要非常小心，不要做任何突然的动作，不然它们会咬你的手或胳膊，那是很危险的。

在沙床上，一群黄色蝴蝶鱼和红海马夫鱼（*Heniochus intermedius*）一动不动地待在一块珊瑚礁或岩石周围，除非它们受到干扰。

继续向北游去，你会遇到第一片柳珊瑚，其中栖息着管口鱼和锯鳞鱼。如果够幸运，还能发现隐藏在柳珊瑚中的一条小而可爱的鲈滑石斑鱼，还有一条猩红色的细斑躄鱼（*Antennarius coccinecus*）静静地趴在柳珊瑚的枝条上。

岩壁的边缘阶梯式下降到70米深。但不用管它，继续向东游，那里的深度更为适中，为20～35米。在这里，你会发现有趣的岩缝、与红色海鞭交织在一起的柳珊瑚，以及充满水晶鱼的岩穴。

曾经有一种漂亮的蓝身大石斑鱼（*Epinephelus tukula*）生活在这里，它喜欢接近潜水者并与他们一起游泳。你一定还能看到不远处游过的礁鲨。这里曾经还能看到一群锤头鲨经过，但如今随着潜水者大量增加，几乎是不可能的了。

沿着岩壁边缘继续向前，陪伴你的有波纹唇鱼和总是在啃珊瑚的鹦嘴鱼。如果你还有时间，可去往第二或第三块珊瑚礁柱，那里都有各种热带植物，还有成群的背带拟花鮨、鲉鱼、石鲈和金鳞鱼。

在沙床上很容易找到鳄鲬、蓝斑条尾魟（*Taeniura lymma*）、斑驳的杂斑狗母鱼（*Synodus variegatus*）和其他成百上千的珊瑚鱼。

# ERG ABU RAMADA

# 阿布拉马达沙丘

**EGYPT**
**HURGHADA**

**埃及——古尔代盖**

古尔代盖是红海最著名的旅游胜地之一，也是埃及的第一个潜水胜地。近些年为保护珊瑚礁而采取的措施（如安装系泊用的浮标），以及人们日益增长的保护水下环境的意识，使得这里堡礁的健康状况不断改善。在古尔代盖众多的优质潜点中，有一个特别令人难忘。阿布拉马达是古尔代盖以东一个平坦的荒岛，被宽阔珊瑚礁所包围。在距离该岛南端400米的地方，几块珊瑚礁从海床上升起，就是所谓的“沙丘”。阿布拉马达沙丘是一处很棒的潜点，经常受到强劲水流的影响，但正是它们造就了色彩纷呈、流光溢彩的水下世界。

你沿着两块较大的暗礁的侧面下潜，暗礁上覆盖着红色、橙色和黄色的棘穗软珊瑚。当水

**P148 左**
暗礁上覆盖着各种颜色的软珊瑚，周围游动着成千上万的背带拟花鮨和其他更活泼的鲜艳小鱼。

**P148 右**
两只双带小丑鱼在其栖居的紫点海葵（*Heteractis crispa*）触手间嬉戏。

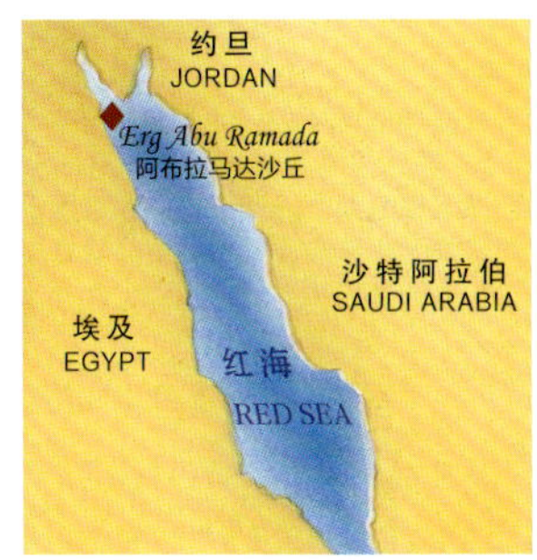

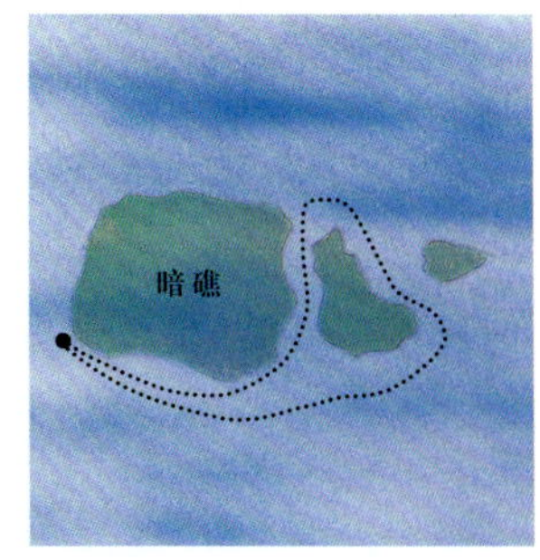


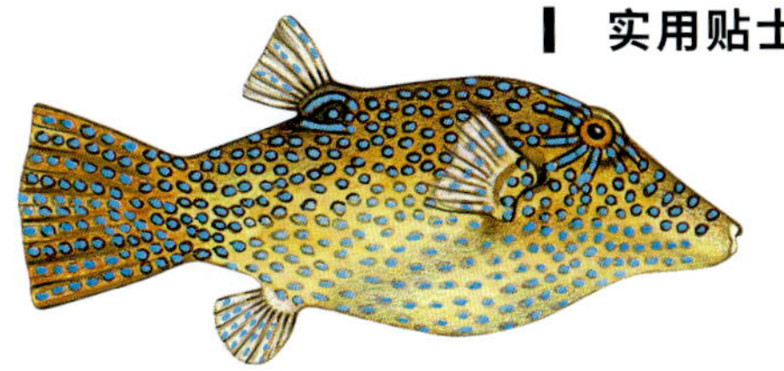

## 实用贴士

| 最大下潜深度 | 18米 |
|---|---|
| 建议潜水季节 | 全年 |
| 难度等级 | 专家级（当水流很强时） |
| 潜点特色 | 软珊瑚和背带拟花鮨 |
| 能见度 | 超过40米 |
| 水流强度 | 通常很强 |

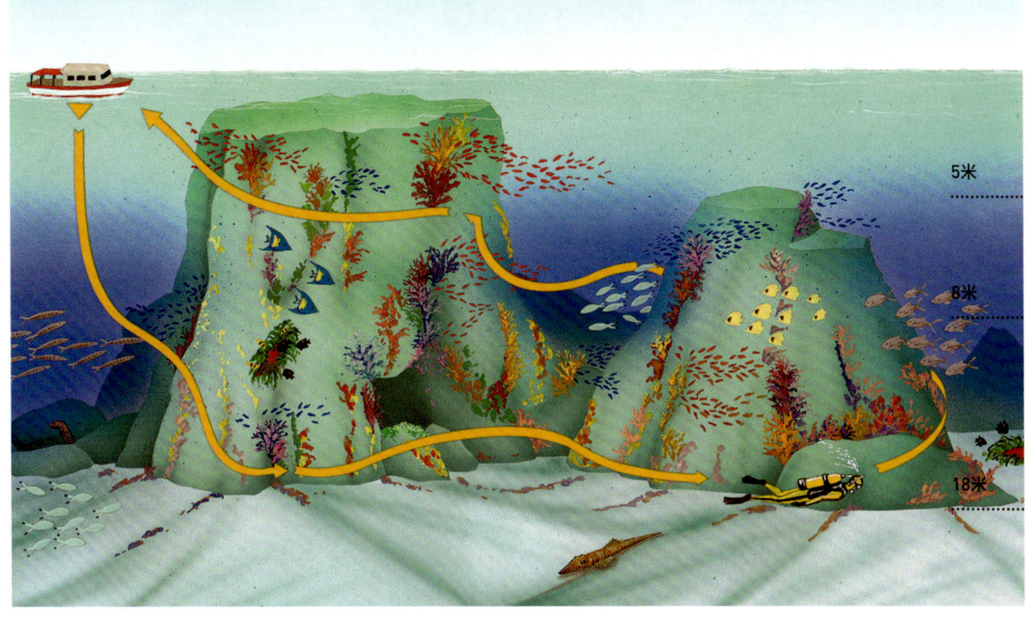

**P150 上**
一只毒拟鲉用良好的伪装藏身于珊瑚礁中。

**P150 下左**
阿布拉马达沙丘的珊瑚礁顶端几乎露出水面。清澈海水中的明亮光线使软珊瑚上盘旋的丝鳍拟花鮨变成了彩色的旋涡。

**P150 下右**
数百只无斑拟羊鱼（*Mulloidichthys vanicolensis*）慢悠悠地游过珊瑚礁，并没受到旁边潜水者的惊吓。白天它们在这里活动，到了晚上鱼群在沙子里觅食时就会散开。

流涌动时，你最好顺着水流走，然后试着在暗礁上背着水流的地方停下来，水流和缓的地方鱼类数量非常多。暗礁上的棘穗软珊瑚都朝着光生长，层层叠叠，几乎将下面的硬珊瑚盖得严严实实。这是自然竞争的结果，为了收集水流带来的有机物，它们必须占据最开阔最有利的位置。反过来，软珊瑚成为其他海洋生物的有利栖息地，如生活在其纤细的枝条上的甲壳类和软体动物。密集的丝鳍拟花鮨鱼群也为珊瑚礁和软珊瑚丛增添了色彩。橙色的雌鱼数量非常多，而红色的雄鱼数量较少，它们有长长的胸鳍和背鳍。在珊瑚礁上还有其他种类的软珊瑚，比如大朵大朵的肉芝软珊瑚。珊瑚礁上到处都是岩缝、洞穴和隧道，你会在里面发现许多充金眼鲷、金鳞鱼和天竺鲷。筒星珊瑚（*Tubastrea*）在幽暗的地方展开触角，多彩的裸鳃类在红色和橙色的枝状海绵上蠕动着。最常见的是霓虹海兔（*Chromodoris quadricolor*），它背上有黑白色的条纹和橙色的边缘。在珊瑚礁周围的区域，不时有密集的苏伊士梅鲷和神仙鱼游来游去。成群的鲹鱼偶尔会在珊瑚礁顶部快速飞掠猎取小鱼。在更深的水域，你可能会看到一只灰三齿鲨掠过。鳄鲬、毒拟鲉（*Scorpaenopsis diabolus*）和玫瑰毒鲉在珊瑚和岩石之间完美地伪装自己，而大个儿的海鳝则隐藏在岩缝里。大型海葵伸展着的触角为小丑鱼提供了居所，这种共生关系是印度洋和太平洋大

**P150-151**
一群红海特有的条尾梅鲷（*Caesio suevica*）在珊瑚礁间巡游，成千上万的鱼儿在它们后面微弱的水流里舞动着。

**P151 下**
双带小丑鱼是红海特有的一种小丑鱼，它们的小嘴里长满利齿尖牙。这种鱼还生活在亚丁湾和查戈斯群岛。

堡礁上的典型特征，有10种海葵和30种海葵鱼有这种关系。红海只有一种特有的小丑鱼——双带小丑鱼。即使是访问过世界上所有海域的潜水者，也无法抵抗在宿主海葵的触手之间不断游动的双带小丑鱼。特别是当太阳高悬时，美丽的光束将这幅景象照射得光影斑驳，分外迷人。

# LITTLE BROTHER

# 弟弟岛

**EGYPT**
**BROTHERS ISLANDS**
**埃及——兄弟群岛**

兄弟群岛在阿拉伯语中被称为“El Akawein”，位于古赛尔镇西北方53千米处，像两根孤独的柱子矗立在埃及红海的深渊中。两座岛屿中较大的那座地势平坦、形状规则，长约300米，宽约40米。

1880年，英国人在该岛上修建了一座灯塔，里面的机械装置一直使用到1994年。光源是一盏煤油灯，其光线通过一套有效的菲涅耳透镜系统增强放大，使得远在27千米之外都能看到它的光柱。灯塔内部设有一套完美的滑轮系统使这套复杂的重型透镜组能够正常运转。

两座岛屿中较小的那座也地势平坦，但轮廓略小且更圆，距较大的岛屿约1600米远。兄弟群岛在红海中的位置很特殊，是那片广阔海域中仅存的两座孤岛，因此它们成了一处宝贵的生命绿洲，水下景色美丽非凡。岩壁直坠海底深渊，上面长着连绵不绝的柳珊瑚和其他珊瑚，渐渐消

**P152 左**
弟弟岛的风景。该岛周围有一圈壮观的暗礁，垂直落入海底，而在远处较大的岛上矗立着一座灯塔。

**P152 右**
在夏天，兄弟群岛是鸟类休息筑巢的重要区域，比如这座岛上的数百对燕鸥。

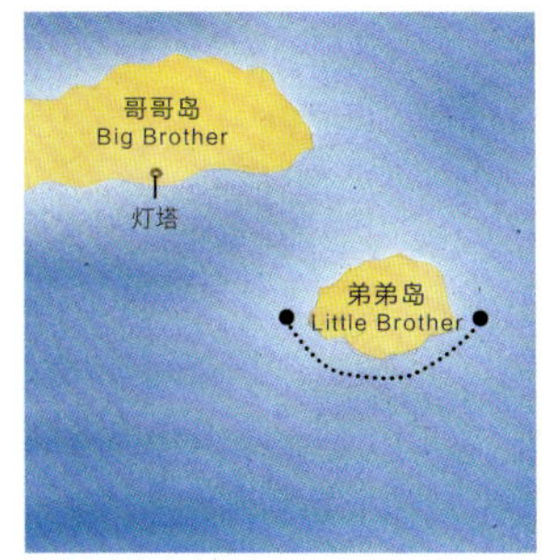


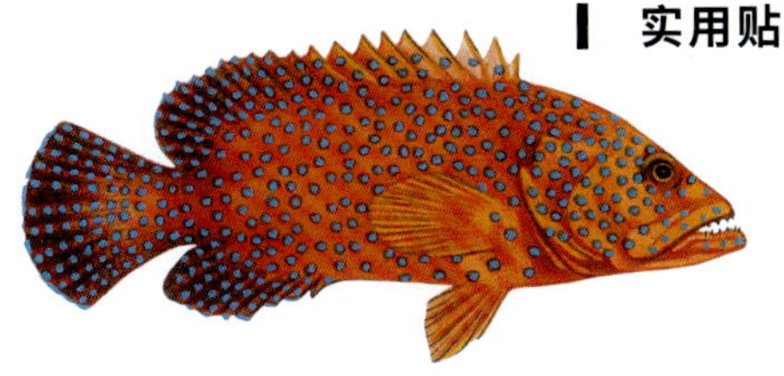

## 实用贴士

| | |
|---|---|
| 最大下潜深度 | 40米 |
| 建议潜水季节 | 全年 |
| 难度等级 | 普通 |
| 潜点特色 | 各种鲨鱼 |
| 能见度 | 40米 |
| 水流强度 | 强 |

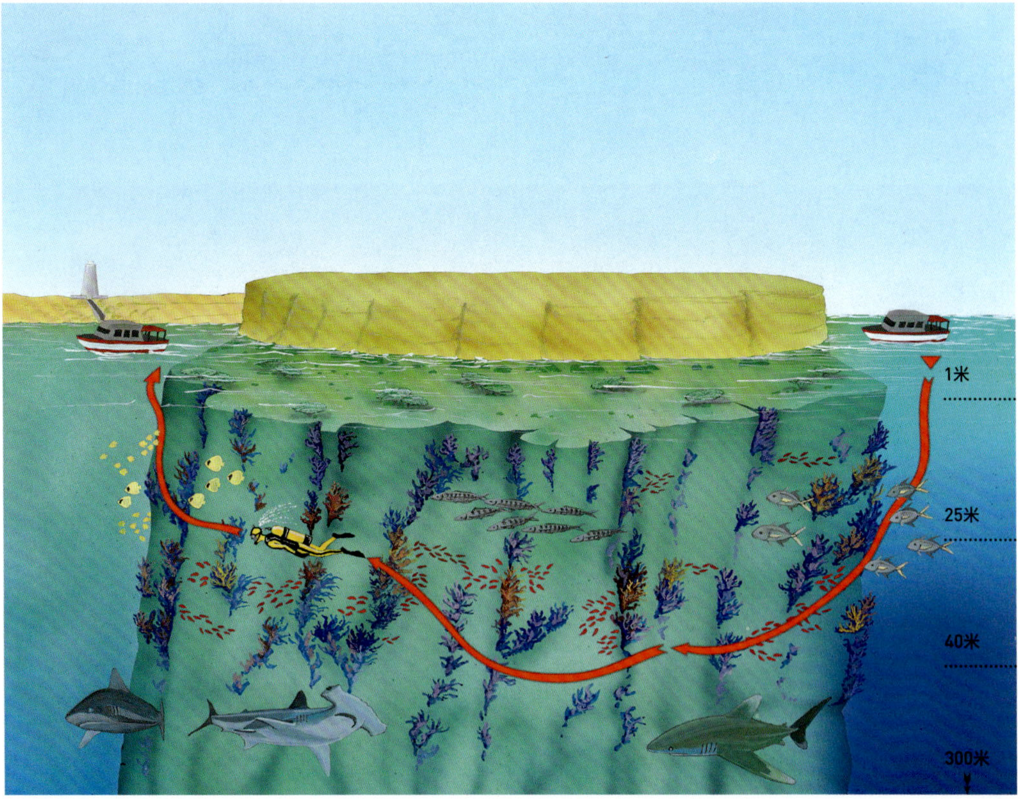

1米
25米
40米
300米

**P154 上**
在夜间，很容易在珊瑚礁中发现小吻鹦嘴鱼（*Scarus gibbus*），它们会把自己包裹在具有保护性的黏液里。

**P154 下**
海百合是一种棘皮动物，有着细长而柔软的羽毛状触手。这些触手的作用是捕捉经过的浮游生物。触手基部的柔软抓握结构将它固着在海床上。

失在深蓝色的海洋中，那里生活着鲨鱼、梭鱼和其他大型深海鱼。1998年5月，埃及政府将这处丰富多彩的自然水域划为国家海洋公园，其中还包括戴达罗斯暗礁、宰拜尔杰德岛和罗基岛等。

兄弟群岛周围的水域为潜水者提供了多种多样的奇妙景色，比如哥哥岛南北两面的水下峭壁，或是“阿伊达”号（Aida）和“纳米比亚”号（Namibia）两艘极好的沉船，它们的残骸完全被软珊瑚覆盖。

兄弟岛周围最美的潜水路线之一无疑是沿着弟弟岛东侧的岩壁下潜。这一侧的海岸经常遭受风浪的侵袭，使得这里有时无法顺利下潜，只有在有利的天气条件下才能进行水下探索。

**P154-155**
爪哇裸胸鳝是红海中最大的海鳝，它那大而坚实的身体可达2米长。

**P155 下左**
火珊瑚（*Millepora dichotoma*）的草绿色扇形结构很容易辨认。它钙质表面上的刺丝会擦伤潜水者裸露的皮肤，引起强烈的灼痛感。

**P155 下右**
一只羽管虫（*Sabellastarte sanctijosephi*）躺在珊瑚礁上，它那白色的鳃十分醒目，是由10厘米长的羽状触须构成的。

P156-157
红牙鳞鲀（*Odonus niger*）是种胆小的鱼类，一旦受惊就会躲到最近的岩缝中去。

潜水时船只并不停泊而是一直漂在海面上。潜水者从小岛北岸下水，顺着水流沿着右手边的珊瑚礁游过小岛的整个东侧，到达背着水流的南岸，那里有船只在等待结束探索的潜水者们上船。

在这些水域潜水就像在凝视海底深渊。在离海岸只有几十米的地方，岩壁就直插海底，使人产生悬浮在空中的遗世独立之感。

潜水时不必下潜太深，在30米深的海域，沿着整个水下峭壁，就可以看到无数种石珊瑚、长着巨大枝条的黑珊瑚、各种颜色的软珊瑚，尤其是大量的巨型柳珊瑚（*Subergorgia hicksoni*），这是红海中最独特的水下景观之一。在这些岩礁之间探索真是一场难忘的经历：顺着水流，潜水者有一种在无尽的珊瑚丛上翱翔的感觉，而在一旁不受干扰地游动着大眼睛的六带鲹、暗鳍金梭鱼（*Sphyraena qenie*）和沙丁鱼。

**P156 下**
与数百只梭鱼的相遇是在兄弟群岛海域最令人兴奋的经历之一。

**P157 上**
与性情温良的波纹唇鱼相遇，是你在红海潜游时最愉快的邂逅之一。

**P157 中**
宽吻海豚（*Tursiops truncatus*）在海水中的翻滚腾挪让人大开眼界，不过这些把戏有着明确的目的：海豚群体内的交流。

**P157 下**
兄弟群岛海域最吸引人的景象之一是成群结队的六带鲹，它们在清澈的蓝色海水中舞动出奇妙的彩色丝带。

这片水域的另一个最大的特色是时常出没的鲨鱼。仅仅在一次潜水中，就有可能看到大量的黑尾真鲨和灰三齿鲨，要是遇到比较稀有的路易氏双髻鲨（*Sphyrna lewini*）或是独来独往的远洋白鳍鲨（*Carcharinus longimanus*）就更令人兴奋了。

欣赏过长着柳珊瑚的岩壁，我们来到了岛的南面，这里通常没有水流，是停泊船只的好地方。

在这里潜水的最好时刻是清晨，那时的阳光会将珊瑚礁最美的一面展示出来。

# PRECONTINENTE II

# 海底生存研究工程 II 期遗址

**SUDAN**
**SHA'AB RUMI**
**苏丹——沙阿鲁米**

在苏丹海域，常年清澈的海水，经常能偶遇大型深海生物，以及只有乘船才能到达的潜点，使得其水下景观格外迷人。苏丹陆地上的旅游设施很有限，不过幸运的是这里有许多水上旅行路线。游轮上设施齐全，可以到达未曾开发的珊瑚礁，在那里潜水往往有一种探险的感觉。

第一批探索这片多彩水域的先驱包括汉斯·哈斯（Hans Hass）、雅克·库斯托、布鲁诺·瓦伊拉蒂（Bruno Vailati）、詹尼·罗吉（Gianni Roghi）、福尔科·奎利西（Folco Quilici）等人。他们于20世纪50年代在这片海域潜水探索，留下了许多让人惊叹的档案资料，激励着几代潜水爱好者。如果非要从苏丹的潜点中挑出一个最值得去的，那毫无疑问会是沙阿鲁米，它也是整个红海最壮观的珊瑚礁之一。这块珊瑚礁距苏丹港约48千米，堡礁在那里围成了一个美丽的潟湖，只有一个狭窄的水道可供船只进出。

**P158 上**
在离沙阿鲁米100米左右的海底，你仍然能看到1963年库斯托组织的"海底生存研究工程 II 期"探险活动的遗迹。你可以欣赏到"海胆"号的庞大结构，还能从下面的开口进入其中。

**P158 下**
条纹原海豚是非常友好的群居哺乳动物，一个群体内可多达50只个体。

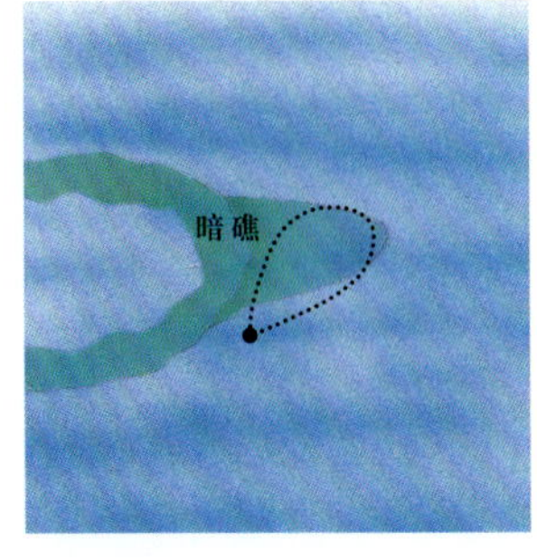

## 实用贴士

| | |
|---|---|
| 最大下潜深度 | 40米 |
| 建议潜水季节 | 11—6月 |
| 难度等级 | 普通 |
| 潜点特色 | 鲨鱼和各种鱼群 |
| 能见度 | 超过30米 |
| 水流强度 | 经常变化 |

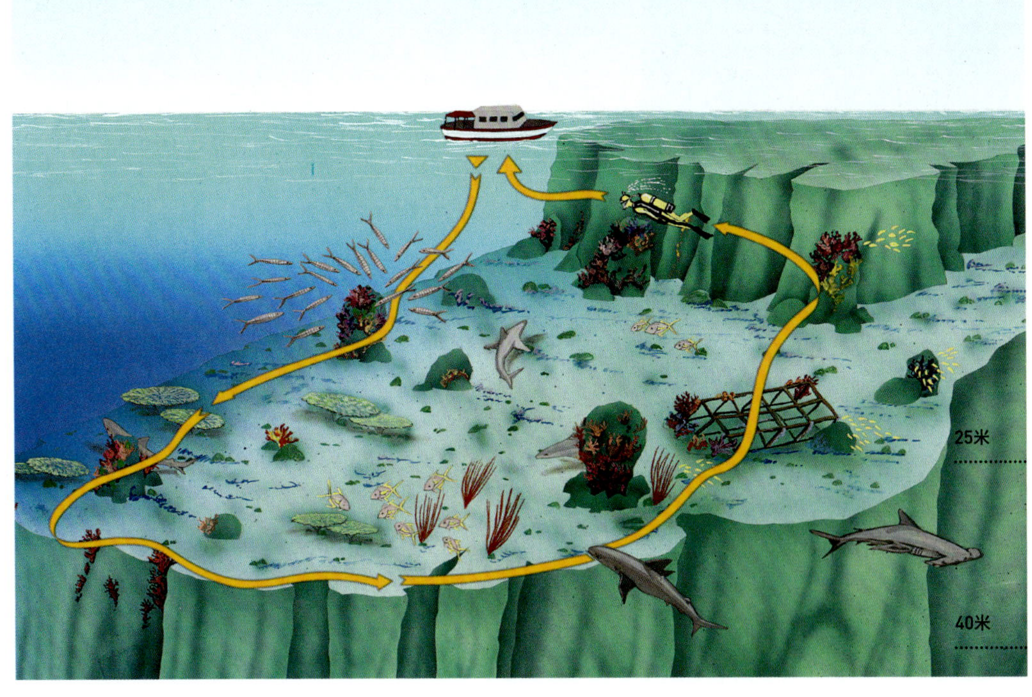

**P160 上**
沙阿鲁米的珊瑚礁壁上覆盖着鲜艳的软珊瑚，成群结队的丝鳍拟花鮨在其中栖息。

沙阿鲁米外围珊瑚礁上有众多潜点，其中一处让这块珊瑚礁显得独一无二。在潟湖外入口往南100米左右，海面以下15米的地方，仍然可以看到1963年雅克·库斯托创建的海底生存研究工程Ⅱ期的遗迹。这次探险活动的目的是试验有无可能让一群潜水者在特别设计的水下“村落”里连续生活数周。

这个未来“村落”的第一座建筑位于水下10米深的地方，命名为“海胆”号，是一个中空的半球体，四周有圆柱形支撑臂。1963年6月15日，参与试验的5名潜水者进入了这座“水下之家”，他们将在这里一直待到7月23日。这一历史性的努力被收录进纪录片《海底世界》中，该片也因其展示的绝美水下风景最终荣膺奥斯卡奖。

如今在这里潜水，仍然能看到当初遗留下来的部分设施。比如，在10米深处用于生物实验的水族箱和停放小型潜水器的“车库”（它背上的开口可供出入），以及在25米深处的一只防鲨笼，现在已经盖上了一层软珊瑚。

然而，沙阿鲁米珊瑚礁最令人兴奋的潜点在最南端。从这里下水，很快就到达一处25米深的平台，它像露台一样向大海延伸，三面都是陡峭的岩壁，扎进海底。在下潜的过程中，我们会看到这个地方独一无二的水下景观：在我们面前游动着成群的雀鲷、梭鱼、金枪鱼、燕鱼，最重要的是定居于此的黑尾真鲨。在这个平台的底部，有几种蘑菇状的珊瑚，我们接着游向平台外部边缘去欣赏随水漂流的成群深海鱼。在这些垂直坠入深蓝海水的岩壁上，我们能看到许多路易氏双髻鲨的身影，它们从海底一直向上游到平台边缘，然后消失在海水中。在平台的东南边，离岩壁不远的地方还能看到库斯托当年设置的防鲨笼。

**P160 中**
沙阿鲁米的海域是好几种鲨鱼的家园，比如双髻锤头鲨和白边鳍真鲨（*Carcharhinus albimarginatus*），但在这个暗礁附近游动的数量最多的是黑尾真鲨。

**P160 下**
海底生存研究工程 II 期的海底设施之一——“车库”，现在仍然能看到。

**P160-161**
斑鳃棘鲈（*Plectropomus maculatus*）红色的身影十分醒目。

**P161 下**
沙阿鲁米南端的海底是一处非凡的去处，在那里你能看到密集的六带鲹鱼群和梭鱼群游过。

第四章

# 印度洋

# INDIAN OCEAN

印度洋是世界第三大洋，面积约为7617.4万平方千米。它通过东南部的马六甲海峡、巽他海峡、帝汶海以及澳大利亚南部的巴斯海峡和太平洋相连。它的西南部与大西洋在南非和南极洲之间相连。在南非的东南海面上，马达加斯加岛被科摩罗群岛、塞舌尔群岛以及由留尼汪岛和毛里求斯组成的马斯克林群岛所包围。在它的北部，一系列南北走向的平行高地挺出海面，形成了拉克沙群岛、马尔代夫群岛、查戈斯群岛、安达曼群岛和尼科巴群岛，这些群岛大多由珊瑚岛组成。在它的南部，与各大洲相距几千千米的洋面上还有一群暴风肆虐的小岛群，指示着南极洲的方向。

在这片巨大的水体中，形成了两个主要的洋流系统。北部的洋流体系是季风型环流，冬夏环流方向相反，而南部的洋流包括海角洋流和澳大利亚洋流。印度洋海水的平均盐度在3.3%至3.6%之间波动，与构成其北部附属海的红海相比，盐度较低。

除了南非，非洲海岸线上的水下旅游业只限于桑给巴尔岛和彭巴岛。在马达加斯加，旅游业最发达的地区位于北部的贝岛以及其他一些地方。然后就是周围岛屿的天下了：最著名的目的地是塞舌尔和毛里求斯，那里度假村旅游已经发展起来。其他著名的度假胜地，如阿尔达布拉，只有乘游轮才能到达。在印度洋西北部，拉克沙群岛和查戈斯群岛之间，马尔代夫群岛绵延2000千米，由26个珊瑚环礁组成，其中包括1100多个岛屿，通常很小，这些岛屿加起来也只占这片90 000平方千米海域面积的0.5%。马尔代夫是世界潜水之都，拥有数百个潜点、大量陆地旅游设施，以及水上和水下的设施。在潜水活动最频繁的区域设立了25个以上的保护区，捕鲸行为在许多环礁上也被禁止了。

再向东去，斯里兰卡的海岸有几处大堡礁区域，其中最受欢迎的是南部的希卡杜瓦海洋保护区。印度半岛离岸的安达曼群岛和尼科巴群岛包围着安达曼海，但是这两个群岛不易到达，只有潜水游轮偶尔造访。

在安达曼海，还有一片重要的海域是由普吉岛南北部的岛屿形成的，位于缅甸和马来西亚边境之间的泰国海岸附近。这里几乎所有的岛屿都被宣布为海洋公园，几乎每处潜点都有系泊浮标。游客最多的是由九个花岗岩岛屿组成的锡米兰群岛，这里有最棒的潜点。这片海域清澈的海水、丰富的海洋生物以及齐全的潜水设施吸引了源源不断的游客，特别是来自亚洲和美国的游客。素林群岛、皮皮群岛以及南部的群岛都是著名的潜水地。几乎没什么游轮会开往缅甸的岛屿。

除了少数例外，印度洋沿岸的最低水温都能达到20℃，周围都是堡礁。这里的生物多样性丰富，许多物种在印度洋中广泛分布，相对较少的地方性物种甚至只限于分布在某个群岛或某处环礁。从小丑鱼身上，我们又能看到物种多样性的经典案例：一些物种广泛分布于整个印度洋和太平洋，而另一些物种的分布局限于极小的区域：例如，只在非洲东海岸才能看到阿氏双带小丑鱼（*Amphiprion allardi*）；查戈斯岛小丑鱼（*Amphiprion chagoensis*）只在查戈斯群岛的海葵中生活；而马斯克林群岛中有一种独特的毛里求斯三带小丑鱼（*Amphiprion chrysogaster*）；阿尔达布拉群岛和塞舌尔群岛也有它们特有的物种〔塞舌尔双带小丑鱼（*Amphiprion fuscocaudatus*）〕，马达加斯加岛〔马达加斯加双带小丑鱼（*Amphiprion latifasciatus*）〕、阿曼群岛〔阿曼小丑鱼（*Amphiprion omanensis*）〕以及马尔代夫和斯里兰卡〔玫瑰小丑鱼（*Amphiprion nigripes*）〕也是如此。

# NOSY TANIKELY

# 塔尼克利岛

**MADAGASCAR**
**NOSY BE**

**马达加斯加——贝岛**

贝岛位于马达加斯加共和国北部，是该国最著名、设施最齐全的旅游胜地之一。它本身就是一个岛（nosy即“岛屿”的意思），周围有许多一天内就能到达的大大小小的岛屿，以及几个需要乘船几天才能到达的群岛。从贝岛乘船几分钟就能到达塔尼克利岛，它位于一个小型保护区的中心。这座岛最初由珊瑚形成，现在被茂密的植被覆盖，周围是白色的沙滩。在最大的沙滩上，植被中生活着蜥蜴，海边停泊着船只。在它前方，这处绝妙的潜点到处都是有趣的景象。

你可以从沙滩上直接入水。在游过一片沙床后，你会在4～5米的深度游过一片宽阔的珊瑚礁，这片珊瑚礁顺着斜坡下降到20米深，然后又与另一片沙床相接。沿着堡礁的边缘下潜到最深的区域，然后再上升到浅滩上，你一定能接触到许多有趣的东西。在那里，你会发现雌雄成对的吉打龙

**P164 左**
塔尼克利岛海洋公园包括这座小岛以及周围海域。岛上植被茂盛，西边多岩石，而东边有一片可爱的银色海滩，也是潜水的下水点所在。

**P164 右**
一小群海星（*Protoreaster* sp.）展示着它们独特的外形和红色的刺。海星在珊瑚礁之间的沙床和沉积物中觅食，它们主要的食物来源可能是海绵。

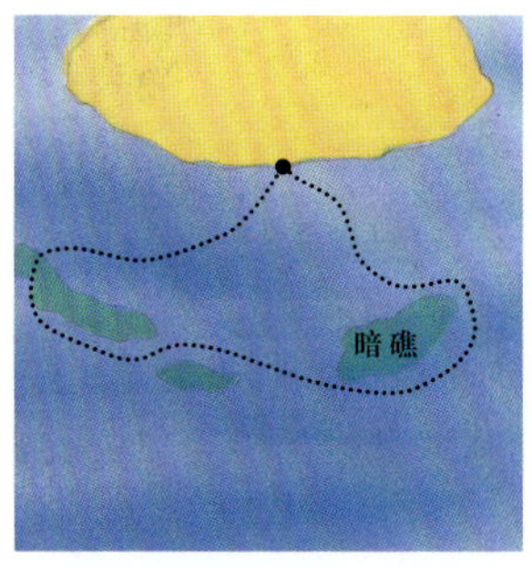

## 实用贴士

| | |
|---|---|
| 最大下潜深度 | 20米 |
| 建议潜水季节 | 5—9月 |
| 难度等级 | 容易 |
| 潜点特色 | 吉打龙纹鲼 |
| 能见度 | 20米 |
| 水流强度 | 弱 |

5米

20米

纹鯨（*Rhyncobatus djiddensis*）一起趴在珊瑚礁之间的沙床上，或是在沙子上移动，寻找合适的落脚点。要是你发现一只静静地躺在沙床上休息的吉打龙纹鯨，慢慢地靠近它，不要做任何快速的动作，你就会靠近到几乎能触碰到它。它的外形很奇特：长着一个犁形的尖鼻子，黑色的头顶上两只大而灵活的白眼向后倾斜，以获得最大的视野。眼睛后面就是将海水导入鱼鳃的鳃孔。胸鳍与扩展的鼻子连在一起，组成一个平扁的三角形，而两只背鳍是典型的鲨鱼鳍，前鳍大、后鳍小。尾部则呈现出优美的弧线，灰色的身体上有圆形的浅色斑点，而整个腹部则是白色的。你能在吉打龙纹鯨身边待很长时间，仅是这样的相遇就使这次潜水变得独一无二。即便是在这儿游玩了半小时，你仍然有足够的时间去参观充满惊喜的堡礁，因为这里的海床并不深。

你也肯定会遇到另一种特别的生物——海龟。它们比较胆怯，在珊瑚礁之间游泳觅食，但在繁殖季则爬到小岛的沙滩上产卵。偶尔会有一群大个儿的白斑笛鲷（*Lutjanus bohar*）向你靠近，这群巨大的银色鱼像精心编排过一样一起移动，还频繁改变方向。还有一种身体呈黄色条纹的体型较小的笛鲷在黑珊瑚的分枝间游来游去。胡椒鲷（*Plectorhincus pictus*）或黄斑胡椒鲷（*Plectorhincus flavomaculatus*）躲藏在岩缝里，而鲉鱼则在大型柳珊瑚之间穿梭。在小型环境中，你还能发现共生的海葵和背纹小丑鱼（*Amphiprion akallopisos*）。细心寻找，你还能找到各种裸鳃类、海蟹和其他甲壳类动物。

最后，还有一种美丽的海星（*Protoreaster lincki*）不应该被忘掉，它待在珊瑚礁间或沙床上比较暗的地方，有时成群结队，身上覆盖着火红的小瘤和条纹。这种海星分布于东非、马达加斯加以及西澳大利亚海域，可能以海绵为食。

**P166 上**
一只珊瑚礁中的胡椒鲷允许潜水者靠近自己。它的典型生境是珊瑚礁间的沙质区域，它在那里捕食无脊椎动物。

**P166 中**
一只海龟在海浪拍打的礁石上游动，带着附着在其腹甲上的鱼，这只大型爬行动物在贝岛附近岛屿的沙滩上筑巢居住。

**P166 下**
受到光亮的惊吓，这只游动的螃蟹（属于梭子蟹科）舞动着两只前螯作威胁状。它的生活可能不太安稳，右螯已经断掉了一部分。

**P167 上**
一只在硬珊瑚和柳珊瑚间悠游的灰石斑狮子鱼（*Pterois miles*）正舒展着长长的胸鳍和背鳍。这个物种以鱼类和甲壳类动物为食，它用其精致的鳍俘获猎物。

**P167 下左**
一群笛鲷在一只巨大的雄性吉打龙纹鲼上方安静地游过。吉打龙纹鲼经常出现在珊瑚礁之间的沙床上，当它们在海底休息时可以靠近观察。

**P167 下右**
一群密集的笛鲷（很可能是黄笛鲷）环绕着一大丛黑色角珊瑚（*Antipathes* sp.）基部游动。角珊瑚常形成茂密的灌木植被，高度可达2米。

# BRISSARE

# 布里萨尔

**SEYCHELLES**
**MAHE**
**塞舌尔——马埃岛**

塞舌尔群岛位于一个从海洋深处上升到海面以下30～35米的巨大台地上。因此，在这里潜水不会潜得太深，通常不超过20米，比较容易进行。虽然比较浅，但这里的海波之下蕴藏着大量的生物，水下环境也很独特。

该群岛主要是火山岛，由覆盖着珊瑚的巨大花岗岩组成，其中栖息着热带海洋生物。这是个奇特的世界，似乎地中海的一部分（比如文托泰内或圣斯特凡诺）被转移到了热带海域，生物都变成了当地物种。在我的印象中，最具特色的潜点之一是在名为布里萨尔（Brissare，这个名字从一个法语单词“bizarre”衍生而来，意思是怪异）的礁岛上。这块岩石位于这片海域的中央，从塞舌尔群岛的主岛马埃岛北端乘快艇到此需要大约30分钟。

**P168 左**
塞舌尔群岛的一大特点是被茂盛植被围绕的裸露花岗岩。

**P168 右**
千年时光的风吹日晒雨打，塑造了这片白色沙滩和外形奇异的花岗岩。

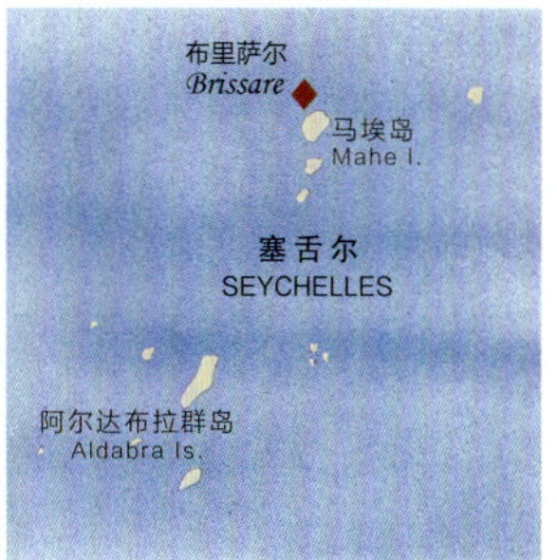


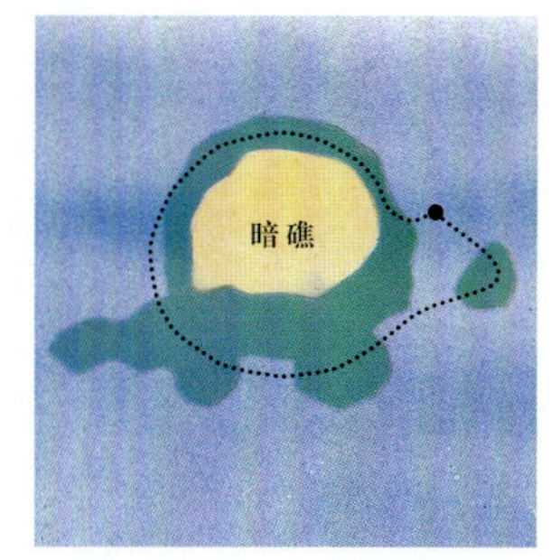


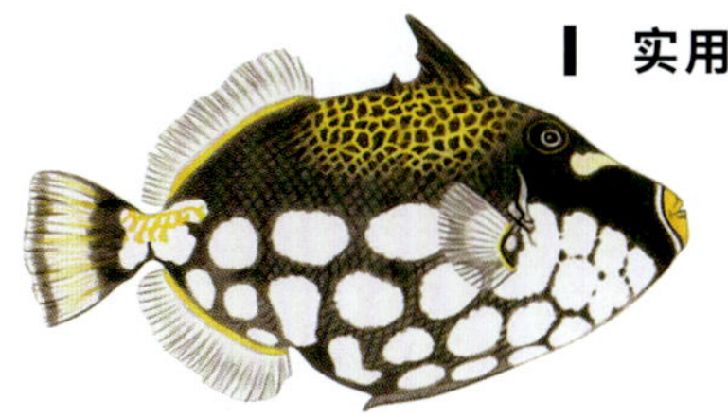

## 实用贴士

| 最大下潜深度 | 20米 |
| --- | --- |
| 建议潜水季节 | 全年 |
| 难度等级 | 容易 |
| 潜点特色 | 密集的鱼群 |
| 能见度 | 40米 |
| 水流强度 | 一般没有强流 |

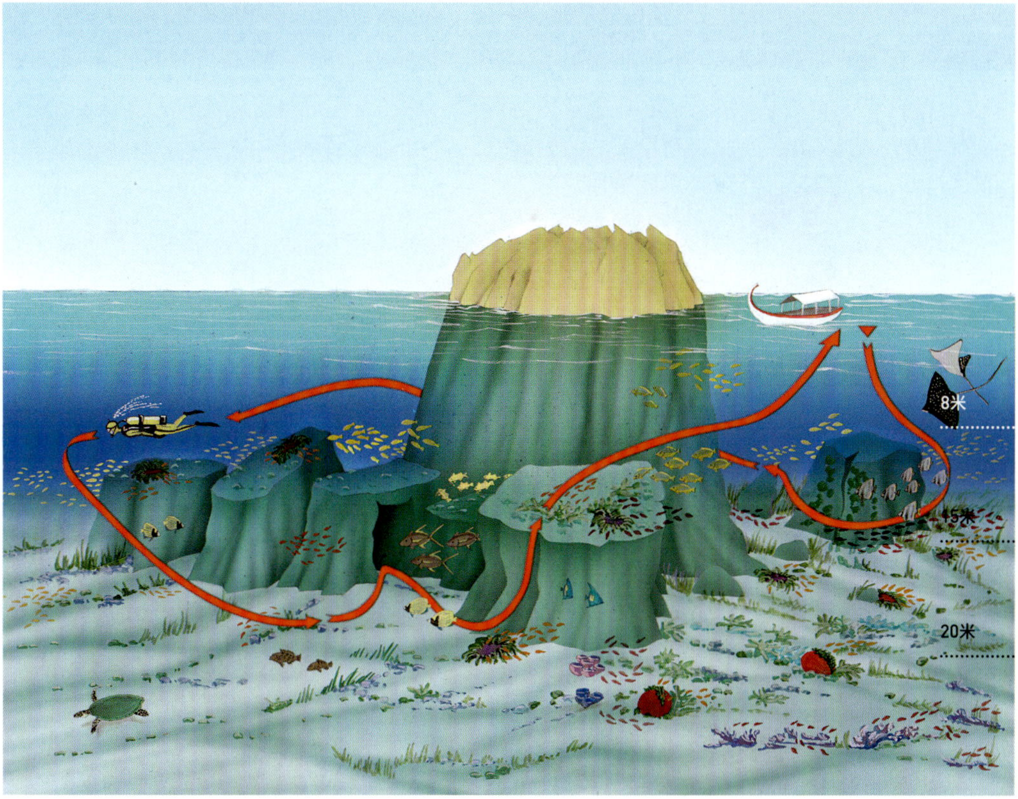

8米

15米

20米

这里的水域并不深，有18～20米，岩礁也不大，所以潜水时绕它一圈没什么困难，而且这里的水流通常不是很强。

在礁岛南边下水，你很快会碰见一块大岩石，在岩石底部趴着一群尖翅燕鱼（*Platax teira*）。向上望去，你可能会看到一些胆小的斑点鹰鳐。

沿着礁岛西侧继续向前游，旁边大岩块的裂缝中栖息着一群充金眼鲷、石斑鱼、巨大的海鳝和漂亮的宝螺。在其中一块岩石下面，有30多条线纹鳗鲶（*Plotosus lineatus*）栖息在一个不足1.5米长的洞穴里。

在礁岛北端，巨大的黄色鱼群笼罩着周围的大块岩石：这些成群的胭脂鱼和笛鲷是这里最常见的风景。岩石上没有柳珊瑚或软珊瑚，但有可爱的藻类，它们是玳瑁最爱的食物。

绵延的石块突然到了尽头，覆盖着珊瑚的海床向深海倾斜下去。这时最好沿着布里萨尔东侧，也是景色最美的区域返回。海底覆盖着麋角珊瑚，好像一片草地，其间经常能看到在吃草的海龟和各种珊瑚鱼。

在向海面上升时，只有在浮出水面的岩壁周围才能见到最多的生物，包括数量惊人的彩虹色公主海葵（*Heteractis magnifica*）、各种小丑鱼以及红斑新岩瓷蟹（*Neopetrolisthes maculatus*）。关于小丑鱼有一种奇怪的现象，就是它们身上都至少有一只寄生虫。

**P170-171**
这只背纹小丑鱼身上长了两只寄生虫。

**P171 上**
这只刺魟（*Dasyatis* sp.）正准备开溜，以防潜水者靠得太近。

**P171 中**
一群密集的笛鲷在布里萨尔的岩礁附近游动。

**P171 下**
一只蓝纹神仙鱼（*Pomacanthus semicirculatus*）在礁石上寻觅食物。

这里的热带鱼应有尽有，数量丰富。岩壁旁还有更多成群的黄色和蓝色珊瑚鱼，包括无斑拟羊鱼（*Mulloidichthys vanicolensis*）、正笛鲷（*Lutjanus lutjanus*）、四线笛鲷（*Lutjanus kasmira*）、黄背梅鲷（*Caesio xanthonota*）、条纹胡椒鲷（*Plectorhincus lineatus*）、金目大眼鲷（*Priacanthus hamrur*）、白边锯鳞鱼（*Myripristis murdjan*）、小石斑、鹦嘴鱼、长着尖鼻子的河豚、鲉鱼和神仙鱼等。当你靠近的时候，它们会给你让路。

在回到船上之前，还有个奇特的场景值得一看：由两块垂直于沙床的岩石和一个方形天花板形成的小隧道。它只有大约10米长，但即使周围的海水是平缓的，里面也有很强烈的水流，大鲹鱼都会被水流吸进去。

# LUCKY HELL

# “幸运地狱”

## MALDIVES
## ARI ATOLL
## 马尔代夫——阿里环礁

**P172 上**
无数各式各样的黄色、紫色软珊瑚生长在暗礁边缘，暗礁悬凸在海水中，垂直下降到海底。软珊瑚群落分布不是很广泛，可能是因为缺少洋流。

**P172 下**
近年来，马尔代夫有超过25个受欢迎的潜点受到了保护，其中有四个位于阿里环礁。暗礁之间是延绵的珊瑚沙床，上面点缀着珊瑚。

“幸运地狱”位于阿里环礁最南部，离维拉满都岛、莉莉海滩、拉布维利岛、玛洽富士岛、瓦卡卢法利岛和古达拉岛等旅游热点不远。

这个潜点几乎位于马尔代夫群岛的中心，因此大批潜水者以及游船常从周围区域前来参观。阿里环礁南部拥有特别丰富的软珊瑚，是马尔代夫其他地方无法比拟的。尤其是被称为“thila”的珊瑚礁台地，从40米深的海底上升到接近海面，是潜水者的最爱。

“幸运地狱”就是其中之一，因此很引人注目，它的美不仅因为它陡峭的岩壁和悬崖，还来源于珊瑚礁上满满的漂亮软珊瑚。

这个巨大的台地呈字母“b”形，它从60米深的海底上升到距海面仅12米，上面的一些礁石还要更高。在这个台地周围到处都是有趣的潜点。西侧的那块礁石被称为“幸运地狱第二”，这里可欣赏的景点最多。珊瑚礁的陡峭岩壁上有许多岩块和岩穴，上面盖满了粉色、橙色和黄色的软珊瑚。在离暗礁一定距离的地方，还有一些各种大小的珊瑚礁，上面满是岩缝，其中有三个伸出了水面，像完全覆盖着软珊瑚的节状树枝。

这块暗礁居住着一大群背带拟花鮨，它们栖息在深水中，你只能在远处欣赏。一些喜欢躲避阳光的珊瑚礁

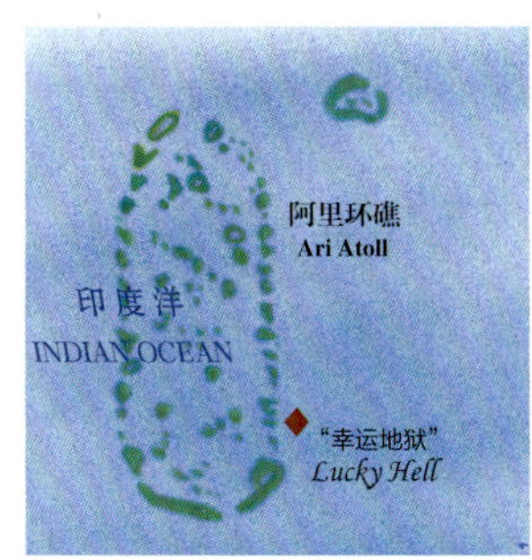


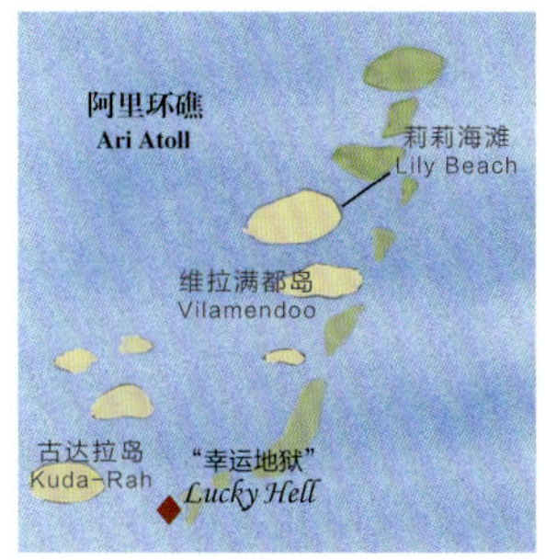


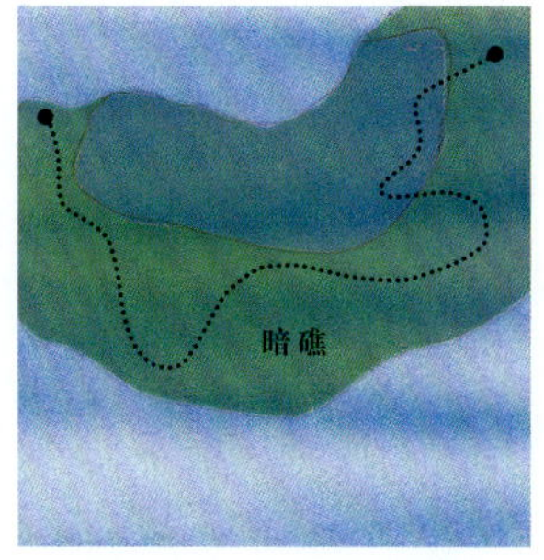

## 实用贴士

| | |
|---|---|
| 最大下潜深度 | 30米 |
| 建议潜水季节 | 12—4月 |
| 难度等级 | 普通 |
| 潜点特色 | 护士鲨和刺鳐 |
| 能见度 | 40米 |
| 水流强度 | 经常变化 |

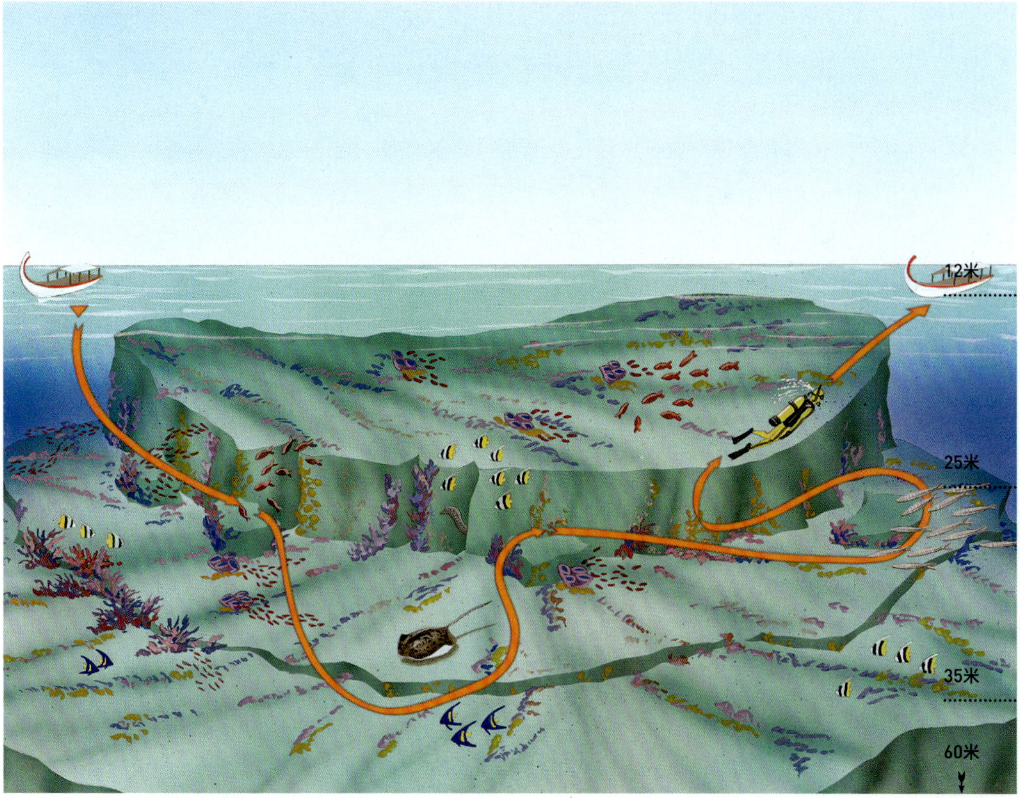

居民，如黄带笛鲷、海鳝、黑眼鲹以及成群的胡椒鲷，生活在突出的礁石下面。

在这里你会遇到大型深海鱼。白天，护士鲨在珊瑚礁的水平裂缝中休息，因为它们是少数能用肌肉驱动海水流入鳃中的鲨鱼种类之一。而其他生活在开阔海域中的鲨鱼无法享受这些宁静的时刻，为了呼吸必须终生游动，永不停歇。

趴在海床上、被一层细沙覆盖着的刺鳐通常很难被识别，尽管它身长可达1米。它们在白天也喜欢躲在岩穴里和暗礁的凸悬物下休息。

你会发现这处暗礁周围生活着马尔代夫群岛所有的典型物种——五颜六色、形状各异的珊瑚鱼、鲹鱼、梭鱼和其他成群游荡的捕食者。

不管水流从北或南而来，我们都能到达该潜点。水流对于潜水本身并没有太大影响，因为船只并不待在固定的地方，潜水者可以自由地选择上浮的地点，欣赏那里的景色。潜水者会被系在充气浮标上，这样如果他们漂走了，即使在很远的地方，船员也能找到他们，这一惯例已经在马尔代夫群岛沿用多年了。

一天当中，潮起时分能见度更好，而在一年中的某些时节，能见度会极好。海床的地形条件允许各种类型的潜水，但经验表明，你可以一直下潜到最深的平台上（深约35米），或是在中等深度沿着峭壁（22~25米）游玩。在这里，明亮的阳光可以让你欣赏到大多数鱼类的绚丽色彩。

**P174 上**
一只巨大的爪哇裸胸鳝正在享受四只清洁虾提供的“身体清洁服务”，而清洁虾也因此免遭被吃掉的厄运。

**P174 下**
悬凸的礁石是软珊瑚生长的绝佳位置。这些珊瑚五颜六色，还能通过将海水吸入其组织中来增大体型。

**P175 上**
这块礁石上长着一只巨大的黄色柳珊瑚。在它前方一只孤独的雄性丝鳍拟花鮨与身后的雌鱼群保持着距离。

**P175 下左**
一群四线笛鲷占据了礁石中的一处岩缝。笛鲷科有一百多个物种，其中28种生活在马尔代夫海域。

**P175 下右**
一群黄背梅鲷在礁石上方游过。这些鱼可以变成红色，夜间在礁石的缝隙里憩息。

在整个区域，最有趣的地点都在大型珊瑚礁的周围，在那里你会发现几米长的珊瑚枝，其中一些正向海中伸展。黑珊瑚的珊瑚虫曾在上面生长，但现在留下来的骨架已经完全被软珊瑚取代。

在这儿的尽头，所谓的“尾时”（Bottom Time），你仍可以沿着礁石的高架台地潜水。这里大部分的珊瑚虫都因为1998年的珊瑚白化死掉了，但鱼类大量繁殖。由于珊瑚钙质骨架上形成了藻类，食草鱼类的数目增加了许多。因而，捕食者的数量也增加了，尽管它们仍可能捕不到太多猎物。

高架台地上的小型珊瑚礁不仅被软珊瑚覆盖，还有各种形状和色泽的海绵。目光所及之处，到处都是海羊齿。在中午水流较慢时，海羊齿会伸出它们的触手，尽可能多地捕捉洋流带来的浮游生物。在这些珊瑚礁周围和下面，你可能会发现许多鲉鱼或长达40厘米的黑色阔步鲹。

当水流太强而无法待在平台上时，就让它把你带到大约5米深度的地方。在这个深度，系在身上的缆绳足以让充气浮标浮在海面上，这样当你还在水下时，船员就能知道你的位置。

随波漂流常会带来意想不到的惊喜。你可能会发现自己置身于一大群鲹鱼中间，有时还能碰到蝠鲼和鹰鳐。你还可能看到许多小黑尾真鲨或灰三齿鲨。当海水中浮游生物丰富时，遇到一只鲸鲨也不稀奇。

# MAAYA THILA

# 马亚提拉

## MALDIVES
## ARI ATOLL
## 马尔代夫——阿里环礁

在迪维希语中，“thila”的意思是开阔海水中的孤礁。马亚提拉就是这样一块暗礁，位于阿里环礁内部。这块珊瑚礁位于一个30～45米深的平台上，顶端距海面只有6米。在这里潜水，你必须考虑水流强度。当水流很强时，最好不要入水，不然你最终将为了保持平衡而抓紧珊瑚，从而对它们造成损害。水流强度不大时也要逆水流入水，以防最后偏离出发点太远。

按照惯例，潜水者从东端入水并逆时针环绕这块暗礁。这块暗礁并不大，所以完整地环游一圈并不难，除非你决定潜入较深的区域或者在一个地方长时间停留——摄影爱好者们经常这样。通常情况下，最有趣的部分是在暗礁的北侧。

**P176 左**
从飞机上能更全面地欣赏马尔代夫令人目眩的美景。

**P176 右**
这张图片展示的是阿里环礁上众多度假村之一。

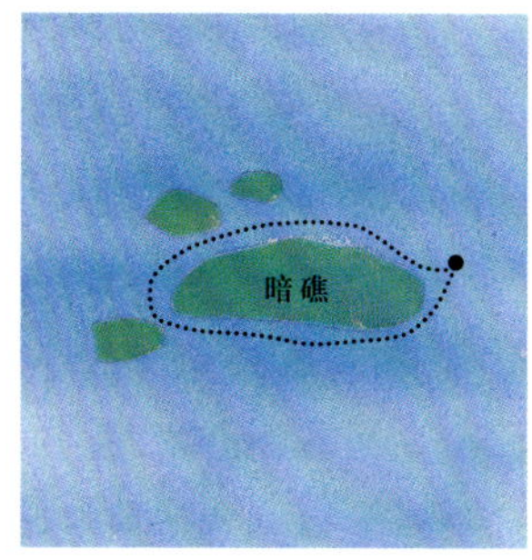


## 实用贴士

| 最大下潜深度 | 30米 |
|---|---|
| 建议潜水季节 | 12—4月 |
| 难度等级 | 普通 |
| 潜点特色 | 鲨鱼和蝠鲼 |
| 能见度 | 40米 |
| 水流强度 | 有时很强 |

**P178 上**
这只色彩斑斓的白针狮子鱼（*Pterois radiata*）拥有一件美丽非凡的外衣。

**P178 下左**
一只美丽的扇形柳珊瑚（*Gorgonia ventalina*）在海水中舒展着身体。

**P178 下右**
一群密集的东方胡椒鲷在石珊瑚的洞中找到了庇护所。

**P178-179**
在这里潜游的特色就是欣赏五彩缤纷的热带鱼群。这是一群四带笛鲷。

**P179 下**
你能在头顶的蓝色海水中看到大型深海鱼类，比如鲨鱼和纳氏鹞鲼。

下水之后，迅速地潜到暗礁立足的平台上，那里有黑斑条尾魟（*Taeniura melanospilus*）。抬眼向上看去，黑尾真鲨、巨大的波纹唇鱼、海龟和斑点鹰鳐从你头顶掠过。旁边，密集的四线笛鲷、金目大眼鲷、尖翅燕鱼等包围着平台上的小岩石。继续向西游，你会看到一块巨大的蘑菇状岩石，高达25米，这里栖息着另一群笛鲷；岩石上面生长着一些精美的海葵，里面栖息着小丑鱼。暗礁南侧更不平坦，有许多大的岩石和裂缝，你可能会在其中发现成群的无斑锯鳞鱼（*Myripristis vittata*）和可爱的柳珊瑚。

在返回东端的途中，你会遇到更多美丽的柳珊瑚和海鞭，巨大的褐拟鳞鲀（*Balistoides viridescens*）或黄缘副鳞鲀（*Pseudobalistes flavimarginatus*）正照料它的卵，在珊瑚拱门下面，还有一群条斑胡椒鲷（*Plectorhincus vittatus*）。向海洋中望去，你还能看到大型鳐鱼，甚至鲸鲨。

该潜点的美来自海洋生物的多样性：洄游鱼类和非洄游鱼类、大型捕食者和暗礁中的小型生物一起呈现出美丽的场景。

**P180-181**
这张照片里，你可以欣赏到一群玫瑰小丑鱼聚集在一个海葵上的惊人景象。

**P180 下**
在浅滩底部发现的一些美丽的洞穴中，到处都是充金眼鲷。

**P181 上左**
小柳珊瑚长在浅滩周围蘑菇形的硬珊瑚上。

**P181 上右**
靠近这些单列齿鲷（*Monotaxis grandoculis*）拍照可不太容易。

**P181 下**
当摄影者靠近时，这只黑斑条尾魟懒洋洋地游走了，放弃了它在沙地上的藏身之处。

# FOTHTHEYO

# 弗斯瑟约暗礁

**MALDIVES**
**FELIDU ATOLL**
**马尔代夫——菲力杜环礁**

**P182**
弗斯瑟约暗礁上有许多洼地，上面生长着各种颜色的软珊瑚。照片上的软珊瑚色调清淡柔和，而岩壁上颜色更明亮的是海绵和千手珊瑚。

峭壁、岩洞和悬垂的岩块是潜水者的最爱，不仅因为这些地方栖息着丰富多样的海洋生物，还因为这里生长着在开阔地区难得一见的植被。马尔代夫群岛的许多地方都生长着郁郁葱葱的白色珊瑚，弗斯瑟约暗礁就是其中之一。

弗斯瑟约暗礁位于菲力杜环礁外围礁岸的东部，去往马尔代夫群岛南部的游艇都会经过那里。南边马累环礁的潜水中心每日也有一班短途游艇开往这里。菲力杜环礁巨大的外围礁岸上有一条水道通向内部的潟湖，游艇常在这些隐蔽的水域中下锚过夜。从这里乘船几分钟就可以到达马尔代夫最美的潜点之一。这里的地形非常壮观。一块巨大的柱基形珊瑚礁（在马尔代夫被称为“thila”）在水道中间升起。它就位于外围礁岸前方，面对着开阔的大海。它的顶端位于海面以下10米，然后岩壁垂直下降到深海。在35～40米深的地方，岩壁与水道的底部相连，形成了许多岩穴和隧道。

在弗斯瑟约暗礁潜水是一次难忘的经历，它向潜水者展示了一个异彩纷呈的水下世界。从船上下水的潜水者必须靠近水道一侧，因为有水流从外面的海域流进环礁内部。在这么复杂的情况下，需要通过适当的浮力控制潜水者的深度。通常，在这片水域潜水需要潜水者

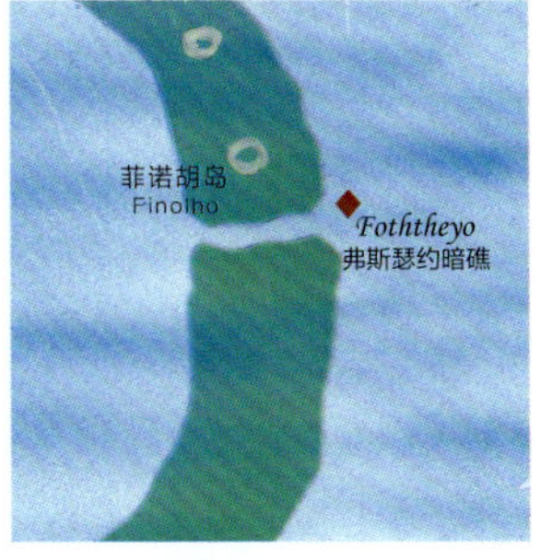


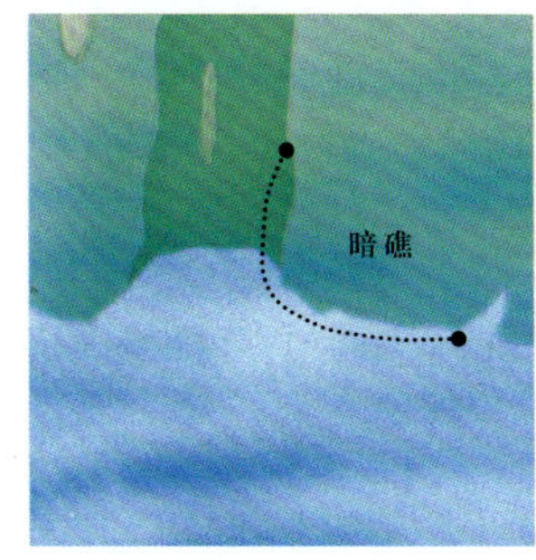

## 实用贴士

| 最大下潜深度 | 35米 |
| --- | --- |
| 建议潜水季节 | 12—4月 |
| 难度等级 | 专家级 |
| 潜点特色 | 软珊瑚拱门 |
| 能见度 | 40米 |
| 水流强度 | 通常很强 |

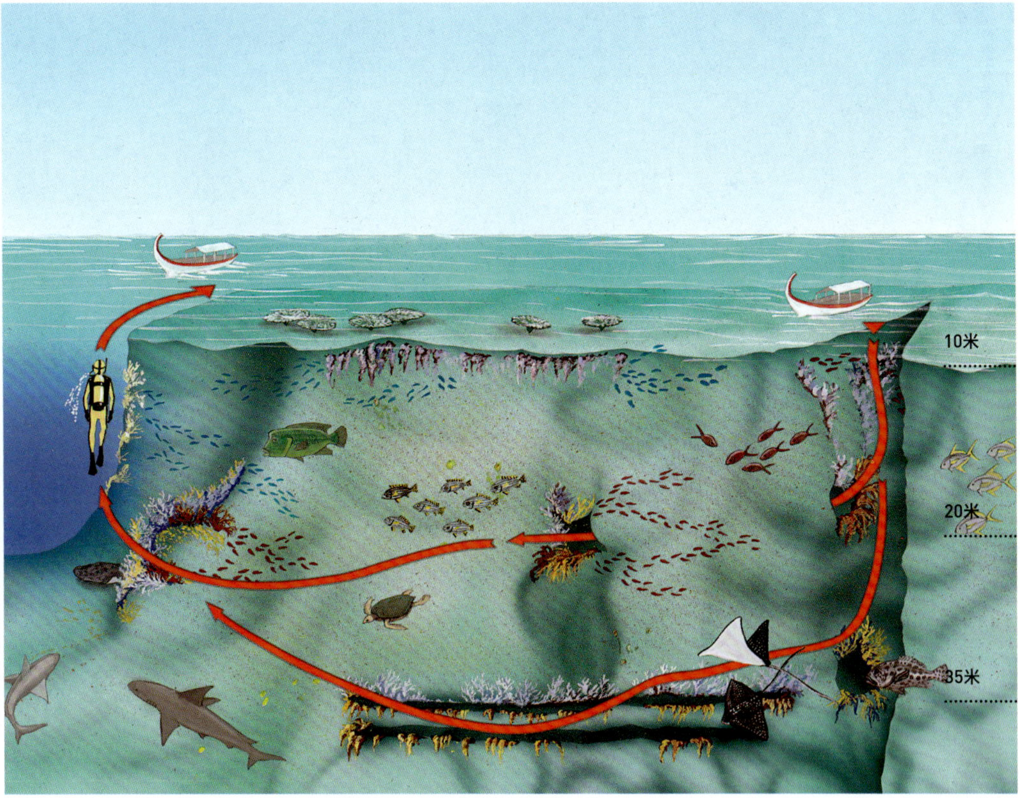

10米
20米
35米

**P184-185**
礁石上到处都是岩缝、凹槽和岩脉，其中充斥着强劲的水流，可以帮助软珊瑚长到可观的尺寸。

**P185 上**
狮子鱼舒展着长长的鳍，看起来就像是一只悬浮在水中的风筝。它靠快速袭击捕捉小鱼为食。

**P185 中**
虽然软珊瑚和柳珊瑚同属八放珊瑚这一亚纲，但是软珊瑚并没有柳珊瑚那样可供附着的支撑骨架。它们之间的共同特征是珊瑚虫都有八条鳍状触须。

**P185 下**
这种柳珊瑚（*Melithaea* sp.）粗壮的茎干和其纤细复杂的分枝形成了强烈对比。这个物种广泛分布于笔直的岩壁和更暴露的区域。

有扎实的经验。

水流到来时会带来清澈的蓝色海水，这时美妙的潜水就可以开始了。在水流退去前，你能很轻松地到达那块孤礁，甚至进入潟湖内部。不过，水流很快就会减弱，这时你可以穿过浅沙地，在水道的左侧或者右侧再次下潜。水道的岩壁是许多鱼类的家园，也是摄影的好地方。跟马尔代夫群岛通常的做法一样，弗斯瑟约暗礁的每个潜水组必须携带一个充气浮标。该浮标可以高高地立在海面上，即使在黄昏的时候，也可以帮助船员找到潜水者的位置。

如前所述，珊瑚礁陡峭的岩壁和水道的侧面完全被软珊瑚覆盖。马尔代夫群岛很少有地方能

**P186-187**
柳珊瑚截获了暗礁上的水流，而暗礁上各种生物都在为生存空间而竞争。这张照片上潜水员前面是一只巨大的柳珊瑚，十来只海百合附着在它的分枝上端。这些棘皮动物也从经过的洋流里搜集食物，而借助柳珊瑚提升高度有利于它们觅食。

**P186 下左**
一只斑鳃棘鲈在等待下颚上的清洁虾完成清理工作。“清洁工”对珊瑚鱼的生活起着重要的作用。实验表明，缺少它们会导致鱼类疾病和寄生虫的增加。

**P186 下右**
一只海龟从礁石上游过。海龟不像乌龟那样可以将头和四肢缩进背甲和腹甲中保护自己。

**P187 上**
当双吻前口蝠鲼（*Manta birostris*）游动时，它的两只舌状鳍会将海水吸入口中。蝠鲼以浮游生物为食，经常被其他鱼类跟随，或带着附着在身上的鱼一起游动。

**P187 下**
一群六带鲹在潜水者接近时散开。这种鱼的成年个体常常大量聚集在一起活动，而幼鱼则躲藏在漂浮物的下方。

与之媲美。

在这片区域，岩壁主要被一种软珊瑚覆盖，那就是白珊瑚，它与深蓝色的海水形成了鲜明的对比。这里可以找到各种各样的大量鱼类。在峭壁外，海水中巡游着许多营养充足的黑尾真鲨和灰三齿鲨。一群斑点鹰鳐常在周围的海域活动，而多年来人们在这里一直看到一只巨大的海鲈鱼，它的体型比一个成年男子还要大。在一群鲫鱼的陪伴下，鲨鱼这个庞然大物从惊愕的潜水员眼前游过。有的邂逅相当令人难忘，但也仅此而已；因为这个大家伙老是待在至少10米之外，没办法近距离拍摄。

一群鲭鱼总是在珊瑚礁的平台上游荡，它们会让你留意到一处鬼斧神工之迹：你可以游过一个大约20米高、完全被植被覆盖的天然珊瑚礁拱门。在这里一定要特别小心！隧道两侧和头顶的岩壁上覆盖着坚硬但易碎的红色和紫色珊瑚，轻轻一碰就会断裂。

在上午潜水时，阳光会照亮整面岩壁。不过到了下午，太阳会升到珊瑚浅滩的上方或后方。光影的变幻会完全改变水下场景的面貌。

# BLACK ROCK

# 黑岩

**MYANMAR**
**MERGUI ARCHIPELAGO**
**缅甸——丹老群岛**

安达曼海是印度洋的附属海之一，这片海域早已被潜水爱好者所熟知。从普吉岛出发，你可以在近海的各种岛礁上发现一些很棒的潜点。这里的海水相当浑浊，却充满了数量惊人、种类繁多的海洋生物。安达曼海中的锡米兰群岛是由一些被丛林覆盖的巨大圆形花岗岩石块组成，周围是壮观的海床和有时清澈的海水。在它北边是神秘的缅甸，曾多次对游客关闭国门，后又重新开放。

缅甸海岸边有一系列岛屿从浅浅的海床上升起，向海里延伸数千米，被统称为丹老群岛。很显然，这么多的岛屿从缅甸决定开放海上旅游的那一刻起就吸引了无数的潜水者。探索这些岛屿

**P188 左**
黑岩的海水颜色和鱼群的密度随着洋流的强度而变化。在图片所示的情况下，洋流带来了大量营养物质，这群光鳃鱼深受其益。

**P188 右**
丹老群岛的所有岛屿都是岩石，它们或是陡峭地直插海底，或是平缓地落入海中。若是后者，那岛上会有丛林覆盖，边缘会形成沙滩。

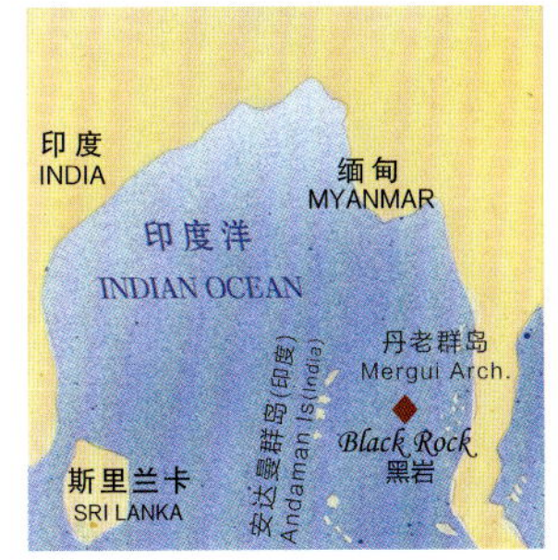

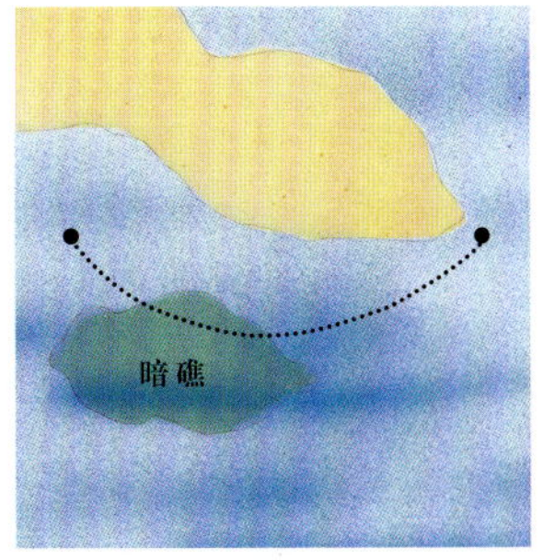

## 实用贴士

| | |
|---|---|
| 最大下潜深度 | 40米 |
| 建议潜水季节 | 12—4月 |
| 难度等级 | 普通 |
| 潜点特色 | 蝠鲼 |
| 能见度 | 20米 |
| 水流强度 | 强 |

40米

的唯一途径是乘坐游轮，“探索”这个词在这里非常合适，因为人们对这里的浅滩知之甚少。如今，许多潜点已经确定，但游轮也喜欢把潜水者带到完全无人涉足过的区域。在丹老群岛靠近印度洋的西端，有一个潜点闻名已久，并拥有美妙绝伦的水下景色，那就是黑岩。

顾名思义，这只是一块岩石，并不是一个岛屿。这块深色的暗礁位于一个约40米深的平坦砂质海床上。这里的水流十分强劲，仅一次潜水不大可能环绕礁石一圈。要围着礁石完整地转上一圈需要两次潜水，但不足以满足你全面探索深处风景的要求。

我们乘船到达潜点，巨大的蝠鲼壮观跳跃以表示欢迎。它们完全跃出了海面，入水时溅起缕缕水花，不过当我们准备下水时，它们却不见了踪影。水下岩壁上的生物和多彩的景色出奇地丰富。和丹老群岛的其他地方一样，整块岩石上排列着成千上万种颜色的软珊瑚。虽然体型小，但它们占满了岩壁上的每寸空间。五颜六色的大型柳珊瑚也从岩石上升起，几十只海百合依附在各处。当我在观赏一面岩壁上的海洋植物时，突然感觉到仿佛有一个巨大的UFO从我头顶掠过。

**P190 上**
当我们正欣赏礁石上的软珊瑚和一群浪海鲫时，一只巨大的双吻前口蝠鲼从我们头顶“飞”过。在黑岩常能遇到蝠鲼。

**P190 中**
在离黑岩岩壁一定距离的地方，沙床上的岩块变小了，但上面覆盖着数量惊人的海百合。

**P190 下**
这张摄于黑岩海床上的特写展示了色彩精美的海星和软珊瑚，它们在这儿找到了理想的落脚点。

**P190-191**
棘穗软珊瑚（*Dendronephthya* sp.）覆盖了黑岩脚下沙床上的这块大岩石。太阳花珊瑚的黄色花冠在缤纷的色彩中显得格外突出。

**P191 下左**
在安全距离外待了几分钟之后，这只双吻前口蝠鲼鼓起勇气向我们靠近。它的腹部附着着一排鱼，这些鱼头部的形状好像杯子。

**P191 下右**
一只大乌贼（*Sepia* sp.）藏身在软珊瑚中间。潜水者的手电筒暴露了它的存在，但它仍一动不动，对于自己的伪装十分自信。

主要礁石的岩壁上覆盖着向外伸展分枝捕捉养料的柳珊瑚；还要留意在黑暗中开放的太阳花珊瑚。

抬眼望去，一只巨大的蝠鲼刚刚从我头顶一米多的地方游过。蝠鲼会出现在任何水况中，无论是清澈的蓝色海水，还是浑浊的绿色海水。它们常常三两成对地在海水中盘旋遨游，身上还附着着搭顺风车的个头不小的鲫鱼，不过你永远也不可能自行游近这些巨大的蝠鲼。它们是主动向我们靠近的，有时近得只有一掌左右。有时在我们进入水中的那一刻就会发现它们，有时它们在我们潜水活动后半程才会出现。我们都觉得，没有一个地方比这里更适合与蝠鲼邂逅了。

沿着峭壁稍稍伸出的岩床潜水时，每次都会受到水流方向和强度的影响。在黑岩潜水的记忆将常驻我心间，因为这是一个尚未开发的地方，意味着它可能还拥有许多不为人知的美妙惊喜，这增加了它们的魅力。

**P194**
一只柳珊瑚从覆盖着软珊瑚的岩礁上伸展出来，它的拉丁学名是*Melita squamata*，是热带海域最漂亮的柳珊瑚之一。

**P195 上左**
一只豹纹鲨（*Stegostoma fasciatum*）正游向多彩的珊瑚礁。

**P195 上右**
这只拟鲉（*Scorpaenopsis* sp.）依靠其拟态能力生存，它捕猎时一动不动，捕捉不小心靠近的猎物。

**P195 下左**
潜水时水流变化很快，浓重的绿色海水很可能像天空中的雷雨云一样顷刻间被推走，取而代之的是清澈的海水。

**P195 下右**
潜水者的手电筒光只能部分展示出黑岩海床上软珊瑚的绚丽色彩。

# HIN POUSAR

# 象头石

**THAILAND**
**SIMILAN ISLANDS**

**泰国——锡米兰群岛**

锡米兰群岛位于泰国西北海岸，在普吉岛以北约115千米。这是一片很有趣的区域，因为这个海洋公园的海水是泰国最清澈的，你可以在群岛的九座岛屿周围找到许多高质量的潜点。其中最棒的潜点之一——象头石，如今已经成为包船的经典目的地，它因海面上岩礁的形状而得名。这块巨大而光滑的深色花岗岩笔直地落入水中，在水下形成了各种迥异的景色：高平台、悬突的岩块、通道和拱门，上面都覆盖着珊瑚礁和软珊瑚。在这个潜点，最适合下水的地方在岩礁的西侧，你在那里能下潜到12米深，然后再沿着岩壁向西，游动在花岗岩块之间。这些花岗岩块向下倾斜至25米深的沙床上，那里有鳐鱼躺在上面。这里海水能见度极好，通常能超过25米，向四面望去：成群的东方胡椒鲷藏在岩石上伞盖状的鹿角珊瑚下，还有一簇簇的金目大眼鲷，它们有的是亮红色，有的是银色带粉色条纹，在珊瑚礁上悠游。你沿着这条路线转向较浅的岩石折返，来到岩块

**P196 上**
一只小金凹牙豆娘鱼（*Amblyglyphidodon aureus*）在一块巨大的柳珊瑚上游动。许多热带柳珊瑚的分枝向各个方向生长，形成这样一张致密的网。

**P196 下**
这块岩礁被称为“象头石”，大概是由于它的形状而得名。跟锡米兰群岛其他潜点一样，这里禁止停泊，海洋公园在其他地方提供了系泊的浮标。

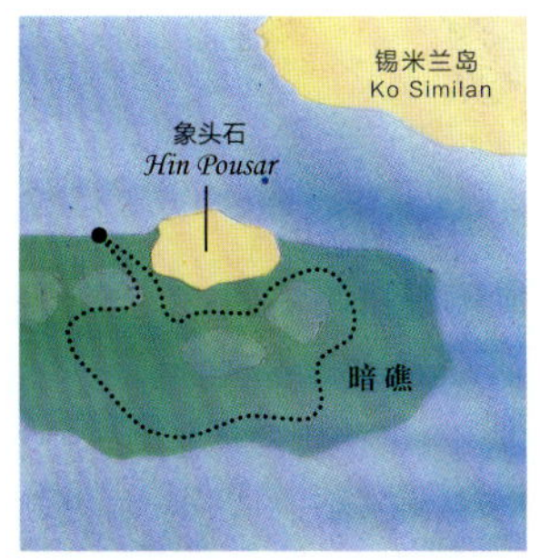

## 实用贴士

| | |
|---|---|
| 最大下潜深度 | 25米 |
| 建议潜水季节 | 12—4月 |
| 难度等级 | 普通 |
| 潜点特色 | 不断变化的风景 |
| 能见度 | 超过30米 |
| 水流强度 | 经常变化 |

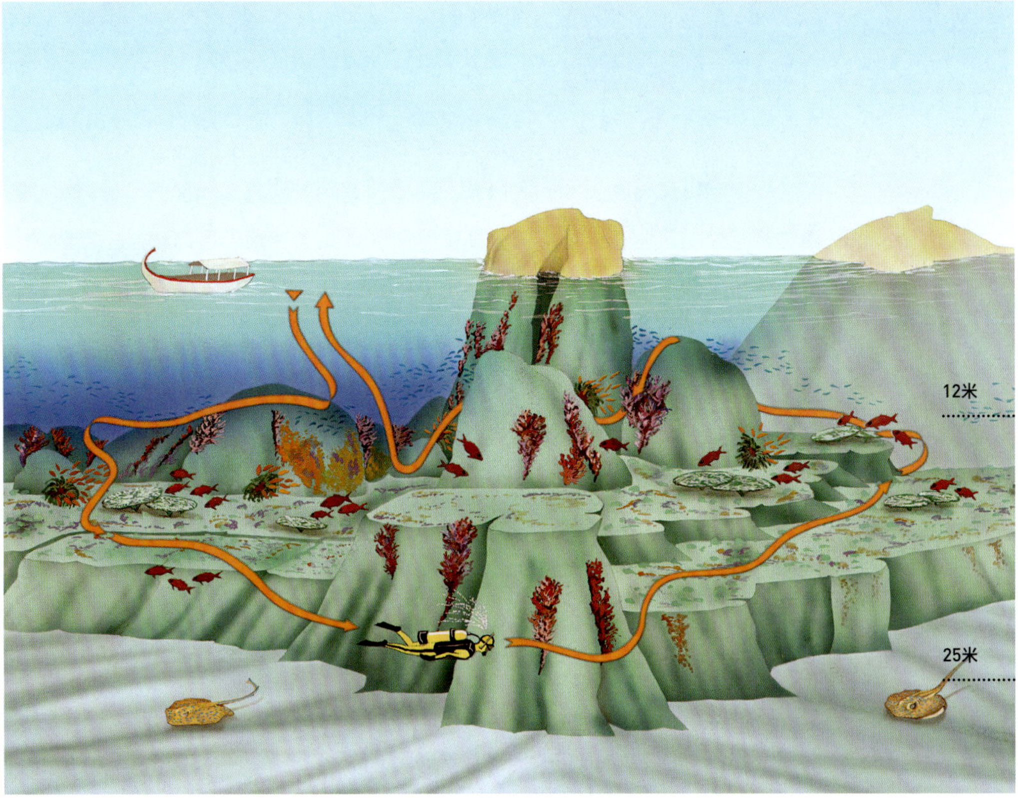

12米

25米

之间的一条通道里。通道中的岩壁上布满了珊瑚和软珊瑚，得益于海水不停地流动，他们生长得很好。各种颜色的海百合占据了最开阔的位置，即使在白天，它们也会伸展触手捕捉食物。在这里，你可以驻足观察生活在海百合触手中的一种小型贝类，注意它们是如何响应宿主的每一个微小的颜色变化的，尽管它们都是同一个物种。

游到水较浅的地方时，你可以停下来观察占据珊瑚礁上每条裂缝的微小生物。这里有小龙虾、裸鳃类和丛生管虫，你甚至能看到一条灰蓝扁尾海蛇（*Laticauda colubrina*）将头伸进岩缝中寻觅甲壳类或其他猎物。你很容易从它身上黑色和蓝色的横纹和腹部白色的条纹中认出它。这是一种有剧毒的蛇，但它的嘴很小，不太可能对潜水者造成致命的伤害。你可以在不惊动它的前提下接近它，但要切记，作为一种用肺呼吸的动物，它必须时不时地回到水面上呼吸，到那时它将不顾任何挡路的东西。

潜水的最后一段继续逆时针绕着最大的岩礁潜游，偶尔也会闯入岩石间的通道。你很可能看到大型海葵，里面栖息着背纹小丑鱼。这种小鱼身体呈橙黄色，头上和背上各有一条白色环带。它的栖息地仅限于东非海岸、安达曼海、苏门答腊岛和爪哇岛。在下水的地点向上游，你也许会在海面下碰到一群正在啃食花岗岩上覆盖的藻类的黑尖鲭鲛。

**P198 上**
一只克氏双锯鱼（*Amphiprion clarkii*）在拿破仑地毯海葵（*Cryptodendrum adhaesivum*）上游动，它上方是一只变形角珊瑚，在近处的岩石上还生长着软珊瑚和红藻。

**P198 下**
公子小丑鱼穿梭在公主海葵的触手之间。在澳大利亚沿岸的同种小丑鱼颜色更深，也有白色的条纹。

**P199**
这两只柳珊瑚为一对红尾巴的领蝴蝶鱼（*Chaetodon collare*）和一对棕白相间的霞蝶鱼（*Hemitaurichthys zoster*）提供了庇护所。

# HIN DAENG

# 红石

**THAILAND**
**KOH ROK ISLANDS**

**泰国——洛克群岛**

普吉岛东南方115千米，距离泰国董里府海岸大约65千米的地方有两座小岛——洛克诺岛和洛克奈岛，它们几乎是被一条狭窄的砂质海床连在一起，与附近的珊瑚礁群构成了一个保护区。在去往这两座小岛以西12海里的红石之前，它们是你唯一的落脚点。红石是一块露出海面仅几米的小石灰岩礁，这里水流汹涌很难停留。高处的岩石上披红挂彩，是当地渔民为祈求好收成而向神明的祭献。在红石以北几百米的地方，另一块岩石形成了一个巨大的尖顶暗礁，其顶端距海面不足9米。它叫作紫石，潜水质量可与红石相媲美。

红石给潜水者提供了各种类型的潜水，但毫无疑问最吸引人的是几乎肯定会遇到世界上最大的鱼类——鲸鲨。红石的鲸鲨通常体型不大，但偶尔你会遇到不止一条鲸鲨，这说明这里是它们

**P200 左**
一对马夫鱼（*Heniochus acuminatus*）在红石一处海下斜坡上的软珊瑚间游动。这种鱼类的成年个体总是成对活动，主要以浮游生物为食。

**P200 右**
一群亮橙色的丝鳍拟花鮨游到鹿角珊瑚的树枝附近，这种硬珊瑚可以为这些胆小的鱼类提供安全的藏身之所。

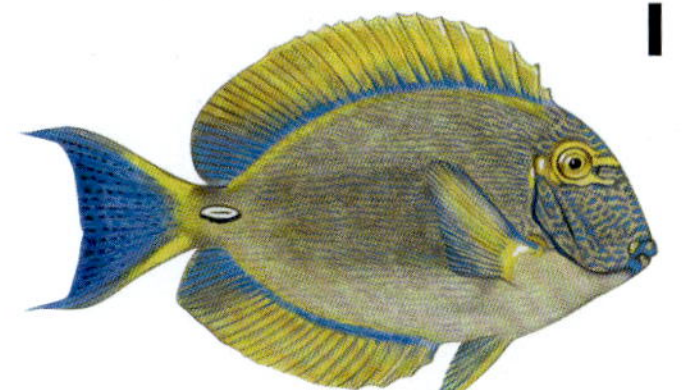

## 实用贴士

| | |
|---|---|
| 最大下潜深度 | 20米 |
| 建议潜水季节 | 12—4月 |
| 难度等级 | 普通 / 高级 |
| 潜点特色 | 鲸鲨 |
| 能见度 | 超过20米 |
| 水流强度 | 有时很强 |

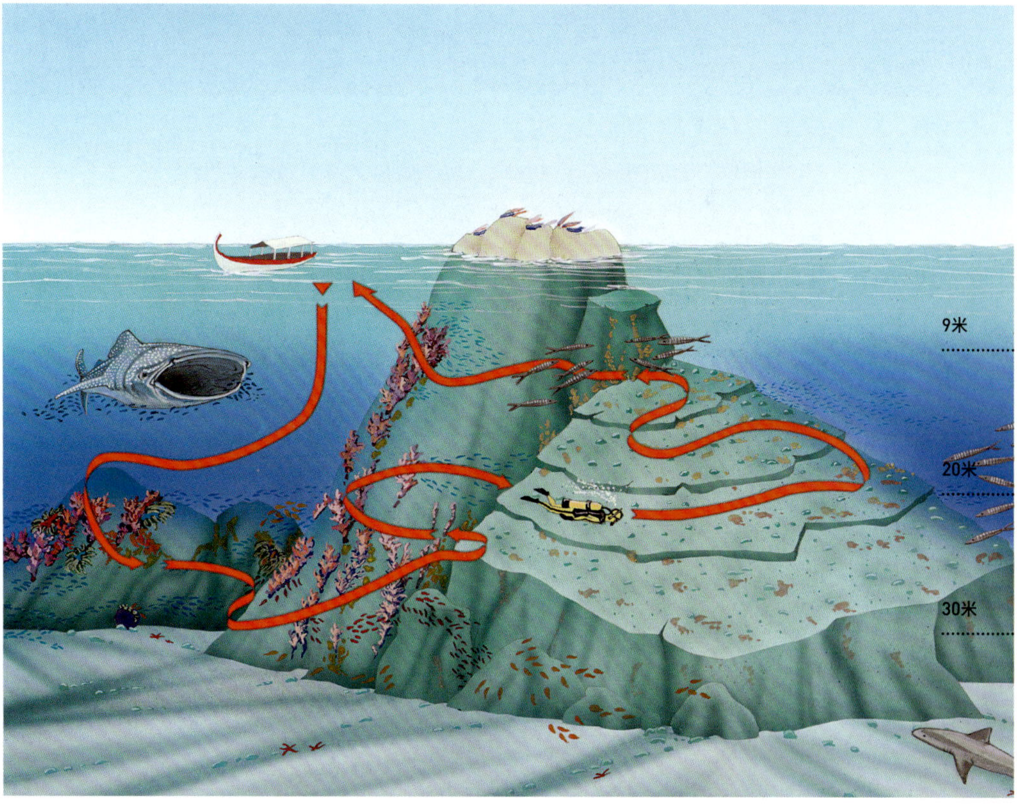

9米
20米
30米

**P202-203**
红石的岩礁顶端常被海浪和洋流冲刷，适应能力强的生物才能在这里生存，比如藤壶。在这个平静的日子里，一些海胆正在啃食藻类，而这只大型棘冠海星（*Acanthaster planci*）正在寻觅珊瑚虫为食。

**P202 下**
一只小红斑新岩瓷蟹躲藏在公主海葵的触手中。它是一种无脊椎动物，和可食用的寄居蟹同属异尾类。

**P203 上**
在红石，你有很大概率能碰到鲸鲨，因为它们对潜水者发出的声响感到好奇；鲸鲨以浮游生物为食，是海洋中最大的鱼类，有的身长可达18米，对人无害。

**P203 上中**
在红石及其周围的岩石上，你会发现许多捕食者，比如这些颌针鱼和独行的大个儿梭鱼。

的育儿所。有时候，当你还在船上准备下水时，受好奇心驱使的鲸鲨就会在船只四周和船下嗅探，这给你充足的时间去观察它的大小。与鲸鲨会面的最好方式是从岩礁北侧海面下水，然后直接下潜到海底倾斜的岩床上，在那里静静地等待，幸运的话，它会被水肺产生的气泡吸引过来并向你靠近。这时，你可以游近一些，观察它带有白色斑点的蓝灰色身躯、胖乎乎的大脑袋和小小的眼睛。你还能跟着它在海水中畅游，它的身边常常伴随着大个儿的鱼或小型鲹鱼。但这样做你要花很多力气，它虽然看起来速度很慢，但其实尾巴轻轻一甩就能游出去很远。鲸鲨游泳时张着大嘴，以浮游生物和小鱼为食，因此一般对潜水者无害，除非它没留意到有人。

在海底岩床上等待时，你绝不会感到无聊：在海面附近，颌针鱼不停地来回游动；在它们下面，大型梭鱼在觅食；而在海底，约20米或更深的海水中盘旋着大个儿的黑尾真鲨。

几乎垂直的岩壁的西南面是最壮观的地方：软珊瑚在水下创造了一片色彩斑斓的景色，周围环绕着充金眼鲷和其他小鱼。阳光在正午时分斜着透入海水中，能见度超过30米。密集的鱼群有时会将光线遮掩，产生不断变幻的光影。你可以逆时针上升到浅滩的东面，那里有几块珊瑚礁上长着大型的紫色、橙色和蓝色的公主海葵。它们中有些完全伸展开了触手，公子小丑鱼（*Amphiprion ocellaris*）在其中嬉戏玩耍；其他的是闭合、膨胀的，像彩色的大气球。继续往上游，一直到岩石周围的浅滩，那里还有许多生物等着你发现：橙色的石珊瑚、裸鳃类以及在珊瑚礁之间的大海星。而就在你头顶上方的海面附近，有只1米长的颌针鱼在来回穿梭觅食。

**P203 下中**
礁石中间的凹谷，洋流会像流进漏斗一样经过这里。在这个小小的峡谷里长着两只很大的棘穗软珊瑚，到处都是充金眼鲷。

**P203 下**
水深30米处，一系列水平生长的滨珊瑚（*Porites* sp.）上寄生了一些淡紫色的软珊瑚。中间有一只枕脊拟鲉（*Scorpaenopsis venosa*），它的颜色和四周背景融为一体。

第五章

# 太平洋

# PACIFIC OCEAN

太平洋是世界上最大的海洋，位于亚洲、大洋洲和美洲之间。它的边缘分布着许多火山，形成了所谓的“火山带”。太平洋从北到南位于北极和南极洲之间，北部通过白令海峡连接北冰洋，西部与印度洋通过印度尼西亚的一系列海域相通，东南部与大西洋相连，总面积达1.8亿平方千米。太平洋有许多边缘海，特别是沿西海岸的海域，包括白令海、鄂霍次克海、日本海、黄海、东海、南海、印度尼西亚各海域（爪哇海、弗洛勒斯海、苏拉威西海、马鲁古海、赛兰海、班达海、帝汶海和阿拉弗拉海）、菲律宾各海域、苏禄海、珊瑚海等等。这些海域都被链状群岛（包括阿留申群岛、千岛群岛、日本群岛、菲律宾群岛、巽他群岛等）与大洋隔开。地球上的最低点位于太平洋马里亚纳海沟的“勇士”号海渊，在海平面以下11034米的深度。太平洋海水的平均盐度是3.6%，随纬度的增加而降低，且沿着大河入海口的海岸边的海域盐度也会降低，这些大河包括美洲的育空河、弗雷泽河、科罗拉多河，以及亚洲的黑龙江、黄河、长江。赤道附近表层海水温度在25～28℃之间，向两极逐渐降低。这条带状海域的水温常年保持在20℃以上，是珊瑚的家园。但当它接近美洲西海岸时逐渐收窄，珊瑚的踪迹仅限于科隆群岛（加拉帕戈斯群岛）以及美洲海岸附近一些地方。

在亚洲和大洋洲之间，菲律宾、印度尼西亚、巴布亚新几内亚和马来西亚附近的海域，是地球上物种多样性最丰富的区域，有500多种珊瑚和3000种鱼类生活在这里，其中本地特有物种超过物种总数的30%。

澳大利亚东北海岸的东面坐落着世界闻名的大堡礁，它构成了珊瑚海的边界。大堡礁是世界奇观之一，超过2500个珊瑚礁沿着长达2000千米的海域分布，最宽处约250千米。大堡礁北部以东，组成美拉尼西亚、密克罗尼西亚、波利尼西亚和夏威夷群岛的小岛屿几乎数不胜数；再往东，南美洲海岸前的赤道附近坐落着科隆群岛。

如果你能横渡太平洋来一次长途潜水，就会发现珊瑚礁在生物和地理上的逐渐变化。在向东

潜游的过程中，珊瑚的数量会不断减少，直到到达美洲海岸后出现截然不同的生命形式。比如，在加拉帕戈斯群岛，你会看到海狮和海鬣蜥；而在加利福尼亚，你能在密集的海藻林中畅游。

太平洋上有成千上万座小岛，每一座都能提供无数的潜点，但不是所有岛屿都很方便潜水。有一些岛屿很难到达，有一些缺乏有组织的潜水设施。大堡礁非常便利的海上酒店和豪华游艇吸引着成千上万的游客，而印度尼西亚的一些可爱海域却没有固定可靠的路线到达。不过，在马来西亚、菲律宾、斐济，甚至法属波利尼西亚，许多地方现在已经成为潜水者的必去之地。其中一些地方需要一天以上的行程才能到达，但目的地美丽的陆上风景和壮观的水下美景值得所有的努力和花费。

# PESCADOR ISLAND

# 佩斯卡多岛

**PHILIPPINES**
**CEBU**
**菲律宾——宿务**

宿务岛的海岸正对着塔尼翁海峡的南部，是当之无愧的潜水天堂，特别是墨宝区。任何有幸在白沙滩、考普滕角、鲁都角和沉没岛潜水的人都会对它们记忆犹新，但其中最著名的潜点是佩斯卡多岛。

这是个很小的岛，它其实不过是一块伸出海面10米的岩礁，位于同戈角海岸西南偏西3000米远的海上。只要你别在水下磨蹭，就能完成一次完整的佩斯卡多岛的游览，这里的景色绝不会叫你失望的。

这里最有趣的区域位于该岛东南部，因为那里有种类繁多的海洋生物。从位于砂质珊瑚浅滩上不超过五六米深的浮标处下水，你会看到美丽的麋角珊瑚，每天晚上都能在其中瞥见难以捉摸

**P206 左**
一只克氏双锯鱼从海葵纤细的触手中探出头来，它与海葵是共生关系。

**P206 右**
当地渔民乘坐传统的独木舟驶向佩斯卡多岛。

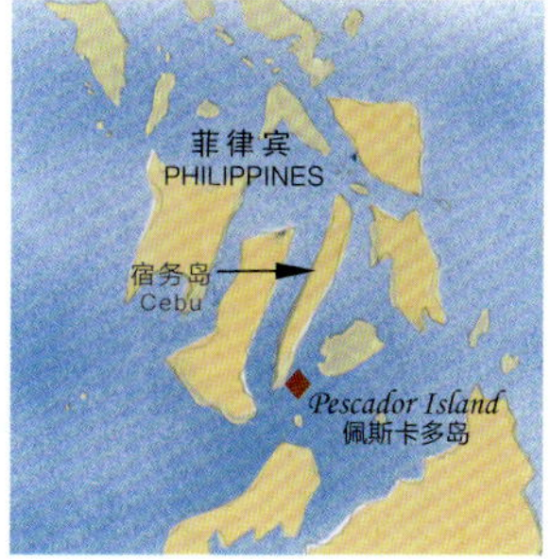


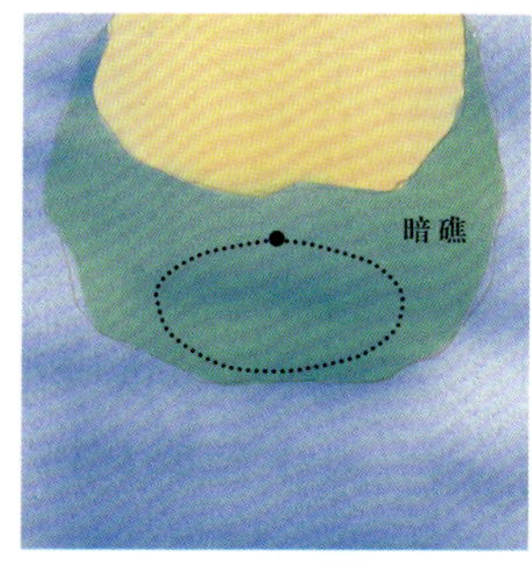

## 实用贴士

| | |
|---|---|
| 最大下潜深度 | 30米 |
| 建议潜水季节 | 12—5月 |
| 难度等级 | 低级 |
| 潜点特色 | 鳗鱼和麒麟鱼 |
| 能见度 | 不到20米 |
| 水流强度 | 弱 |

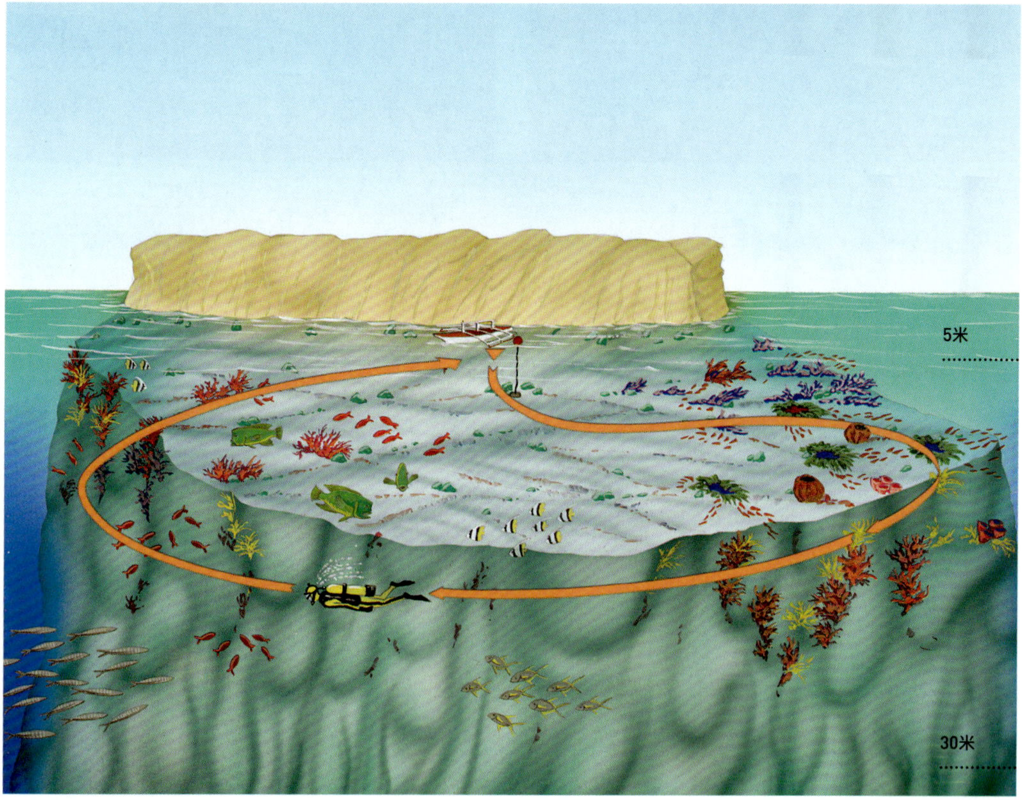

5米

30米

**P208 上**
潜水者的手电筒照亮了佩斯卡多岛岩礁上繁盛的美丽植被。

**P208 下左**
双点狮子鱼是一种美丽而稀有的鱼类。

**P208 下右**
寻找细吻剃刀鱼是个困难的任务，不过一旦发现了它，拍照是很容易的。

**P209**
一名潜水者从停泊在佩斯卡多岛附近的独木舟上下水。

的花斑鼠鱼（*Synchiropus picturatus*）的身影，这种窜来窜去的小鱼简直是水下摄影爱好者的“噩梦”。浅滩上还有肉芝软珊瑚，你能在上面看到闲庭信步的贝类。大量各种类型和颜色的海葵在沙床上的小块珊瑚礁上争奇斗艳，伴随它们的还有小丑鱼和鲜艳的裸鳃类。

从南侧向下潜，那里坡度较缓，生活着珊瑚、各种海绵和软珊瑚。你会在这里看到一群华丽的鲉鱼，披着粉色、黄色或红色的外衣，有一些还带着一抹浅蓝，它们有的来回穿梭，有的则在大海绵上静静趴着。

在不到10米深的地方，你一定能碰到躄鱼。我遇到了两只巨大的康氏躄鱼（*Antennarius commerson*），一黑一棕，它们在那里一动不动，我可以从各个角度拍摄。在更远的地方，盘旋着成群的鲹鱼和梭鱼。

向东游去，岩壁变得更加陡峭。巨大的黑珊瑚、桶状海绵和管状海绵、柳珊瑚、鲜艳的软珊瑚以及海百合一齐出现，它们上面都密布着小鱼小蟹，这样的景象在别处是难以看到的。周围都是波纹唇鱼、海鳝、河豚、海星和蝴蝶鱼。你不用特意观察就能注意到裸鳃类、躄鱼（我发现了一只不到8厘米长的，浑身红色，鳍有白边，看到它的第一眼我就爱上了它）、细吻剃刀鱼

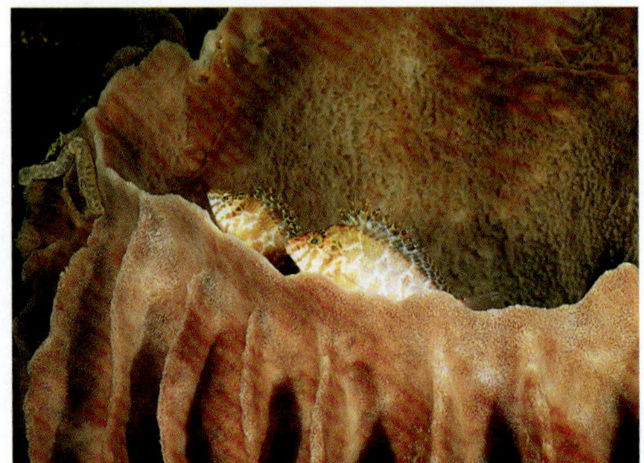

**P210-211**
这只巨大的康氏躄鱼试图藏身于一只石灰海绵上，却是徒劳的。

**P210 下左**
这只三棘高身鲉（*Taenianotus triacanthus*）是伪装高手，趴在珊瑚群中一动不动。

**P210 下右**
两只斑金䱵（*Cirrhitichthys aprinus*）栖身在一只大型桶状海绵里。

**P211 上**
这是佩斯卡多岛海域众多康氏躄鱼中的一种，它正潜伏在两只海绵之间。

**P211 中**
这只漂亮的红色螃蟹在潜水者靠近时立刻定住，一动不动。

**P211 下**
两只小海鳝从礁石的裂缝中探出头来。

（*Solenostomus paradoxus*）、高身鲉等等。

这里的生物多样性之丰富令人瞠目，你要是到处仔细观察的话，空气可能不够你潜到更深的区域（海床只有30米深），或者在你回到入水时的浅滩之前就用完了。

而这些还只是白天的景象！当我夜潜的时候，所有的珊瑚礁居民都跑出来觅食，或者只是游来游去，我从它们中间游过并摄影，很快用完了一卷胶卷。在众多物种之中，你一定能看到几只血红六鳃海蛞蝓（*Hexabranchus sanguineus*），它还有个浪漫的名字叫“西班牙舞姬”。

# JESSIE BEAZLEY REEF

# 杰西比兹利暗礁

## PHILIPPINES
## TUBBATAHA REEF
## 菲律宾——图巴塔哈群礁

广阔的菲律宾群岛为潜水者提供了无数美妙的潜点。在这个世界上最多彩的海域之一，各式各样的海床令人印象深刻，它们和许多仍有待探索的地方等待着潜水者。这座太平洋上的火山岩群岛就坐落在地球最深的马里亚纳海沟的边上。因此，这里的海床地形丰富多样，很难概括。在菲律宾选择潜水地点常令人犯难，但有一个地方值得推荐，它因其独一无二的地形和偏僻的位置受到了很好的保护，游客和渔民都很少造访，它就是图巴塔哈群礁。它是从苏禄海中部海域升起的一系列珊瑚礁，一直以来是一个巨大的国家海洋公园的一部分。

我们从巴拉望岛上的普林塞萨港出发，向东南航行182千米之后才能到达图巴塔哈群礁。这个偏僻的地方只有在3月到6月间才有便利的航行和潜水条件，因此很难到达。

图巴塔哈群礁可分为两个主要部分：南礁是一个

**P212 上**
菲律宾人就是乘坐这样的小独木舟面对大洋的风浪。在海岸边有许多独木舟。

**P212 下**
垂直的峭壁上生长着多彩的柳珊瑚和其他珊瑚：这是杰西比兹利礁海底景象的缩影。在照片中，你能看到管柳珊瑚（*Siphonogorgia* sp.）的美丽分枝。

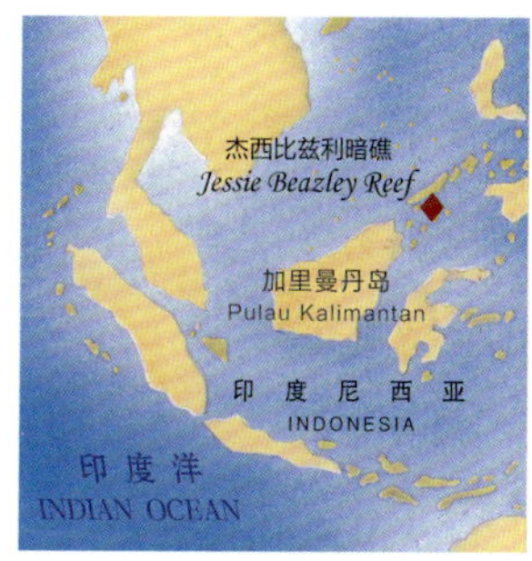


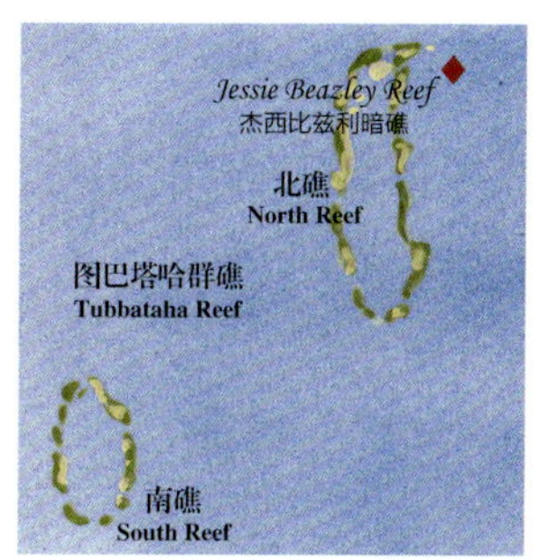


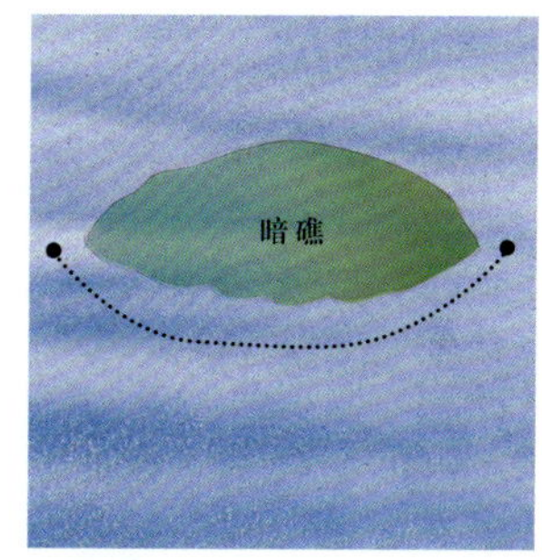


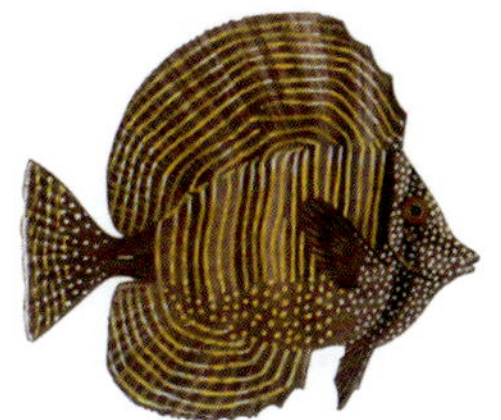

## 实用贴士

| | |
|---|---|
| 最大下潜深度 | 40米 |
| 建议潜水季节 | 12—5月 |
| 难度等级 | 专家级 |
| 潜点特色 | 软珊瑚和柳珊瑚 |
| 能见度 | 40米 |
| 水流强度 | 通常很强 |

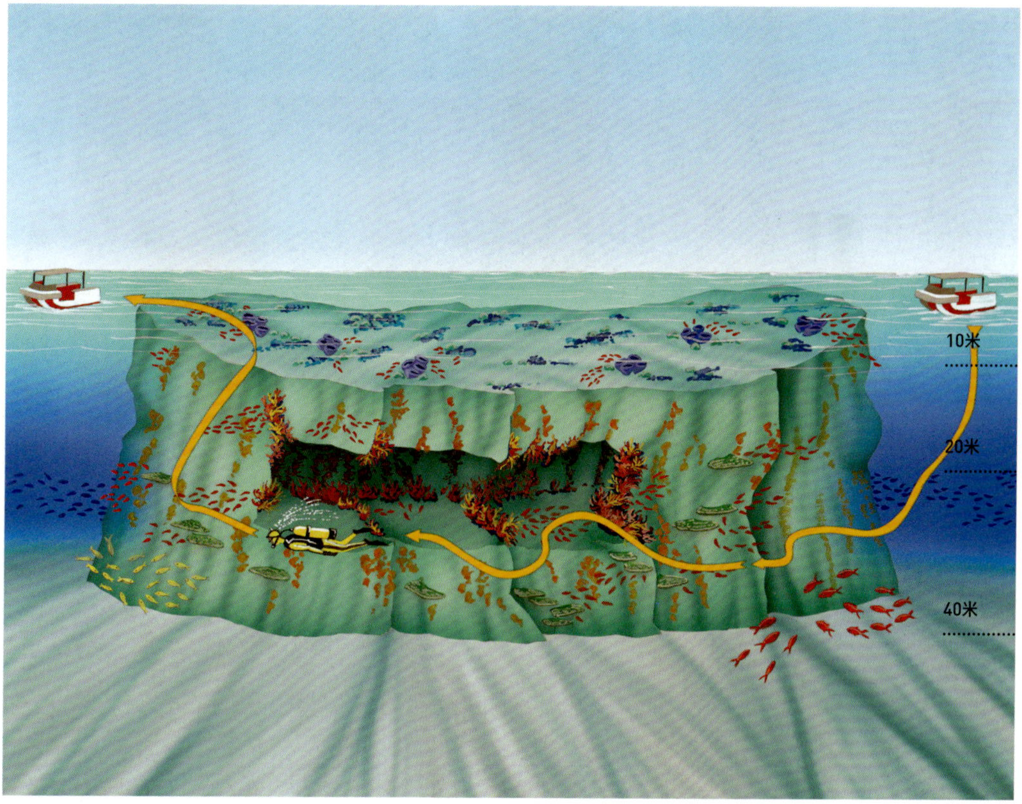

10米

20米

40米

**P214 上**
一只大型桶状海绵（*Xestospongia* sp.）在展示它那张开的嘴巴（出水孔）。

**P214 下**
石珊瑚和软珊瑚丛上的一只大个的星斑叉鼻鲀。

**P214-215**
夕阳西沉，一群粉色花鮨围绕着这丛石珊瑚。

环绕着潟湖的椭圆形环礁，北侧有一个浮出海面名为黑岩的小型岩礁；北礁位于南礁东北方约6千米处。北礁是一个从西南到东北方向的环礁，在内部的狭长潟湖北端的珊瑚礁中冒出一个沙洲小岛，是海洋公园管理人员居住的地方。很明显，在这样一条连接着两块环礁的长而连续的珊瑚礁群中，一定会分布着无数难以区分的潜点。

这里到处都是丰富多彩的珊瑚礁，入水后最开始的几米都是硬珊瑚，再往下潜就是丰富的柳珊瑚和软珊瑚。不过要找到一个真正特别的潜点，你必须去一块小小的孤礁，即杰

西比兹利礁，它就在北礁的西面。这根柱状的暗礁从海底升起，几乎能碰到海面，从海面上看去呈一个绿色的椭圆形边缘，宽度不超过几十米。环游这块暗礁只需进行两次潜水。乘船到达此处后，你很快就会发现，虽然洋流很强劲，但海水仍犹如水晶般清澈。珊瑚从暗礁顶部一直分布到深约10米的区域，在那里形成了一个生机勃勃的生态系统。在这里，你会发现美丽的鹿角珊瑚、扁平珊瑚、绿色的“萵苣珊瑚”和大量的软珊瑚。海水中的珊瑚鱼简直多如牛毛，包括金鳞鱼、雀鲷、鼻鱼、帝王神仙鱼和热带鲈鱼等。

然后，沿着一面岩壁下潜，这面陡峭的岩壁直接俯冲到约40米深的海底岩床。此时，向海水中望去，你会看到成群的热带牙鲷和鲹鱼。

这面岩壁有很长一段是完全垂直的。当你置身于岩壁上流光溢彩的软珊瑚和柳珊瑚之中，拍出色彩绚丽的照片时，就会明白为什么这里是图巴塔哈群礁最可爱的潜点了。

# SOUTH POINT

# 南角

**MALAYSIA**
**SIPADAN**

**马来西亚——西马丹岛**

西马丹岛外围的礁岸围成了一条大型神仙鱼的形状。南角位于鱼脸的位置，在这里我们找到了该地区最可爱的潜点。

洋流不分昼夜地主宰着这片海域，它的方向并不固定，在水流中间游动着两大群让人惊叹的鱼群——梭鱼和六带鲹。它们没有固定的行程，所以你必须在船上观察，直到看到海面下一大片乌云般的影子再迅速跳入水中。这可能是其中任何一群，不过不用担心，这两群鱼游得很近，有时还会混在一起。你要是发现了其中一群，就一定会看到另一群。

巴拉金梭鱼和六带鲹都是体型巨大的鱼类，而且这两群鱼的数目都不少，可能有数千条。这些鱼群非常密集，有时会互相环绕着形成一个巨大的旋转球；有时圆球会展开变成一个旋转的圆

**P216 左**
西马丹岛位于加里曼丹岛东海岸的苏拉威西海中。

**P216 右**
大量的海龟在西马丹岛上生活、筑巢和繁殖，特别是绿海龟（*Chelonia mydas*）和玳瑁（*Eretmochelys imbricata*）。

## 实用贴士

| | |
|---|---|
| 最大下潜深度 | 20米 |
| 建议潜水季节 | 2—4月 |
| 难度等级 | 普通 |
| 潜点特色 | 成群的梭鱼和鲹鱼 |
| 能见度 | 40米 |
| 水流强度 | 通常很强 |

**P218**
一大群巴拉金梭鱼形成了壮观的旋涡。

**P219 上**
这张照片展示了众多五彩缤纷的桶状海绵中的一只。

**P219 下左**
一群尖翅燕鱼游过礁石，它们可以变换身体颜色以适应环境。

**P219 下右**
这只受惊的豹纹鲨向深海游去。

环将潜水者裹在其中。进入鱼群并在其中穿梭的感觉实在是太棒了。

这里的海水并不会很深，鱼群在5～20米之间的深度游动。它们如果游到了外海，很快就会返回来。这是因为水流总是很强劲，两群鱼都必须克服它的力量。

强劲的水流对于潜水者也是一个挑战，这就带来了另一个与水流有关的问题：在过去一段时间里，这里的海床覆盖着壮观的麋角珊瑚，而如今这里几乎是它们的墓场。当地的导游说，这是海上风暴导致的，但我有自己的疑虑。我见过潜水者是怎样在强劲的水流下狼狈地抓紧珊瑚以保持平衡的，因此你在这里时一定要特别小心。

要是你跟不上梭鱼或鲹鱼，别傻待在海底，只需要在中层海水中潜着不动，远离珊瑚让其不受干扰，两群大鱼不久就会回来。

不过，南角并不是只有梭鱼和鲹鱼。在更深一些的海床上，你可能会发现一只豹纹鲨带着它长着白色鳍的幼崽在柳珊瑚和红珊瑚的分枝间休息；在外面开阔的海水中，你还可能瞥见蝠鲼或斑点鹰鳐的身影。

一大群密集的六带鲹在南角的暗礁边缘蜘蹰着

**P222-223**
在大约20米深的地方，你会遇到柳珊瑚，它们中有些体型巨大。

**P223 上**
大型柳珊瑚是40米深的海域中的特色景观。

**P223 中**
南角附近的海域有很多河鲀鱼，这是一只星斑叉鼻鲀。

**P223 下**
这是外形最奇特的鱼类之一——大斑躄鱼（*Antennarius maculatus*）。

从海床向上浮起时，你一定会看到绿海龟和玳瑁在觅食或者寻找休息的地方。而在水深3～4米的地方，你会发现自己置身于一群尖翅燕鱼之中。它们在海床上四处搜寻，还根据周围环境改变着颜色：在沙床上时呈灰蓝色，在岩礁中间时呈棕色。

在接近海面的时候，要有点耐心才能在巨大的海绵中找到三棘高身鲉的踪影，或者发现从洞穴里探出身的五彩鳗（*Rhinomuraena quaesita*）。这里还有漂亮的裸鳃类、鲉鱼、奇特的螃蟹、河豚、神仙鱼，以及许许多多其他生物。

# GORGONIAN FOREST

# 柳珊瑚丛林

**CHINA**
**DANWAN REEF**
**中国——弹丸礁**

弹丸礁位于中国南沙群岛，目前被马来西亚非法侵占。从海面上看，这里的景色没什么吸引力。在一片光秃秃、几乎没有植被的地方，除了一座酒店、一条大型飞机跑道之外别无他物，倒是有一些海鸟——大部分是鹈鹕——筑巢于此。但是在海面之下，壮观的水下景色和纯净的珊瑚礁是地球其他地方所没有的，在这里聚集和定居的深海生物会让你很快忘记酒店窗外乏味的景象。

柳珊瑚丛林是弹丸礁最好的潜点，尤其是在春季的几个月里，这里的季节差异比大多数地方明显得多。在春天，你几乎肯定会遇到密集的梭鱼、黑尾真鲨或锤头鲨鱼群。然而到了夏天，海水的升温不仅赶走了大型捕食者，也赶走了所有鱼群，尽管如此，这里仍然是世界上海洋生物最丰富多样的水下环境之一。

我们在弹丸礁的东侧潜水，这里的水流是恒定的，海水的能见度非常高。水下的斜坡先是呈阶梯状慢慢下降，阶梯上生长着柱状的石珊瑚，然后急剧下降，落入海洋深处。

**P224 上**
一排排柳珊瑚是该潜点最深处的典型景象。

**P224 下**
总能在岩壁附近找到一群六带鲹，这是规律。

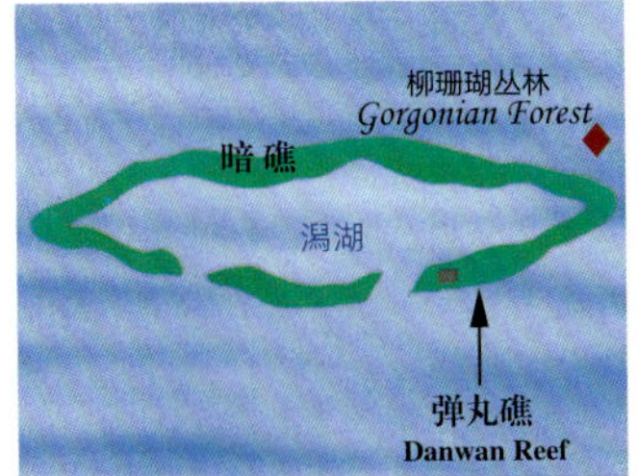


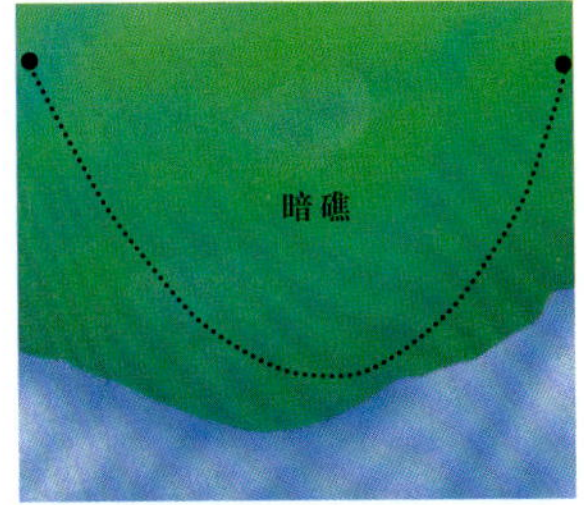

## 实用贴士

| | |
|---|---|
| 最大下潜深度 | 40米 |
| 建议潜水季节 | 3—6月 |
| 难度等级 | 专家级 |
| 潜点特色 | 柳珊瑚和海蛇 |
| 能见度 | 超过40米 |
| 水流强度 | 强 |

**P226 上左**
这张照片清楚地解释了位于弹丸礁的这块礁石名字的由来。在这里生长的柳珊瑚真是数不胜数。

**P226 上右**
柳珊瑚丛林还拥有许多洞穴，照片上的这个洞中生活着更多柳珊瑚。

**P226 下**
海百合将柳珊瑚当作梯子，以便它们能更好地接触到洋流带来的充满浮游生物的海水。

**P227 上**
体型小、身体长的大眼魣（*Sphyraena forsteri*）几乎游到了海面上，在海浪中嬉戏。

这里有一片色彩斑斓、种类繁多的柳珊瑚林，不同种类的巨大柳珊瑚不间断地一片连着一片，其中常常混着成群的软珊瑚和成片的海百合。如果你有耐心等待，还能看到成群的小虾在其中觅食。在这里，人们关注的重点主要是水下森林的独特形态和色彩，而不是在其中生活的鱼类。

这里当然也有鱼：成群的六带鲹和其他较大的鲹鱼在柳珊瑚之间游动，而一群驼峰大鹦嘴鱼（*Bolbometopon muricatum*）很可能会从海底突然冒出来，然后又突然消失，这让摄影师感到绝望。在不到40米深的平台上，你有可能看到一只熟睡的护士鲨或豹纹鲨，悠游的大个儿条纹胡椒鲷或普通胡椒鲷（*Plectorhincus pictus*）。

当我们往回上升到20米深度时，柳珊瑚为巨型桶状海绵和管状海绵腾出了空间，在这些海绵中经常可以看到大个儿的石斑鱼。

在上浮到靠近水面的地方，有美丽的海葵，陪伴它们的除了小丑鱼，还有红斑新岩瓷蟹、数目惊人的各种大小的软体动物、河豚、鲉鱼以及各种珊瑚鱼等。

在这里，你不难看到灰蓝扁尾海蛇的踪影，它在岩石间、沙床上、一个个岩洞间，安静而不停地扭动着身子穿梭，可能是在寻找小型猎物。

**P227 中**
你能在大约30米深的平台上看到漂亮的豹纹鲨。

**P227 下**
这张照片展示了一只大型桶状海绵的结构，柳珊瑚丛林中有许多这种海绵。

# TULAMBEN

# 图兰奔

**INDONESIA**
**BALI**
**印度尼西亚——巴厘岛**

图兰奔位于巴厘岛东北海岸，是一个被茂密植被环绕的美丽海湾。它身后是岛上最高的山丘——阿贡火山。它的沙滩上有一所酒店，也是当地的潜水中心。

你可以从酒店出发，自己背着水肺前往海边，或者让门童帮你搬。然后摆在你面前的有两个选择：要么往左游，去往一处可爱的沉船地点；要么朝着开阔的海域，沿着浅滩走，然后向右拐游到海岬的水下岩壁处。后者是更好的选择，因为它可以提供一系列的体验：数目庞大的海洋小生物让这里成为微距摄影爱好者的乐园，水下景色也非常有趣。

从酒店出来，穿过门前几米长的一片海滩（如果你自己背着潜水和摄影装备，海滩上的卵石会硌疼你的脚），你就可以下水了。大块礁岩周围的海水底部是一片黑色的火山岩砂床，上面散布着大块的岩石。这里值得驻足片刻，不然错过在砂床上四处游动色彩斑斓的大个儿裸鳃类就太可惜了。

**P228 上**
一只巨大的红色柳珊瑚生长在岩壁内侧。

**P228 下**
图兰奔的水下陡坡所在的海岬，沙滩上布满了卵石，还有停泊的独木舟。

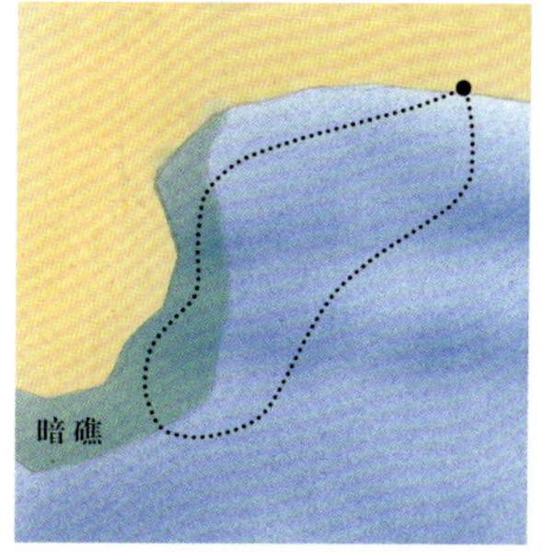

## 实用贴士

| | |
|---|---|
| 最大下潜深度 | 20米 |
| 建议潜水季节 | 5—9月 |
| 难度等级 | 普通 |
| 潜点特色 | 柳珊瑚、黑珊瑚和桶状海绵 |
| 能见度 | 40米 |
| 水流强度 | 经常变化 |

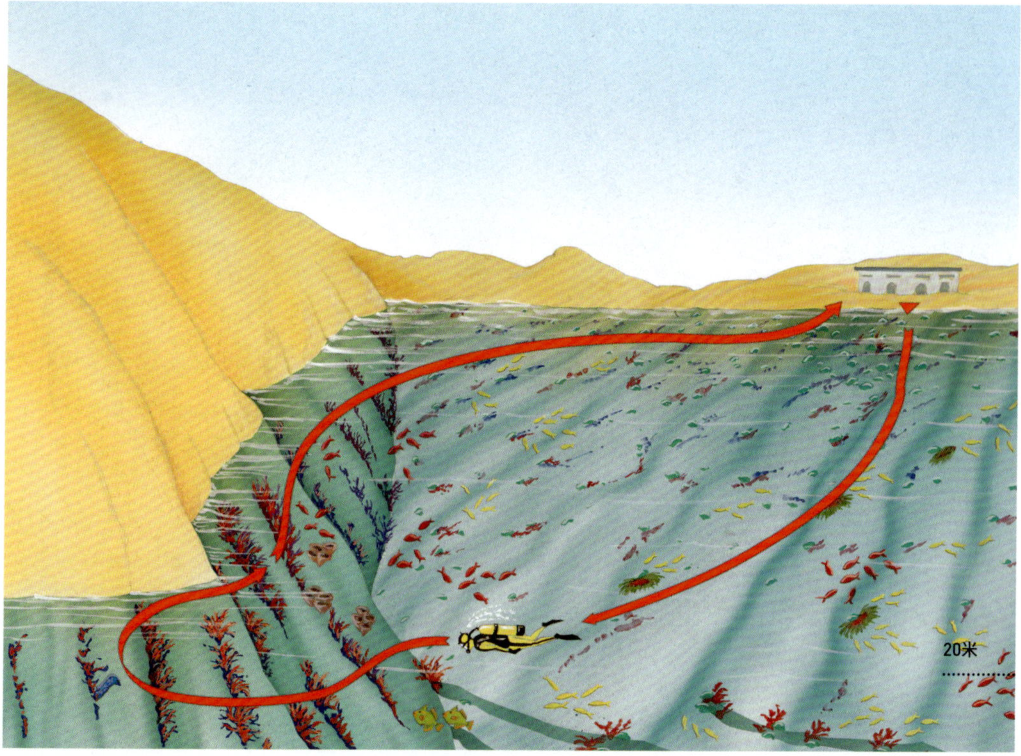

砂床起起伏伏，不一会儿就变成陡峭的斜坡。在海床的洼地里，你很可能会发现裸鳃类、鲉鱼、与清洁虾共生的虾虎鱼、狗母鱼，甚至还有黑色的海马或长着黑色斑点的黄色小箱鲀。

在岩块凸起的地方，你会看到小型柳珊瑚、肉芝软珊瑚和海百合，它们上面和周围生活着许多不可思议的生物。每一朵海百合中都驻扎着岩虾，但也可能有其他甲壳类动物或一只华丽的细吻剃刀鱼。一只可爱的三棘高身鲉在一块珊瑚礁上休息，而美丽的红斑新岩瓷蟹则躲藏在海葵的触手中。你还会留意到一群鲜艳的火焰虾虎鱼（*Nemateleotris magnifica*），以及所有常见的砂床上的居民。

在大约20米深的地方，一堆岩石周围有一座“清洁站”：一群小虾正在为一只红石斑清洁，而不远处一只大扳机鱼正在等待服务。

**P230**
一只大型桶状海绵，旁边长着漂亮的柳珊瑚。

**P231 上**
各种颜色的小鱼在繁花似锦般的柳珊瑚枝条间寻找庇护所。

**P231 中左**
珊瑚礁中藏着许多三棘高身鲉。

**P231 中右**
在东湾末端岩壁上生长的另一只华丽的柳珊瑚。

**P231 下左**
一只华丽的细吻剃刀鱼仿佛在为拍照摆姿势。

**P231 下右**
条纹胡椒鲷在海岬旁的海面附近成群或单只活动。

不要沉迷在这些美景中，你现在要在同一深度向右（南）游去。不多会儿，你就来到一面铺满柳珊瑚的岩壁前，一种紫红色的大型柳珊瑚一定会强烈地吸引你。然而这里还有许多其他东西：其他种类的柳珊瑚、有巨大分枝的黑珊瑚和大型桶状海绵。不妨看看岩石的外部裂缝，你也许会发现一只粉红色的毛蟹（*Laurica* sp.）。

在海岬端点，岩壁不再那么陡峭，而是呈大台阶状，许多不同的鱼类在那里四处活动：胭脂鱼、热带石首鱼、更多的石斑鱼和扳机鱼、洞穴里的海鳝，以及随处可见的软体动物、小龙虾、蟹、裸鳃类，还有偶尔出现的鲣鱼。

向开阔的海水中望去，你会瞥见一些鲨鱼或月鱼的身影。

# LIKUAN 2

# 利库安 2

**INDONESIA**
**MANADO**

**印度尼西亚——万鸦老**

万鸦老是印度尼西亚众多水下天堂之一。它主要提供了两个潜水区：伦贝海峡，那里的浅滩为微距摄影爱好者提供了梦想中的一切；还有布纳肯岛，在那里喜欢水下美景和大型鱼类的潜水者一定不会失望。这个岛的周围有许多潜点，但最美丽的是沿着垂直的利库安墙（Likuan wall）进行的潜水。利库安墙是一面曲折的珊瑚礁墙，沿着布纳肯岛南侧绵延1 500米。这里有三个潜点——利库安1、利库安2和利库安3，它们的景色很相似，但是利库安1位于最外部，因而总是受到水流的冲刷。因此，我们选择利库安2，那里的柳珊瑚可能没有利库安1的那么漂亮旺盛，洄游鱼类也比较少，但更有可能遇到不寻常的珊瑚礁居民。

下潜到散布着岩石和珊瑚礁的平台上，经常可以看到裸鳃类动物、软体动物（包括美丽的黑色宝螺），以及许多蓝黄相间的带状海鳗，这些海鳗在幼年时浑身漆黑，十分考验潜水者的摄影技术。

**P232 左**
在这里潜水能看到壮观的柳珊瑚。

**P232 右**
布纳肯岛上一个村子附近的海滩。

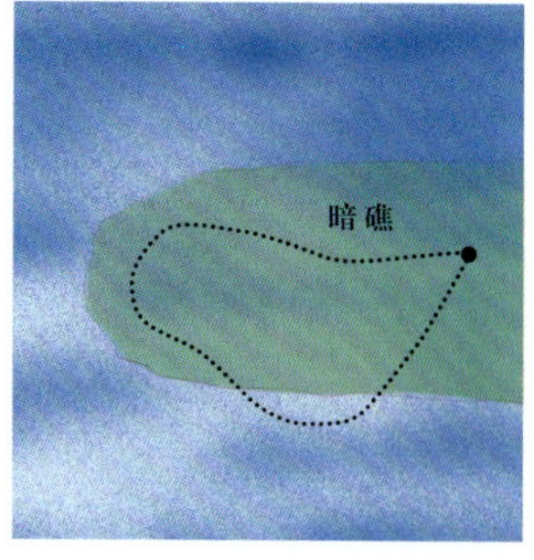


## 实用贴士

| 最大下潜深度 | 40米 |
| --- | --- |
| 建议潜水季节 | 4—10月 |
| 难度等级 | 专家级 |
| 潜点特色 | 海葵和六种小丑鱼 |
| 能见度 | 40米 |
| 水流强度 | 中 |

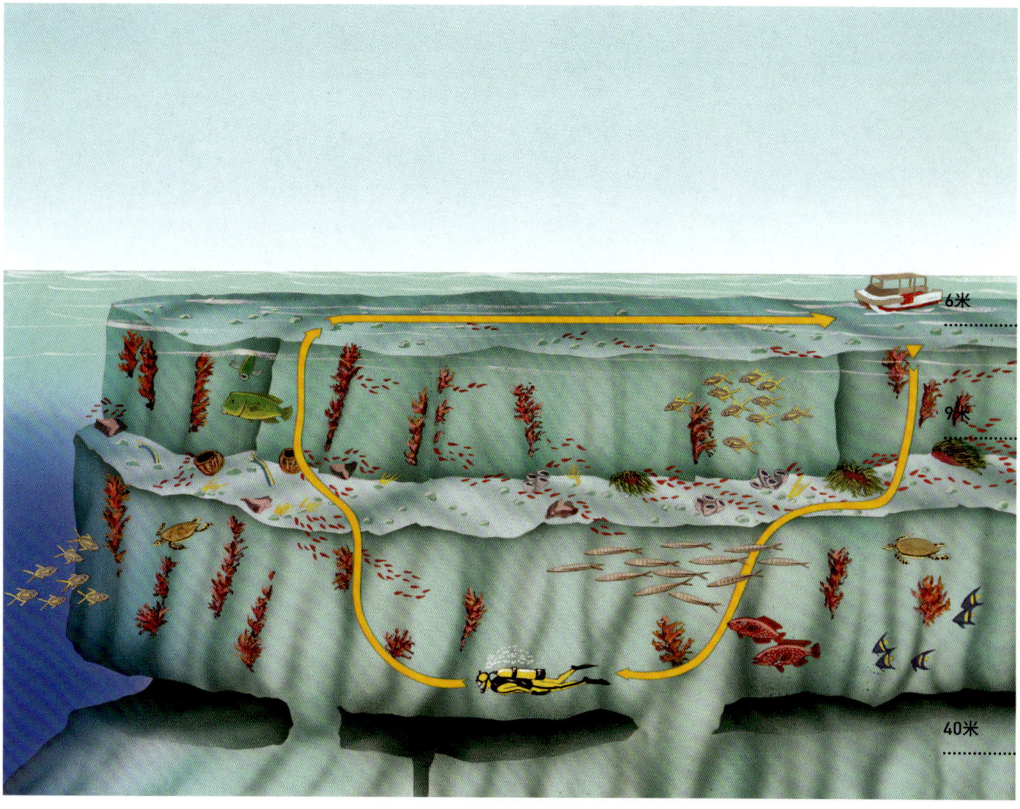

6米

9米

40米

**P234-235**
照片上展现了一只巨大的海绵，它周围有几百只小鱼游来游去。

**P235 上**
一只大个儿的康氏鳢鱼在海绵的凹槽里休息。

**P235 下**
这只绿海龟在黑珊瑚中的岩石上休息时因潜水者的到来而受到了惊吓。

不久你就会遇到这个地区的特有物种：各种不同颜色的海葵（有黄色和白色的），其中栖息着6种小丑鱼，还有许多颜色和形状都很奇特的玫瑰毒鲉。这里还有许多蝴蝶鱼、鹦鹉鱼、隆头鱼和雀鲷等。

我们开始向下潜，游过高架、空地、峭壁和砂带。你会看到柳珊瑚，而最引人注目的是各种形状的大型海绵：有管状的、桶状的和杯状的。

在岩缝和洞穴中藏着神仙鱼、角镰鱼（*Zanclus cornutus*）、大个儿刺鲀、色泽奇异的管口鱼和不同颜色的鳗鱼，有时它们还会躲到海绵的中空处。海龟（也许它正趴在黑珊瑚上休息）、石斑鱼和梭鱼在这里也并不罕见。

然而，成群的大鱼总是待在远处，比如鲨鱼，偶尔会有一只独自躲在长而浅的水平裂缝中睡觉。我们顺着岩壁下降到40米深，在那里海床缓缓地伸向大海。

到这里就该返程了，我们顺着水流上升，眼前的景色看起来都一样。不过要是你目光敏锐，就会注意到一些真正不同寻常的景象：海鞭枝条上的虾虎鱼、形状怪异的蟹，还有柳珊瑚枝条上小小的豆丁海马——它的颜色与支撑它的柳珊瑚一样。

# MARI MABUK

# 马里马布克

**INDONESIA**
**WAKATOBI**

**印度尼西亚——瓦卡托比**

苏拉威西岛是印度尼西亚的众多岛屿之一，在它的东南部有一系列向南延伸而去的小岛，只能乘船前往。这些小岛被称为图康伯西群岛，当地人称之为瓦卡托比，来自该群岛四个主要岛屿名称的第一个音节的组合：旺伊旺伊岛、卡莱杜帕岛、托梅阿岛和比农科岛。在后两个岛屿的西面，有一片绵延150千米的巨大堡礁，除了偶尔有一些渔民之外几乎人迹罕至。而且很幸运，这些渔民不像西太平洋上的一些同行那样使用炸药捕鱼。这片堡礁的所有区域都能进行很棒的潜水，并且都有两个共同点：清澈的海水，有时能见度超过50米；以及丰富多样的海洋生物，这使得堡礁的每一处都有各种生机勃勃的生命形式，全都值得一看。

在富江岛前方，有一个潜点囊括了该海域水下风景的所有特点，这就是马里马布克。它是一条长长的隆起的珊瑚礁，两侧各有一面斜坡，提供了各种不同的潜水路线和潜水方式。通常是把船系泊在一个固定的浮标

**P236 上**
印度尼西亚海底的复杂地貌中生活着珊瑚、海绵、海百合以及成群的小鱼。海百合努力寻找高处的位置，以便更好地用它们的羽状触手捕捉漂浮物。

**P236 下**
当雨季降临瓦卡托比群岛时，图兰多诺的沙滩上呈现出特别的色彩。

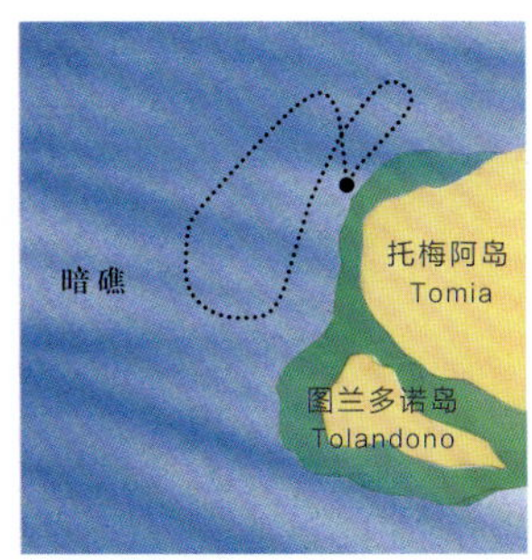

## 实用贴士

| 最大下潜深度 | 26米 |
| --- | --- |
| 建议潜水季节 | 全年 |
| 难度等级 | 普通 |
| 潜点特色 | 许多不同的生物 |
| 能见度 | 超过50米 |
| 水流强度 | 弱 |

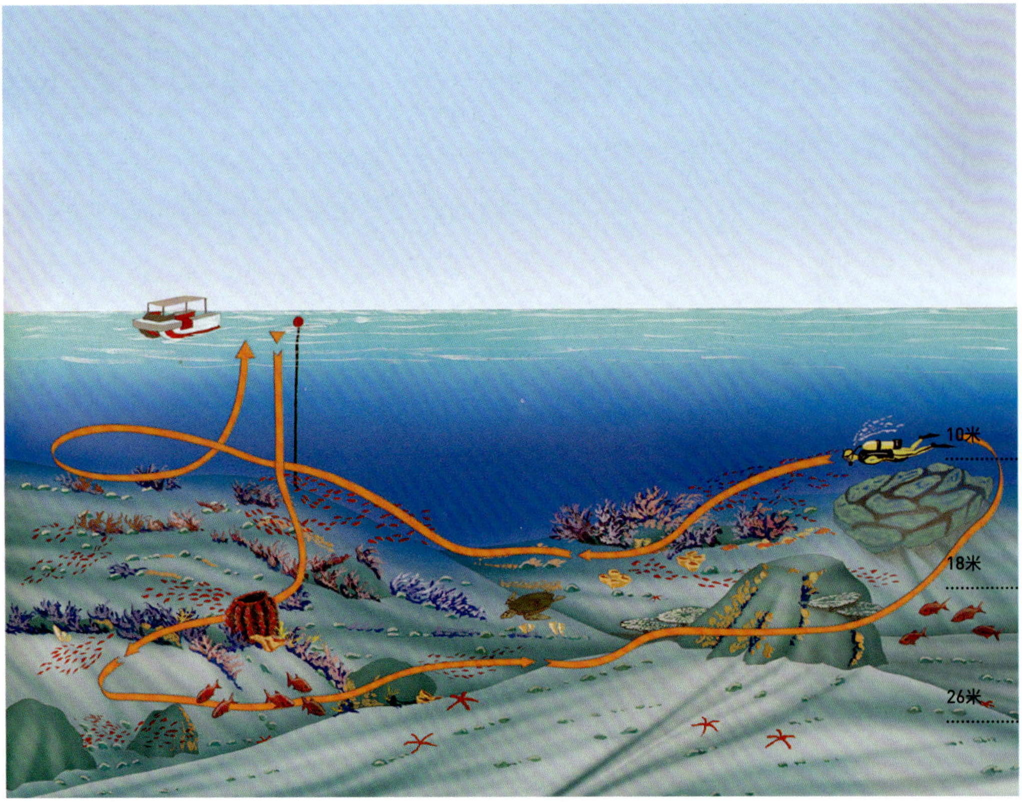

10米
18米
26米

**P238-239**
一只金目大眼鲷在“马里马布克玫瑰”上游动。这是一片形状像玫瑰花瓣的硬珊瑚（可能是盘珊瑚属物种）。

**P239 上**
这只马鞍神仙鱼（*Pomacanthus navarchus*）身上的复杂纹路跟幼鱼的截然不同，其他大型神仙鱼也是这样。

**P239 中**
一群黄蓝背梅鲷（*Caesio teres*）从覆盖着错综复杂的棘穗软珊瑚、柳珊瑚和硬珊瑚的礁石上游过。这种梅鲷于1906年首次被发现，主要分布于印度—太平洋海域。

**P239 下**
一名潜水者在“马里马布克玫瑰”上方清澈的海水中游动，你能清楚地看到这片巨大的珊瑚结构的规模。实际上它们覆盖了海床的很大一部分。

**P240**
这只红色海绵身上仿佛长出了跟它一样红的美丽柳珊瑚，上面布满了小小的白色珊瑚虫。它们周围是枝状海绵、海百合和硬珊瑚。

**P241 上**
在这张特写中，这只三棘高身鲉无所遁形。不过在自然光源下它的伪装有时是很成功的，难以在复杂的礁石中被认出。

**P241 下左**
一只巨型桶状海绵在礁石前的通道上称雄。粗糙的身体增加了它的体表面积，使它能够过滤更多的海水，从中获取所需要的有机物质。

**P241 下右**
在印度尼西亚倾斜海床的底部，各种生物聚在一起生长：在珊瑚和海绵中间是被囊动物（这张照片中间）。

处，潜水者沿着浅滩的西侧下潜约20米，那里最浅的地方只有约10米。从浮标处潜下去，你会碰见一只巨型桶状海绵，它大到你可以完全钻进它的体内。然后向南游去，你会遇到一系列混杂的软珊瑚和柳珊瑚，其中的海绵、海鞘及无数其他无脊椎动物形成了丰富的微环境。鲜艳的鱼群四处游动，但很少看到大型的动物。在这里小就是美，尽管一只慢慢游过的海龟是个例外，但也证明了这一规律。你小心地慢慢靠近它，它就不会受惊逃走。

继续向南游，你会到达这里最可爱的地点：一大片海床上覆盖着扇状或杯状的硬珊瑚，它们看起来像盛开着的巨大玫瑰花。这片漂亮的硬珊瑚很完整，没有受损的痕迹，周围游动着常见的小鱼群，偶尔还会有一只金目大眼鲷。沿着隆起的珊瑚礁另一侧朝着浮标返程，你会游过绵延的珊瑚、生机勃勃的海绵、各种颜色的海鞘，直到到达一个生长着大型柳珊瑚的地方。不同种类的柳珊瑚层层叠叠，上面依次被生机勃勃的海百合和枝状或棍状海绵覆盖，而鲉鱼在柳珊瑚的枝条之间蜿蜒游走，粒皮瘤海星（*Choriaster granulatus*）在这里寻求庇护。在这里，你还能找到其他稀奇生物：比如一对具有高超伪装能力的水晶鱼。这次潜水是一场你不希望结束的旅程，幸运的是，还有一些时间留给最后一段浅滩，在那里你可以寻找某些其他生物：比如裸鳃类和当地特有的鱼类。在死去的珊瑚中还生活着许多奇妙的东西，比如五彩鳗，它们经常成对地从洞里探出头来，还有同样成对生活的火焰虾虎鱼和金头虾虎鱼（*Valenciennea strigata*）。你还能发现正在觅食的灰蓝扁尾海蛇。在马里马布克水下的一小时过得飞快，而且总是让人想一潜再潜。

**P242 上**
这只巨大的公主海葵使公子小丑鱼看起来更小了，小丑鱼好像迷失在海葵错综复杂的触手中。

**P242 下**
两只伞状珊瑚在礁石的一处斜坡上称雄。它们的大小很大程度上取决于强光照和海水的清澈度，这里的能见度常可超过60米。

**P242-243**
礁石上的景象有时纷繁复杂，令人目不暇接。这种混乱的场面实际上自有其严格的规则，分配着各种生物的生存空间。在这里，几只海百合簇拥在一个由海绵和柳珊瑚组成的复杂结构上。

**243 下**
珊瑚礁上的一只粒皮瘤海星，四周是各种柳珊瑚和其他小型生物。

# SOUTH EMA

# 南埃马

**PAPUA NEW GUINEA**
**GULF OF KIMBE**

**巴布亚新几内亚——金贝湾**

瓦林迪所在的金贝湾有许多有趣的潜点，而其中最美丽，也最完整的是南埃马。那里有一块巨大的珊瑚礁，从100多米深的海底升起，顶端距海面不到3米。珊瑚礁上伸出一块凸出的岩石，形状像一个倒置的圆形花瓶。它狭窄的“颈部”附着在30～35米深的海底，而圆圆的“肚子”距离海面10～12米。在“花瓶”瓶身的南侧有一个浮标，你可以在那里顺着它的缆绳潜下去。然后你有两条路线可供选择：要么沿着下降到深水中的斜坡往深处游去，要么留在水下平台上。如果选择第一条路线，你会看到壮观的柳珊瑚和象耳海绵，还能遇到游动的黑尾真鲨和白边真鲨或成群的梭鱼；如果选择第二条路线，那么在巨大的桶状海绵和红色海绵中，你会发现成片的海葵，通常伴随着透红小丑鱼（*Premnas biaculeatus*），这种鱼的颜色红得不可思议，身上

**P244 左**
一只小天竺鲷藏在软珊瑚的珊瑚虫里度过夜晚。

**P244 右**
这处潜点的特色是有大片色彩鲜艳的柳珊瑚丛。

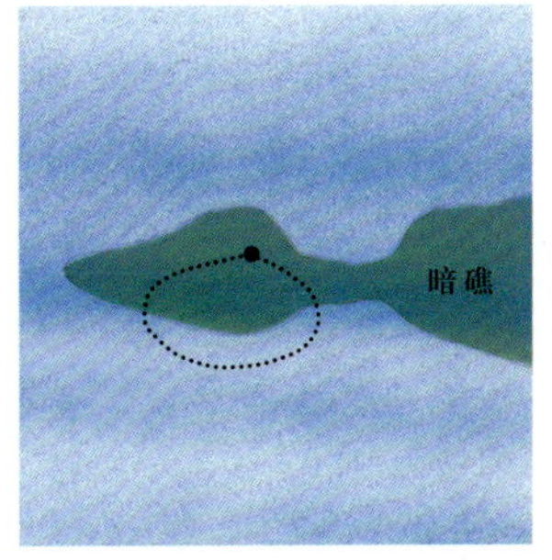

## 实用贴士

| | |
|---|---|
| 最大下潜深度 | 35米 |
| 建议潜水季节 | 5—11月 |
| 难度等级 | 专家级 |
| 潜点特色 | 长有柳珊瑚的洞穴和隧道 |
| 能见度 | 40米 |
| 水流强度 | 经常变化 |

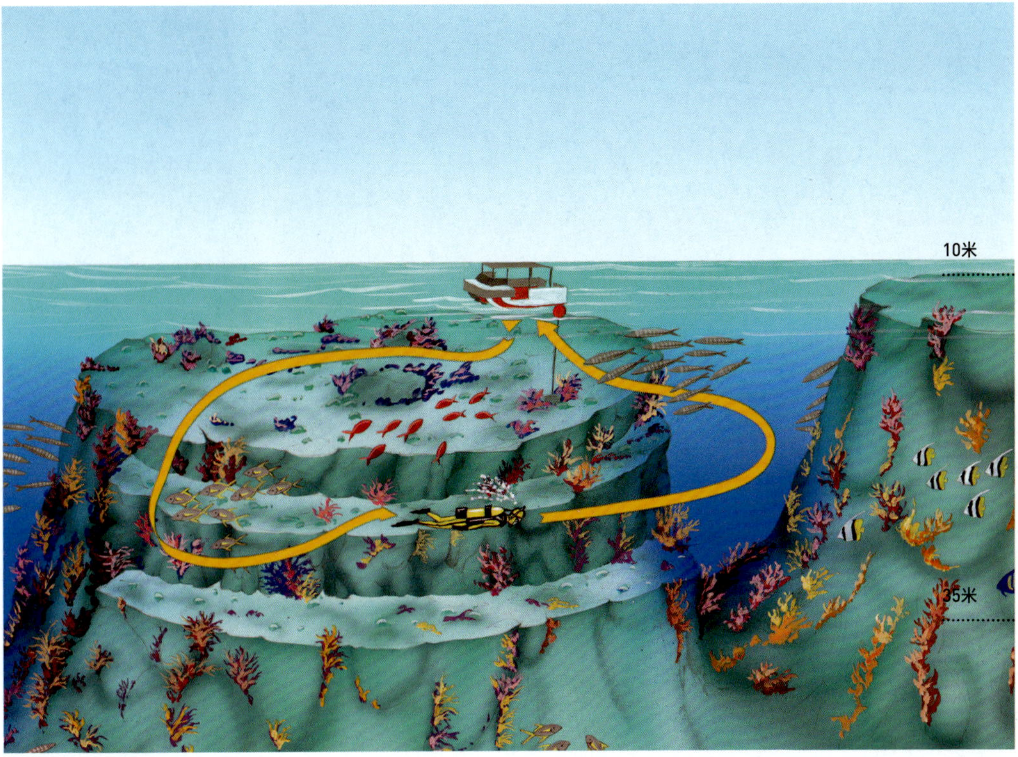

10米

35米

**P246**
一片壮观的珊瑚丛，它们最喜欢的食物是洋流带来的浮游生物。

**P247 上**
南埃马的软珊瑚特别茂盛华美。

**P247 下左**
柳珊瑚和海百合常常形成完美的共生关系。

**P247 下右**
象耳海绵是巴布亚新几内亚海域的典型生物，也是摄影者的最爱。在这里，我们见到了一只巨大的个体，它的外形仿佛是被洋流雕刻出来的。

有三条等距的斑纹。你还能看到可爱的小丑螳螂虾（*Odontodactylus scyllarus*），或是生活在沙床上与清洁虾共生的虾虎鱼，或大个儿的海星以及与它们颜色相呼应的虾。

不过还有其他的选择。如果向“花瓶”的颈部下降，在大约38米的深度，你会来到一处可爱的岩穴，里面满是柳珊瑚，而洞口处完全被红色的海鞭覆盖。“花瓶”颈部也盖满了柳珊瑚，上面装饰着各种形状和色调的海百合与海绵。如果现在沿着“花瓶”颈部上浮，你又会回到之前的浅滩上。

这里还有大量的海葵，伴随着不同的小丑鱼：白背小丑鱼（*Amphiprion sandaracinos*）的背上有一条从头一直延伸到尾部的白色条纹，而可爱的公子小丑鱼呈现出一种更活泼的橙色，身上有三条很宽的白色斑纹，跟它的鳍一样镶着黑边。

在这里的任何地方，你都能找到共生的生物：在柳珊瑚中有长吻鹰𫚥或管口鱼，海百合中有随处可见的虾，还有不知名的小鱼躲藏在软珊瑚里。

这处潜点丰富的物种多样性值得多潜几次，特别是对于那些使用多种镜头的摄影爱好者而言。

# BLUE CORNER

# 蓝角

**PALAU**
**PALAU ISLANDS**
**帕劳——帕劳群岛**

密克罗尼西亚群岛沿着北纬10度和赤道之间的狭长地带横跨太平洋，绵延数百公里。从菲律宾群岛向东的航线上，首先遇到的是其中的帕劳群岛。在这片南北走向的椭圆形珊瑚礁带中，星罗棋布地分布着许多小小的岛屿，非常壮观。这些岛屿中有一些是结构单一的珊瑚礁岛，覆盖着茂密的丛林，周围是白色沙滩。还有一些是石灰岩岛，上面覆盖着难以穿行的厚厚的丛林，已经受到剧烈的侵蚀。这里充沛的雨水在丰富的有机物分解作用下呈现酸性，在巨大的石灰岩上开出无数开阔的隘口、水道，形成了洞穴、狭窄偏僻的海湾，以及或多或少与大海相连的咸水湖。

潜水者最感兴趣的地方位于群岛的西南部。通过一条穿过珊瑚的名为“德国水道”的人工运河离开环礁湖，在你右手边是珊瑚礁，从这里你将前往一个特别美丽的海底世界。它的美也许是因为其特殊的地理位置，面对开阔的大海，远离众多的珊瑚礁。另外，这个楔形

**P248 上**
“七十岛”是帕劳潟湖中的石灰岩岛屿构成的。在潟湖周围的礁石之外，被淹没的蓝角海岬向公海延伸着。

**P248 下**
起初，我们只看到堡礁上的两三个洞，但当深入洞穴时，却发现自己身处的这个空洞，面对着深约30米的岩壁。

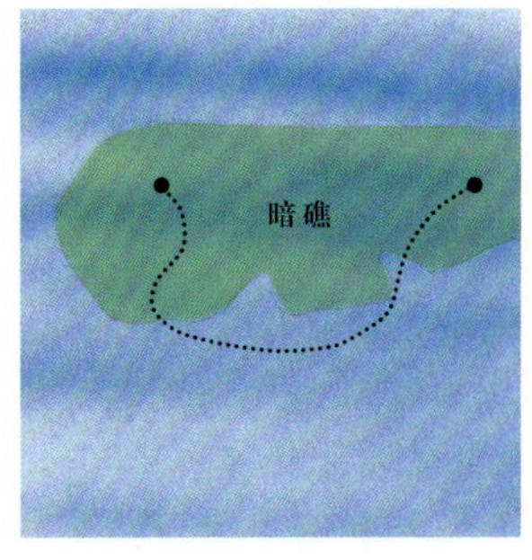

## 实用贴士

| | |
|---|---|
| 最大下潜深度 | 30米 |
| 建议潜水季节 | 10—4月 |
| 难度等级 | 专家级 |
| 潜点特色 | 隧道和洞窟 |
| 能见度 | 40米 |
| 水流强度 | 很强 |

10米
17米
30米

**P250 上**

在南坡的外侧浮标处，我们最常能遇到密集的热带海鲷鱼群，它们比一起生活的鲹鱼个头大多了。

**P250 中**
在蓝角的岩礁边缘可以看到数量惊人的黑尾真鲨。这里的洋流很强劲，我们必须努力挣扎，它们却仍优雅地游着，不为所动，看起来已经适应了洋流。

**P250 下**
在顶端的平台上，潜水者可以与海龟近距离接触。

**P250-251**
几个潜水者潜入蓝洞，迷失在像大教堂一样的内部空间中。阳光从上方泻下，又和白色沙床交相辉映，给整个场景披上一层柔和绝美的光芒。

这里不再有别的色彩，除了各种调子的蓝色光影，
它们或在岩壁上变成漆黑，或在沙床上变成银白。

**P253 上**
水下海岬的北坡较为平缓，在平台附近生长着许多软珊瑚，比如这只豆荚软珊瑚。

**P253 下**
密集的六带鲹鱼群也许是蓝角水域最美丽的景观。它们的个体相当小，但鱼群非常密集，游动很快，非常壮观，仿佛在柳珊瑚间搅动起银色的闪电。

的珊瑚礁拦截了水流以及它们所携带的浮游生物。

当你来到这里时，“蓝角”这个名字的由来就很清楚了。“角”的两侧边缘安装了4个浮标。建议你始终从外侧两个浮标中的一个下水，具体还要取决于水流，因为猛烈的水流通常具有巨大的能量。如果我们从南侧开始，首先将船系泊在浮标上，浮标固定在离岩壁边缘约10米深的平整岩床上。下水之后，顺着岩壁向下潜，你将立刻被鱼群所包围。这个区域通常栖息着一群密集的六带鲹以及一群同样密集的牙鲷。在浮标附近你会看到一个可爱的小岩洞，位于岩壁上一个宽阔垂直沟谷的顶端。岩洞里面有许多各种色调的大型柳珊瑚，值得进去看一看，尤其如果你热爱摄影的话。

下潜深度不要超过25～30米，因为那里没什么是上面没有的，反而会浪费你宝贵的时间。另外，你还要牢记一点，在大多数日子里，剧烈的水流不允许你返回浮标处，而峭壁的深度一直在10～17米之间。因此，你不可能停下来减压，不然水流就会将你冲走。

**P254-255**
在蓝角深水的阴影中，一只小光鳃鱼躲在一束海鞭珊瑚中度过夜晚。

**P254 下**
帕劳群岛外围礁石几乎所有潜点的共同特色就是鞭珊瑚科的海鞭珊瑚。

**P255 上**
面包海星（*Choriaster granulosis*）圆滚滚胖乎乎的触手很好辨认，这只正待在蓝角多彩的礁石上。

一旦过了沟壑，继续沿着岩壁快速前进，直到到达一片孤立的柳珊瑚和生机勃勃的软珊瑚。它们当然很美，但是跟前面马上就要看到的相比就微不足道了。这次潜水的全程你都将被众多鱼群所包围，真是格外壮观！

在继续潜游时，留意你头顶的岩块，在某一点你会注意到它的直线被一个尖锐的凹痕打断，在那里岩壁上出现第二条凹沟。这里是这次潜水中最美丽的地方。凹沟中，巨大的柳珊瑚、一丛一丛的美丽软珊瑚和海绵在一起争奇斗艳。在你头顶上，几十条鲨鱼来回穿梭，而向深水游去，几乎总是能看到一群大个儿的梭鱼在游荡。在这里停留片刻，然后向凹沟的另一侧上升。现在你就位于“蓝角”的最外端，正好位于约17米的深度。这里的水流通常都很强劲，所以这时最好从潜水衣里掏出礁石钩，将其固定在突出的珊瑚礁上（当然不是活的珊瑚！），让水流带着你漂荡。悬停在海水中，你能自在地欣赏靠近的鲨鱼、在海水中一动不动的梭鱼，以及遭受狗鱼攻击的鲹鱼。真是神奇的体验！

几分钟之后，该向浅水区返程了。过去，我老是觉得这段路程是浪费时间，不过在这里你很大概率会遇到一只大鹰鳐、各种海龟，以及巨大但警惕性很高的波纹唇鱼。

蓝角的另一侧不那么陡峭，但仍然有许多生物。沿着岩壁继续前进，直到它楔入珊瑚礁的主体，你会在那里发现另一个很棒的潜点：蓝洞。这是在珊瑚礁平坦部分上的四个大洞，它们共同通向一个宽阔的岩室，岩室底部的沙床深30～40米。从这些洞口进入岩室，然后从其他的开口处出来就来到了外部的珊瑚礁。如果水流平缓，你能从这里再次到达“蓝角”，从而将两个潜点合二为一。

**P255 下**
以这名潜水者作为参考，这只鳞海底柏（*Melitea squamata*）显示出了它的巨大尺寸，在蓝角水晶般晶莹的海水中伸展着它的扇形分枝。

# COD HOLE

# 鳕鱼洞

**AUSTRALIA**
**LIZARD ISLAND**

**澳大利亚——利泽德岛**

澳大利亚的大堡礁几乎与澳大利亚的太平洋海岸平行，从南部班达伯格一直到北部的约克角，绵延2000多千米，陆上总面积比英格兰还要大，是地球上最长的珊瑚礁带。

被称为世界第八大奇迹的大堡礁由两千多块独立的礁石和69座岛屿组成。从空中看，它像是一条缎带，闪着翡翠和蓝宝石般的光，上面的小岛就像绿心白边的煎蛋，而沙洲就像一个个白色的飞去来器。

大堡礁是各种海洋生物的家园，而且由于这里的热带气候，成百上千种不同的珊瑚在这里繁衍生息。这里的海螺和贝类丰富至极，样式繁杂，无穷无尽，是其他任何地方都无法比拟的，蠕虫、海绵、蟹和棘皮类动物也同样丰富多彩。承蒙严格的保护措施，大堡礁如今成了许多濒危物

**P256 左**
澳大利亚大堡礁绵延2000多千米，宽度在60～270千米之间，位于其北部凯恩斯的利泽德岛是一座孤岛，周围环绕着珊瑚礁。

**P256 右**
利泽德岛上的花岗岩是构成大堡礁的2500多座礁石中的个例。岛上有繁茂的热带植被，四周是白色的珊瑚海滩。

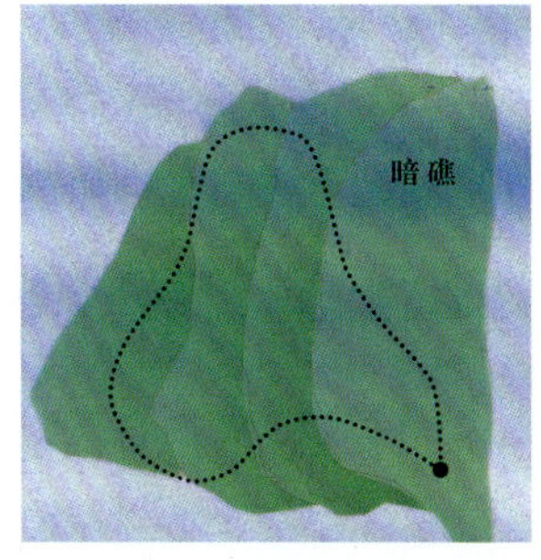

## 实用贴士

| | |
|---|---|
| 最大下潜深度 | 30米 |
| 建议潜水季节 | 全年 |
| 难度等级 | 普通 |
| 潜点特色 | 巨大的石斑鱼 |
| 能见度 | 40米 |
| 水流强度 | 通常很强 |

**P258-259**
当潜水者到达海底时，黑斑石斑鱼会马上凑上前去：它们已经习惯了从潜水者那里获得食物。

**P258 下**
有时石斑鱼会为了争夺地盘互相追赶，它们的动作非常敏捷。

**P259 上**
一只黑斑条尾魟从一片明亮的白色沙滩上游过。鳐鱼有很多时间都藏在沙子里，这一只的身上还留着一些薄薄的沙子。

**P259 下左**
石斑鱼开始盘旋到中层海水中迎接潜水者。在清澈的海水中，船只的龙骨似乎隐约出现在这条大鱼的上方。

**P259 下右**
重80千克的黑斑石斑鱼只能算小个子；而较大的个体能长到200千克重，2米长。

种的避难所。座头鲸从遥远的北极游过来，在这片不受打扰的温暖海域产下幼崽。仍然生活在地球上的海龟，地球上现存的7种海龟中，有6种在大堡礁无数的荒岛和沙洲中繁衍后代。在大堡礁北部，你还能看到海牛，即所谓的儒艮，以及生活在浅潟湖和红树林海岸中的咸水鳄。

对于自然学家，大堡礁拥有无穷无尽的魅力和挑战。许多研究站都致力于研究这里的地质、洋流和海洋生物。在利泽德岛上有一个大型的研究站，就在我们这次潜点的附近，可以通过岛上的地标——高390米的库克瞭望台（Cook's Look）来识别。1770年，发现澳大利亚大陆的库克船长在这座山丘上找到了通向外洋的航道。

著名的鳕鱼洞位于彩带礁第十号礁区。这里生活着一种巨大的石斑鱼，因为它们背上长着黑色斑点，被称为土豆鳕鱼（potato cod）或土豆石斑鱼（potato grouper），其实它们的学名叫蓝身大石斑鱼（*Epinephelus tukula*）。这些鱼世世代代生活在一面向东伸展的斜坡周围，这里长期以来是保护区的范围。由于这些鱼从未被捕杀过，它们体型惊人，重达150千克、体长如同成年人的大鱼并不少见。黑斑石斑鱼一点也不怕人，它们非常好奇，还常常跟随着潜水者。不过潜水者千万避免触碰到它们，它们身上的黏液保护层一旦受损，寄生物就会迅速侵入，给鱼带来痛苦。

**P260 上**
薄片状的硬珊瑚为火珊瑚的分枝提供了基座，周围游着一群小银鱼。火珊瑚虽然拥有钙质骨架，但并不是硬珊瑚类，而属于水螅纲。

**P260 下左**
潜水者的手电筒映照着一只柳珊瑚的复杂分枝，鳕鱼洞的水域中生长和繁殖着许多这样的柳珊瑚。

**P260 下中**
一群密集的条纹胡椒鲷像一个玫瑰花环一样环绕着一块突出的礁石游动。这些鱼类在白天休息，晚上出来觅食，主要捕食甲壳类动物。

如果你能在这里待上几天，一定要在清晨的第一缕阳光出来时下水。而月圆之夜是观察石斑鱼交配的最好时机，它们黑白相间的身体变得浑身雪白，月亮升起那一刻便是它们好事开始之时。

鳕鱼洞的另一种居民是大型海鳝。它们的长度难以估量，不过根据可靠的记录，可能超过2米。海鳝不像黑斑石斑鱼那样毫无戒心，不过也允许你在近距离观察和拍照。

在由外部珊瑚礁形成的水道中，水流条件很适合与珊瑚海中的大型捕食者相遇。在这里最常见的是在觅食的黑尾真鲨，但灰三齿鲨也不少。在极少数情况下，你也许会碰到虎鲨，但它们并

不具有攻击性，对领地内的潜水者基本视而不见。在珊瑚礁中绵延的沙床上，须鲨趴在沙子里休息。

你可以从附近的利泽德岛出发，也可以乘坐游览珊瑚海北部的游艇到达鳕鱼洞。当然，澳大利亚大陆上也有船只开往这里，需要一天的路程。

除了鳕鱼洞，这里还提供其他潜水项目，其中包括爆破水道（Dynamite Pass）的漂流潜水。当你穿过一条充满大大小小鱼群的水道进入潟湖时，最初强劲的水流会逐渐减弱。在这里，潜水者也能遇到这片区域的典型物种；另外，在洋流最强劲的地方，常常会遭遇大型鲨鱼和其他大鱼。

**P260 下右**
一只黑尾真鲨在礁石上方游动，允许潜水者靠近。它们一般无害，偶尔会表现出进攻性，在攻击之前会摆出一副截然不同的姿态。

**P261 下**
虽然有十分醒目的石斑鱼来来往往，但这里也不乏一些微妙的美景。一只海鞭珊瑚（*Ellisella* sp.）从礁石的裂缝中伸出来，正向海水中恣意伸展。

# COD WALL

# 鳕鱼峭壁

## AUSTRALIA
## FLINDERS REEF
## 澳大利亚——弗林德斯礁

澳大利亚的大堡礁一直以来都是潜水者的梦想之地。然而，在这片水域航行时，我们发现必须离开这条长长的珊瑚礁带，才能找到最好的潜点。大堡礁与澳大利亚大陆之间围成了一个巨大的潟湖，在另一侧坠入太平洋的海底。驶过大堡礁最后一块珊瑚礁，向东航行几千米后，你会到达一片超过1000米深的海床。就在这里，珊瑚海的腹地，石珊瑚暂时代替了作为海洋深渊特征的平整的泥质海底。在距大堡礁末端几十千米的地方，雄伟的珊瑚礁从海底垂直升起，几乎冲出海面。这些巍峨的高塔有着近乎垂直的峭壁，高度超过1000米。直径超过16千米的柱形珊瑚礁界定了一个相当浅而平静的潟湖，在潟湖内的海床上白沙与礁石交替出现，蔚为壮观。在这里潜水非常精彩，不过更棒的是从环礁外部边缘纵身跃入海洋深渊。我们身处弗林德斯礁，决定进行一

**P262 左**
一群群鲹鱼迎着强劲的洋流，在开阔的海水中游动。海水非常清澈，给这些鱼儿拍照非常惬意。

**P262 右**
经过第一个落差之后，岩壁将我们引领至一处倾斜的沙质平面，这里有海绵和大型柳珊瑚，也有一些单个生长的珊瑚。

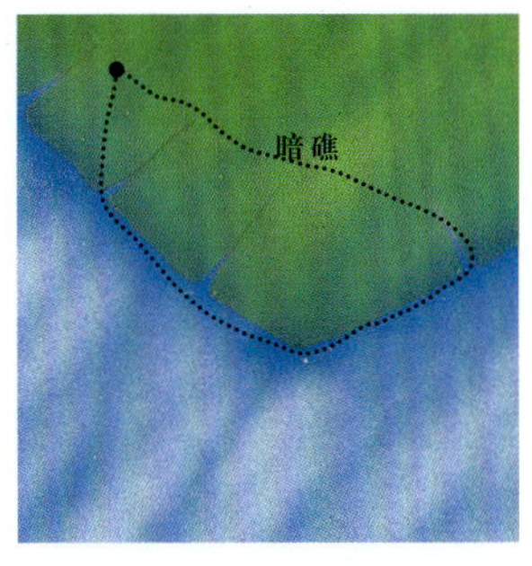

## 实用贴士

| | |
|---|---|
| 最大下潜深度 | 45米 |
| 建议潜水季节 | 全年 |
| 难度等级 | 专家级 |
| 潜点特色 | 大型柳珊瑚 |
| 能见度 | 超过40米 |
| 水流强度 | 非常强 |

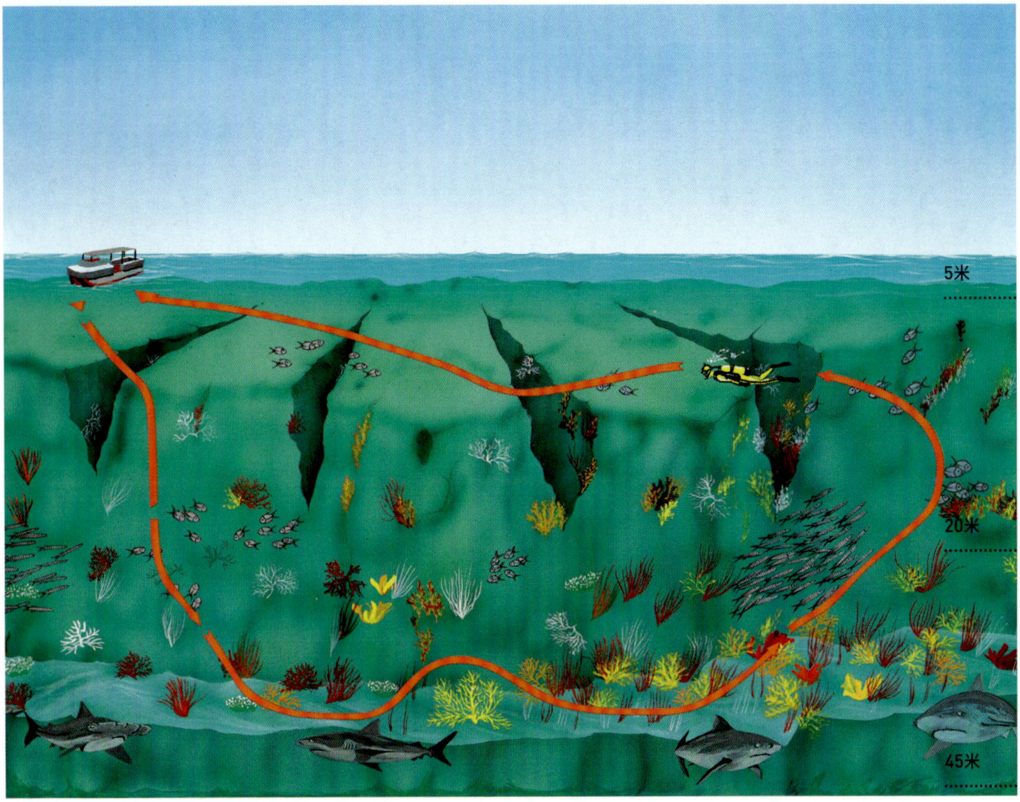

5米

20米

45米

这是一片沙质平地，一只大型的橘红色软珊瑚（*Dendronephya* sp.）从柳珊瑚和海鞭珊瑚中伸出来。

**P265 上**
在平地上，海绵也能长得很大。它们是柔弱的生物，不能承受强大的水压，因此更适应在远离波浪威力的地方生活。

**P265 中**
在鳕鱼峭壁的柳珊瑚林中潜游，你会觉得自己是一个迷失在巨树森林中的小精灵。

**P265 下**
在下降到平台之前，陡峭的岩壁上覆盖着厚厚的柳珊瑚，还有一束一束的火红的海鞭珊瑚，像照片里展示的那样。

次特别的潜水，沿着珊瑚礁塔的边缘有许多可能性。最后，我们选择了弗林德斯南部的一块珊瑚环礁，这根小型珊瑚礁柱最近才转移到主礁以南，叫作南弗林德斯或“南边的飞去来器”（South Boomerang）。这次潜水我们将探索一块巨大的岩壁，里面有许多不可思议的动植物和鱼类。虽然这块岩壁并不像外部暗礁的其他部分那样令人印象深刻和绝对的陡峭，你还是会在那里看到在这片海域生活的所有生物。在这里潜水时得一直留意水流，不过系泊浮标的位置可以使我们避免一些问题。一进入水中，我们就发现浮标的缆绳固定在两块珊瑚礁形成的一个夹角上，深度约为11米。海水的清澈很有迷惑性，在海面上我们就能直接看到40米之下的景象。在到达岩壁为我们提供庇护和平静的水域之前，我们要迅速下潜以免被水流拖走。我们立刻发现自己身处一片柳珊瑚林中：一丛丛巨大的红色海鞭与大型金黄色柳珊瑚交替出现。在我们四周，成群的梭鱼和鲹鱼在清澈的海水中环游。带着探寻珍奇的欲望，我们向岩壁夹角的基部潜去。在大约40米深的沙床上，生长着一块没人见过的巨

**P266 上**
暗鳍金梭鱼是鳕鱼峭壁表面水域的真正统治者。这是一个定居的鱼群，在海面与30米水深之间的海域总能遇到它们。

**P266 中**
这些双髻鲨（*Sphyrna* sp.）穿过极深的水域，从我们的脚蹼下面游向远方，在随着深度增加而变暗的清澈海水中逐渐消失了身影。

**P266 下**
在“巨人”的世界中，着眼于细微处常常能发现惊喜，比如我们在棘穗软珊瑚的柔软分枝间发现了这只小小的光鳃鱼。

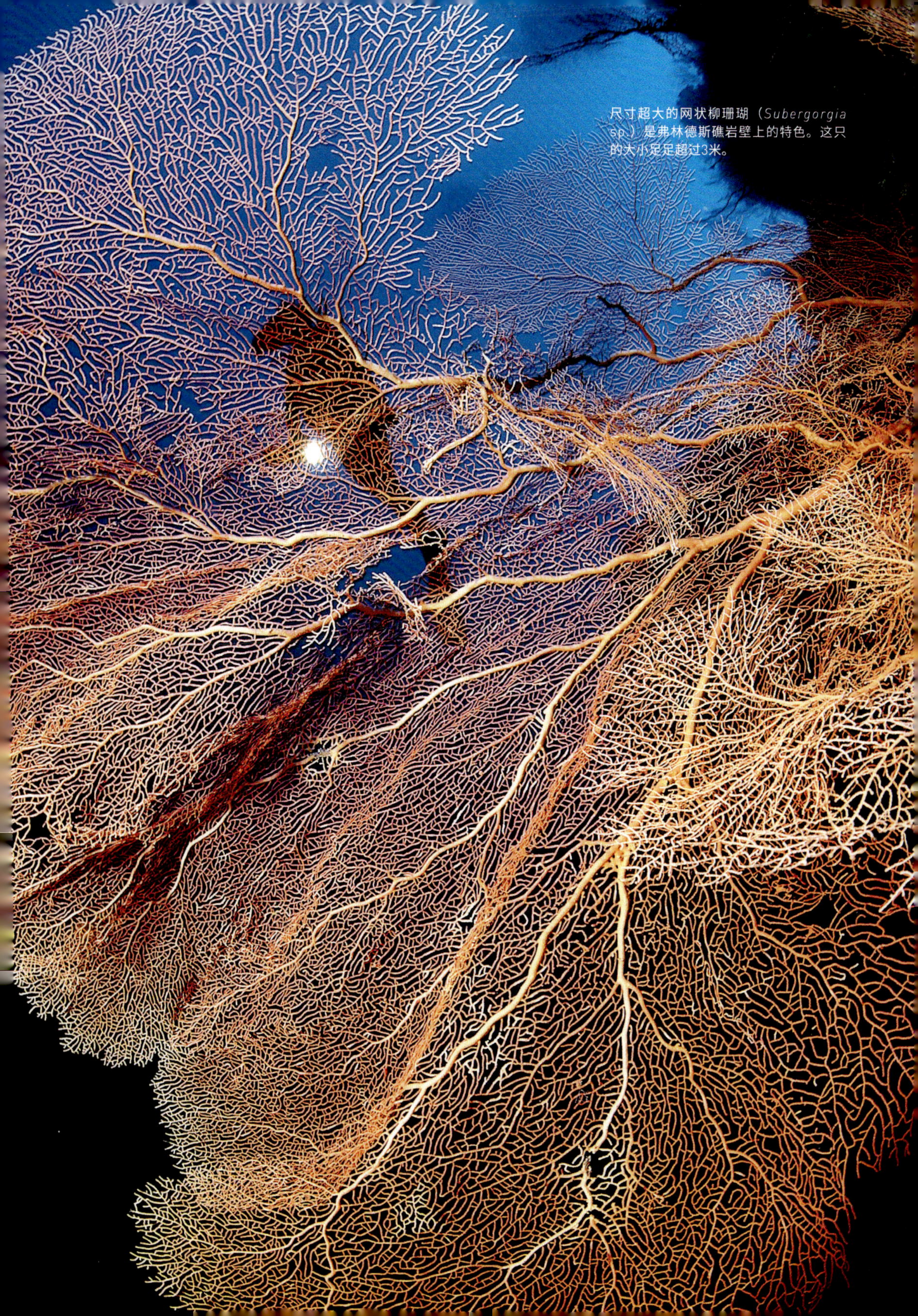

尺寸超大的网状柳珊瑚（*Subergorgia sp.*）是弗林德斯礁岩壁上的特色。这只的大小足足超过3米。

**P268-269**
这个大家伙是我有生以来见过的最大的柳珊瑚。据船上的人说，它的身长超过5米。它毫无疑问是这次潜游的必看景观之一。

**P269 上**
向礁石顶部游去，我们游入了鲹鱼群中。在鳕鱼峭壁，你更容易在海面附近而不是深水区遇到这些鱼。

**P269 中**
在鳕鱼峭壁观察微小的生物也很有趣。这只珊瑚是用2厘米×1厘米视野的特殊镜头拍摄的。

**P269 下**
弗林德斯礁的海床上有许多海百合。这只黄色的秉氏海齿花（*Oxycomanthus bennetti*）牢牢地附着在一只珊瑚上。

大柳珊瑚。“扫兴者”号（Spoilsport）的船员曾测量过它的宽度，足有5米！然而，这种巨大的柳珊瑚并不是这个陡峭平台上唯一的珍奇生物，我们还发现了其他柳珊瑚、长得很像大象耳朵的巨大海绵，以及更多带有红色枝条和白色珊瑚虫的珊瑚丛。岩壁在平台边缘又垂直地落入深渊。我们正身处观察黑尾真鲨和锤头鲨的绝佳位置，它们巨大的轮廓在浩瀚的蓝色海水中显得非常孤单。几分钟之后，我们沿着一面柳珊瑚密布的岩壁缓缓上升。在我们向头顶的岩脊前进时，可能会被梭鱼和鲹鱼包围。现在，我们必须穿过礁石上一条明显的水道，在大约20米深的地方，我们遇到了许多海绵和柳珊瑚，它们分布在自然形成的拱门、洞穴和通道中，十分有趣。最后我们向系泊处游去，要时刻小心以免被水流拖走。在那里我们抓住缆绳，浮上海面。

# THE PINNACLE

# 柱石

**AUSTRALIA**
**MID NORTH COAST**

**澳大利亚——中北部海岸**

在铅灰色的天幕下，一艘轻盈的铝制双体船在无尽的海波上奋力航行，海浪击打着船身，在海面上留下白色的浪花。作为一名环游世界的职业潜水者，我那时没有想到即将会进行职业生涯中最棒的潜水之一。我们正在福斯特附近的海上，这是一个从悉尼向北有三个小时车程的渔村。我和我的同伴看上去有些狼狈，海浪将船甩来甩去，引擎轰鸣，而我们仍迎着波浪快速前进。罗尼稳稳地掌着舵，他被我们惊愕的表情和沉默逗乐了。我们很快就到达了一个不太确切的位置。现在离海岸已经很远了，海面上波浪起伏，我们时而在波谷，看灰色的海水被浪头翻腾出海面，装饰着白色的浪花；时而在波峰，欣赏着两边波谷的全景。在我们前方的海面上，一阵难以穿透的暴雨猛烈袭来，甚至将浪尖都压扁了。一小群船只已经在雨里了，它们随着波浪的起伏时隐时

**P270 左**
这条须鲨在岩缝底部一动不动，伪装得非常好。它常常和成群的银鱼共享栖居之所。

**P270 右**
从浅滩底部，脚蹼轻轻一划就能从海床上上升好几米。两条鲨鱼正围着海底的一群王马鲛鱼绕圈子，准备进行最后致命的攻击。

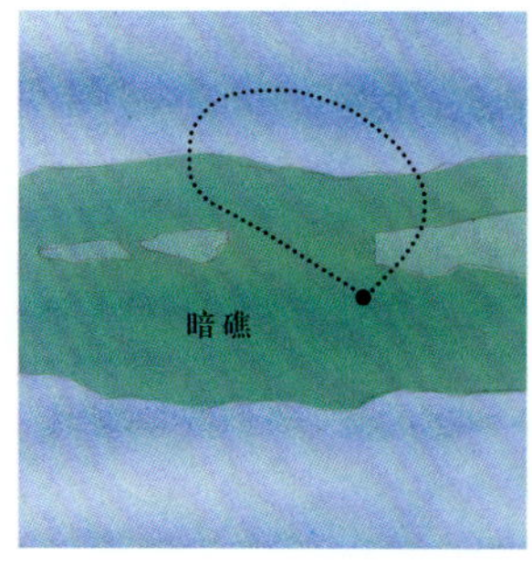

## 实用贴士

| | |
|---|---|
| 最大下潜深度 | 40米 |
| 建议潜水季节 | 全年 |
| 难度等级 | 专家级 |
| 潜点特色 | 各种鲨鱼 |
| 能见度 | 约40米 |
| 水流强度 | 很强 |

24米

35米

40米

**P272-273**
这条须鲨体型巨大，身长超过3米。我小心翼翼地靠过去观察：它趴在一块圆滑的石头上，比四周的背景高不了多少，而我的脑袋就靠在与它鼻子持平的地方。

**P272 下**
在海床上一定能碰到棘尾魟。这种生物常常能长到很大的尺寸，这使得与它们的相遇格外叫人兴奋。

**P273 下**
一群澳大利亚虎鲨正在柱石最深、最宁静的海床上纹丝不动地休息。这种完全无害的鲨鱼不太善于游泳。

现。“捕鲨的。”罗尼说着，同时让我们保持平衡，他从船首舱里解开锚，并将船停泊于此。我们迅速做完准备工作，跳入水中。这场暴雨似乎将铅灰色的云层撕开了一道口子，洒下一片光线照亮了我们身下的海水。我们沿着锚的缆绳迅速下潜，向一块黑色的大石头靠近。在我们身下是一群王马鲛鱼，这种强壮的银色大鱼身长都超过1米。但我们不能在这儿停留，必须快速到达海底，以免水流把缆绳拖到一边、把我们带到一个未知的地方。

我们所处的地方叫作柱石（The Pinnacle意思是小尖塔），是一处从周围更深的海底升起的岩石浅滩。实际上，这里没有我们所期待的尖塔状礁石，在我们面前的是一条长长的、不连续的岩石山脊，参差不齐，被分割成了一系列的通道和相当高的山峰。海床上的岩石是平坦的，在不断冲击的水流下被掏空、打磨光滑。水流也使得这里的鱼类格外丰富。几秒钟之内，在紧张不安中，我们见证了这种丰富的程度：几千条强有力的鱼尾同时一扫，爆发出一阵强烈的水波，鱼群也随之猛地转向游走。吸引我们来到柱石的不是笼统的丰富鱼类，我们的兴趣在种类繁多的鲨鱼上。在这里我们发现了非常胆小的澳大利亚虎鲨，它们有圆圆的脑袋和毫无进攻性的嘴巴；富于侵略性的灰鲭鲨是游泳健将；善于伪装的须鲨，头上装饰着节瘤，尾部像一条有力的鞭子；还有让人印象深刻的牛鲨，它们有一口让人胆寒的牙齿。柱石是锤头鲨和大白鲨的家园，它们常常在这片海域出没。在岩石的峡谷中，我们发现了大型橙色枝状海绵，上面装饰着一簇簇白色的乌贼卵，而四周的岩石上则覆盖着如同花朵般的腔肠动物，比如亮黄色的太阳水螅珊瑚和活泼的粉红宝石海葵，它们的触手周围游动着半透明的小鱼。

到达锚位之后，我们潜入平坦的海底。耸立的岩脊挡住了水流，让我们可以毫不费力地在这里畅游。一大团黑影有节奏的运动吸引了我们，我们凑上前去，发现是一大群密集的银色鱼类，每一只都有手掌那么大，它们生活在一个小洞穴的入口处。在手电筒的照射下，鱼群的侧面闪闪发光，而数百条鱼有条不紊地一起游动，没有任何犹豫，好像受过

与这条大鲨鱼来一次近距离接触，我们能看清它嘴里武装的锋利牙齿和因为猛烈撞击而留下瘢痕的鼻子。

**P275 上**
色彩在柱石的海底并不丰富。从这点来说，这里最有代表性的生物就是这些橙色的海绵了。在这里，一只乌贼选择在海绵上产卵。

**P275 下**
这些迷人的腔肠动物名叫老虎海葵，它们寄居在海鞭珊瑚或其他类似珊瑚的骨架上生活。这种海葵数量众多，和一枚小硬币差不多大。

专业训练的舞蹈演员。在手电筒的光亮下，我们发现了一只趴在石穴底部的须鲨，它一动不动，伪装得非常好。我凑到离它数厘米的地方，并用强光照射它，它仍然一动不动，直到发现我不愿意离开。然后它才摇晃着身体，弓起背，左右摇晃脑袋，艰难地抬起整个身体，从我面前游走了。它整个身体从我眼前掠过——据我目测肯定超过了3米，尾部激起的水流全都拍在了我身上。

我们离开岩穴，发现两三条澳大利亚虎鲨懒洋洋地躺在海底，但没有一条能让人想起它们可怕而具有掠食性的亲戚。它们静静地待在那里，大而圆、不成比例的脑袋靠在岩石上，当我们靠得太近时，它们的呼吸加重了，暴露出它们的恐惧。我们抬眼一看，发现一

群鲨鱼的轮廓就在岩脊上面。我们立刻向它们靠近，但一离开庇护我们的岩脊，就必须奋力游泳抵抗水流以缩短和它们的距离。鲨鱼没有留意我们，也根本不在意水流。它们继续懒洋洋地游着，慢悠悠地，但每一只都与其他鲨鱼保持一定的距离。这一群有六七条，身长2～3米，体型庞大，当它们的皮肤在手电的照耀下反射出青铜的光芒，就会显得格外雄壮有力。它们的嘴半张着，露出大而长、像刀一样锋利的弯曲牙齿，让我们颇感畏惧。我们很清楚，这些家伙只是看上去懒散无害，实际上它们随时都能发动闪电般的致命攻击。当我试图从下面靠近并给这些张着血盆大口的家伙拍照时，满脑子都是这些可怕的想法。突然，我留意到这六七条鲨鱼已经在向上升，它们相互之间仍然保持着一定距离。我跟随它们一起上升，迅猛的水流和笨重的摄影设备耗费了我不少力气。我努力待在它们附近，水流却一直想把我推开。我想靠得再近些，却做不到。在上方几米处，有一大群黑压压乌云般的王马鲛鱼。鲨鱼开始绕着鱼群慢慢环游，速度慢得令人窒息。当王马鲛鱼挨得越来越近，鲨鱼开始从四面八方向鱼群中心收缩，挤成一团。刹那间，鱼群就变成了一个巨大的生物球体，显然从鲨鱼的运动中感受到了攻击的意图。与此同时，一只大鲨鱼突然停在几米远的水中不动，只是轻轻摆动尾巴以保持在水流中的平衡。其他鲨鱼则加快了速度并向鱼群靠近，而鱼群则让自己随着水流漂移。鲨鱼靠得越来越近，而鱼群中的鱼则不断后退，直到刚才那只停着不动的鲨鱼出现在鱼群球体中间。片刻之后，王马鲛鱼群的千百条鱼尾一齐急甩，

**P276 上**
这张照片展示的是围猎行动的高潮：这条鲨鱼将王马鲛鱼的鱼群驱赶成球形，然后轮流将这个球体赶到负责攻击的鲨鱼嘴边。

**P276 下**
鲨鱼常在柱石礁脉上聚集。

发出木头断裂般的一声巨响，紧随其后的是一阵尖锐而持久的噪音，像有人在猛烈地啃咬着苹果。那条孤立的鲨鱼在同伴的协助下捕获了一条王马鲛鱼，正在啃噬它的身体。这次壮观围猎的最后一击只持续了几秒钟。王马鲛鱼群立刻重新形成了球体，而第二条鲨鱼在海水中静静地等待，其他鲨鱼又开始围着鱼群绕圈游动。我更努力地逆流而上，记录下海洋中这一神奇的时刻。鲨鱼通力合作的围猎场面在我眼前上演了好几回。我争取到了几次近距离拍照的机会。跟洋流搏斗了这么久，我快要喘不上气来了，开始感觉空气在进入喉咙时有金属味道。该离开了。我攒足最后一点力气到达下锚处，顺着缆绳升上去。现在我相信了，这真的是我职业生涯中最棒的一次潜水。

**P277**
这些拟金眼鲷很常见，几乎在每处能提供保护的岩缝中、石块下都能看到它们的踪迹。

# GOLDEN BOMMIE

# 金色礁岩

**AUSTRALIA**
**TASMANIA**

**澳大利亚——塔斯马尼亚州**

在塔斯马尼亚进行潜水总是充满惊喜。通常对于潜水者来说，澳大利亚就意味着大堡礁，但是在这个大陆以南、面向南极的塔斯马尼亚岛也别有一番风味。它位于著名的“咆哮西风带”海域，提供地球上别的地方难以企及的有趣潜点。

塔斯马尼亚是一个小型花岗岩岛。岛上绿色植被浓密，与澳大利亚大陆之间隔着巴斯海峡，巴斯海峡因有许多船只在其危险水域沉没而闻名。岛上有许多壮观的岩石山脉，大片区域覆盖着茂密的绿色森林，林中的地面和树皮上长满了柔软的苔藓。在地势较低的山坡上，冰雪融化汇成的小溪从绿草地中淙淙流过。如果让10名游客在塔斯马尼亚岛度过一周，最后他们对该岛的描绘一定完全不同。就像谚语说的那样，塔斯马尼亚的每一天都有四季；在一年中的任何一天，暴雨滂沱和艳阳高照的概率都一样。这里的海也是如此，海水的能见度最高可达40米，但有时却只有

**P278 左**
主礁周围的海床上繁盛的海绵和海鞭珊瑚。这片海床上到处都是丰富的生命和色彩。

**P278 右**
总督岛和潜水区：岩礁区从“开花的石头”(flowering rocks）开始，一直延伸到大海中，而金色礁岩是其中最重要的一块礁石。

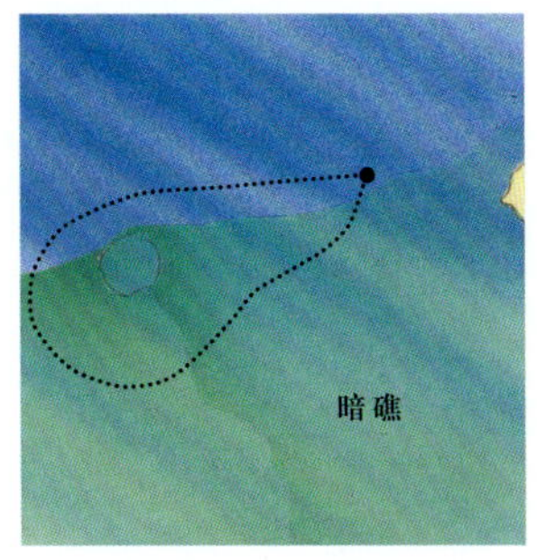

## 实用贴士

| | |
|---|---|
| 最大下潜深度 | 40米 |
| 建议潜水季节 | 11—2月 |
| 难度等级 | 专家级 |
| 潜点特色 | 多彩的海绵和宝石海葵 |
| 能见度 | 20米 |
| 水流强度 | 有明显暗流 |

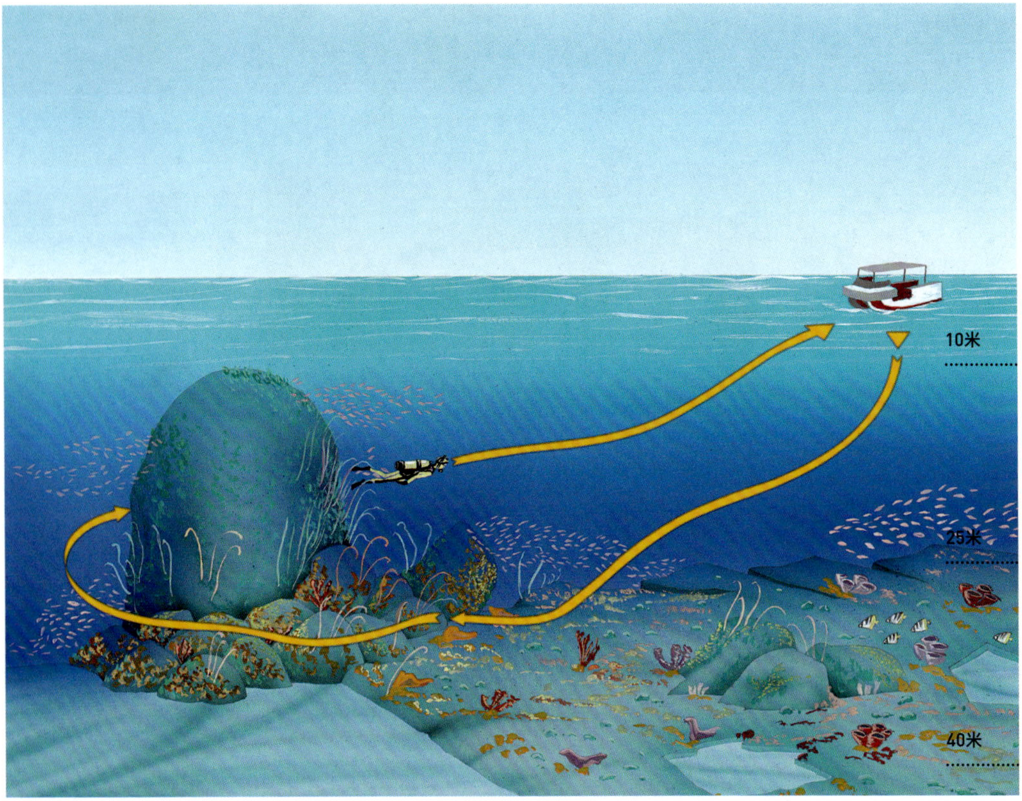

10米
25米
40米

**P280-281**
礁石基部的一处群落。这里的生物更为丰富，有几十个物种都在为生存空间而竞争：太阳水螅珊瑚爬上了海绵，而宝石珊瑚（*Corinactis* sp.）则覆盖了一只海鞭珊瑚。

**P280 下**
在主礁基部，一只小轴海绵从块状岩石上斜伸出来捕捉营养物质。岩壁上爬满了太阳水螅珊瑚。

**P281 上和下**
角箱鲀是塔斯马尼亚海域的象征。这种鱼的独特之处在于，雄鱼是棕色的，而雌鱼是蓝色的。

一两米。我曾经在塔斯马尼亚岛的最南端造访一处沉船，发现水下的能见度不超过1米。第二天我又进行了同样的潜水，却惊讶地发现，一入水就能看到40米之外沉船的轮廓。

这片海域丰富多彩的水下美景和植被让我记忆犹新。其中最美的潜点之一位于东海岸比舍诺镇附近。这里的海岸线是一系列白色的沙滩组成的海湾和连绵的低矮圆形花岗岩。

由于海滩缓缓延伸入海，这里没有水下峭壁和其他吸引人的特征，但在一块叫作总督岛的大岩石周围，海床很快达到25～40米深。这个小岛又大又平坦，周围的海域栖息着许多海洋生

物。这里的波浪回流有时很强烈，使人无法接近岩石。如果条件合适的话，值得组织一次潜水去观赏由各种海藻形成的壮观景象。特别是一种叶子极厚的海藻，它可以抵抗波浪的淫威，在其他地方不常见。海藻叶片随着波浪的节律起舞的画面非常美丽。

在平整的花岗岩场景中，有一个有趣的景象：一根孤立的柱状石块从约40米深处升起，周围是巨大的石块和深2米左右的通道，巨大的岩床在那里与海砂相连。潜入这片海水，你会不相信自己的眼睛，尤其是当你幸运地遇到清澈的海水时。从那天起，当有人告诉你热带海洋是最丰富多彩的，你只会付之一笑。这里不是热带的珊瑚花园，而是一个海绵的花园。你身下的海床上铺满了海绵，有黄的，红的，黑的和紫的。要是观察仔细，你会看到排在岩石上的小海绵，它们有的呈树木分枝状，有的像个盘子，或是一根橙色的管子。整个场景被海绵的明亮色彩和太阳水螅珊瑚的金黄色照亮。太阳水螅珊瑚是一种腔肠动物，就像覆盖整个水下岩石的小雏菊一样。

然而，这里更可爱、更典型的是黄海葵，也是一种腔肠动物，有粉色、黄色和白色，呈小花状贴在岩块上。在某些区域，特别是主岩石的侧面与脚下的大型圆石连接的地方，你会看到一片浓密的白色海鞭林，它们随水流摆动的样子特别美丽。这里的鱼群也是多种多样、密密麻麻的，有许多热带水域才有的披着华丽衣服的鱼儿，不过它们显然已经适应了这里相对较低的水温。在整个潜水过程中，一群密集的、梦幻般的背带拟花鮨会跟随你一起游动。

# TIPUTA PASS

# 蒂普塔航道

**POLYNESIA**
**RANGIROA**

**法属波利尼西亚——朗伊罗阿环礁**

**P282 上**
在航拍照片上，一眼就能认出这条航道，深蓝色的海水和旁边颜色较浅的礁岛形成了强烈的对比，强劲的洋流甚至在海面搅出了层层涟漪。

**P282 下**
两只黑尾真鲨向暗礁上一块突出的岩石游来，拍照者正藏在那里。它们的眼睛闪着凌厉的冷光，让人印象深刻。

法属波利尼西亚包括社会群岛、土阿莫土群岛、甘比尔群岛和马克萨斯群岛。土阿莫土群岛无疑是潜水的最佳地点，因为它完全是由珊瑚环礁组成的，周围环绕着潟湖和珊瑚环。而社会群岛仍然存在海洋火山。

土阿莫土群岛长约1200千米，宽约600千米，是世界上最大的珊瑚环礁群。本篇描述的潜点就是众多珊瑚环礁中的朗伊罗阿环礁，它距帕皮提国际机场200千米，乘坐塔希提航空公司的航班大约半小时之内就能到达。朗伊罗阿环礁连同它内部的蓝宝石潟湖，长78千米，宽24千米，周长278千米，全都是未曾被探索过的珊瑚礁。

朗伊罗阿岛的名字由环礁而来，它长7千米，宽仅300米，位于阿瓦塔鲁航道和蒂普塔航道两条深水航道之间，海水随着潮汐的节奏从这两条航道中流过。这两条航道都是很棒的潜点，给潜水者提供所希望的一切：陡峭的岩壁、茂盛的珊瑚丛、鱼群、蝠鲼、梭鱼、豹纹鳐和锤头鲨，当然，还有各种太平洋珊瑚鱼。

有一个非常特别的地方位于蒂普塔航道的西侧，那里面朝大海，可以看到引人入胜的水下景象。蒂普塔航道是名副其实的黑尾真鲨之都。“在我看来，世界上没有任何一个地方的黑尾真鲨种群能跟这里的相比。”

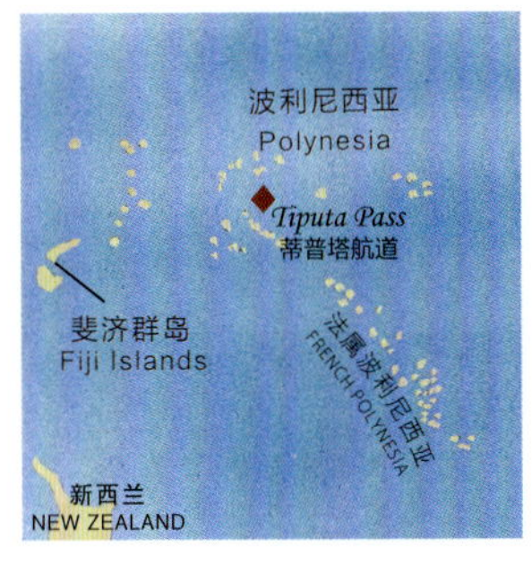

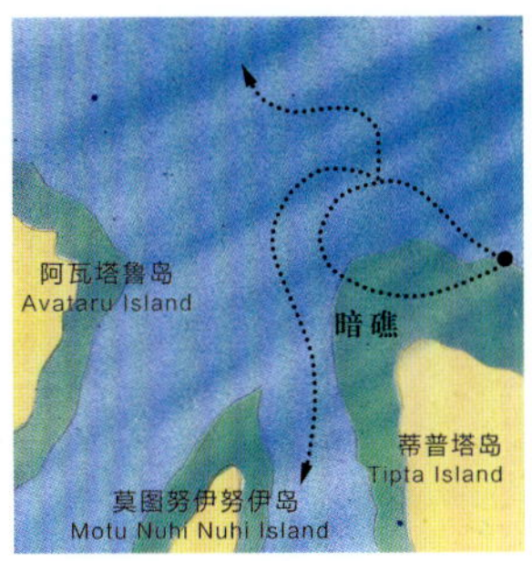

## 实用贴士

| | |
|---|---|
| 最大下潜深度 | 30米 |
| 建议潜水季节 | 12—4月 |
| 难度等级 | 专家级 |
| 潜点特色 | 锤头鲨、黑尾真鲨和白边真鲨 |
| 能见度 | 约40米 |
| 水流强度 | 强 |

10米
20米
30米
50米

迈阿密大学的著名鲨鱼专家埃里克·里特（Erich Ritter）如是说。在航道的这个角落里潜伏着150～300条这种优雅的捕食者，那么整个航道中的鲨鱼数量肯定数以千计。即使是最疯狂的鲨鱼迷也会对这一奇观感到惊险刺激。

通常情况下，你得随着洋流进入水中，水流会给你提供最好的水下环境，还会带着你在航道里畅游。鲨鱼角（Shark point）是珊瑚礁壁上一个吸引人的角落，有一个类似岩穴的凸起。在这里，潜水者可以不受水流的影响，欣赏到众多鲨鱼来回游动。

黑尾真鲨具备捕食者的典型特征：尖鼻子、高背鳍、黄眼和月牙形的大嘴。它们虽然可能没有大白鲨有名，但这两种鲨鱼的亲缘关系很近。

众所周知，南方海域的黑尾真鲨在某些环境下特别有攻击性，而在朗伊罗阿，这些动物表现得非常平和，对潜水者完全不感兴趣。当地鲨鱼俱乐部的老板伊夫·勒费尔夫（Yves Lefevre）可以证明这一点，他在这里潜水已经有14年了。

这里为什么会有这么多大型鲨鱼，至今还没有科学的解释。可能是因为这里食物充足，或者是因为水流让它们生活得更安逸？由于它们没有鳃肌，为了呼吸，这些鲨鱼不得不终生游动。

**P284 上**
几百只暗鳍金梭鱼静静地待在潜水者面前：这种鱼类在白天通常都聚成一群。

**P284 中**
一只年轻的巨型双吻前口蝠鲼伴随着一名潜水者游动：蝠鲼是软骨鱼类，有一双巨大的三角形“翅膀”，它们的作用是游泳并将水和浮游生物送到嘴里。

**P284 下**
一大群焦黑锯鳞鱼（*Myripristis adusta*）和无斑锯鳞鱼游过礁石上方：这些种类的鱼通常独立或集小群生活。

**P284-285 上**
一大群多棘马夫鱼（*Heniochus diphreutes*）毫不畏惧潜水者的靠近：这种鱼类的幼鱼在礁石附近活动，而成年鱼则在中层海水中游动，以浮游动物为食。

**P284-285 下左**
一只瓜氏鹦嘴鱼（*Scarus quoyi*）在礁石的洞穴里度过夜晚：它的牙齿外露，融合成两排半圆形的齿板，形成了一个强壮的“喙”。它就用这张嘴啄食珊瑚，吃掉上面与珊瑚共生的藻类。

**P285 下中**
这只小石斑鱼（*Epinephelus* sp.）展示出它细碎的牙齿、突出的眼睛以及由嗅细胞组成的U形鼻孔。

**P285 下右**
暗礁那垂直落入深渊的岩壁上覆盖着棘穗软珊瑚、海绵，最值得一提的是蕾丝珊瑚。与火珊瑚不同，这些水螅纲动物身上没有共生藻类，呈现出绚丽光彩。

**P286-287**
中层海水中有许多乌翅真鲨：这种鲨鱼在这里很常见，它的背鳍顶端是黑色的，还有一条白色的斑纹。

**P286 下**
一只白边真鲨在蓝色的海水中游动。它生活在沿海的开阔海域或深水中，被认为是潜在的危险种类。

黑尾真鲨并不是蒂普塔航道中唯一的鲨鱼。在这里，你可以看到至少5种其他类型的鲨鱼，比如身长可达4～6米的无沟双髻鲨（*Sphyrna mokarran*）。这些巨大却温顺的动物生活在40～50米深的海底，非常胆小害羞。

当潮水到来时，白边真鲨随着洋流进入航道，波利尼西亚人叫它“Tapetee”。它们是人们所认为的鲨鱼的样子，其钢铁般的身躯上披着一层闪闪发光的金色皮肤，巨大的体型和皮肤可以

**P287 上**
一大群黑尾真鲨在暗礁上游来游去。它有时会袭击潜水者，不过攻击一下之后，通常就会逃走，不会造成严重的伤害。

**P287 中**
一对小黑尾真鲨向潜水者靠近：它们可能只是好奇，因为周围的其他鱼类表现得很平静。

**P287 下**
一只黑尾真鲨在珊瑚礁上数百只小鱼之间开道而来：虽然没有进攻的意图，但它们的出现还是让小鱼感到了威胁。

让它们以最快的速度游动。与黑尾真鲨相比，白边真鲨更像捕食者，它们对周围的一切活动都保持关注，一有什么动静马上就会做出反应。

大型护士鲨藏在礁石的凹处或岩缝中，而在高一点的地方，灰三齿鲨和幼年乌翅真鲨生活在珊瑚礁堤附近。在鲨鱼角欣赏完鲨鱼之后，可以顺着洋流让它把你带进航道里去。穿越航道的过程是这个潜点吸引人的一大特色。睁大你的眼睛，环顾上下四周，你绝对不想错过大型蝠鲼和豹纹鳐在开阔的海水中逆水而游的场景。幸运的话，你还能碰见一只大型锤头鲨。

通常，这次潜水的终点是潟湖内部的一个小岛，那里也是下水的好地方，有许多可爱的太平洋珊瑚鱼。小岛的名字叫“水族馆”（Aquarium），也是一个著名的潜点。

# TUPITIPITI POINT

# 图皮提皮提角

**POLYNESIA**
**BORA BORA**

**法属波利尼西亚——博拉博拉岛**

在法属波利尼西亚，摄影爱好者最常去的就是博拉博拉岛。这个岛屿比较大，长约10千米，位于一个由许多小岛围成的可爱潟湖之中。博拉博拉岛被一圈珊瑚礁堤团团围住，礁堤上只有一个水道通往外面的大海。海拔727米的奥特马努火山毫无疑问是该岛的象征，它俯瞰着周围苍翠的山坡和色彩斑斓的珊瑚礁湖。

博拉博拉岛上的机场是二战期间美国人修建的，位于珊瑚礁湖北端的小岛上。法属波利尼西亚如今兴旺的旅游业就是从博拉博拉岛发展起来的。

除了外围的珊瑚礁堤，在潟湖内部也可以进行潜水，这样你随时可以出发，而不用考虑天气或海面状况。潟湖里有许多鱼类，还是无数蝠鲼的家园。它们经常聚集在离卡利普索俱乐部（Calypso Club）潜水中心不远的地方翩翩起舞。即使是初学者也可以在潟湖内潜水，而前往潟

**P288 左**
从飞机上看，博拉博拉环礁周围是深蓝色的海洋，与内部翠绿色的潟湖形成了鲜明的对比。

**P288 右**
礁石上布满了坑穴和突出的石块，这里的水流很强劲，很适宜大型柳珊瑚的生长。

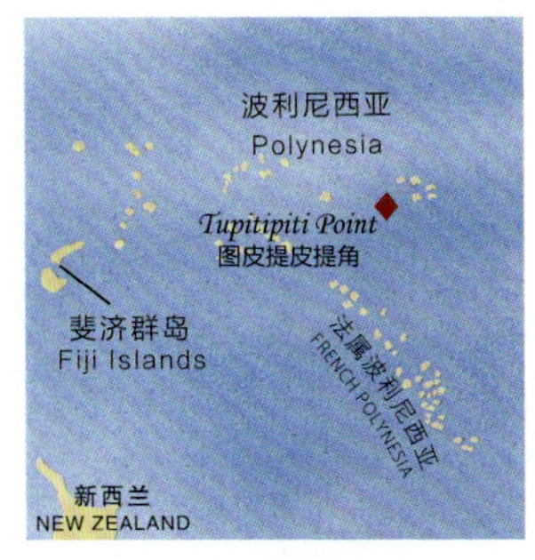

## 实用贴士

| | |
|---|---|
| 最大下潜深度 | 45米 |
| 建议潜水季节 | 12—4月 |
| 难度等级 | 专家级 |
| 潜点特色 | 锤头鲨 |
| 能见度 | 约40米 |
| 水流强度 | 强 |

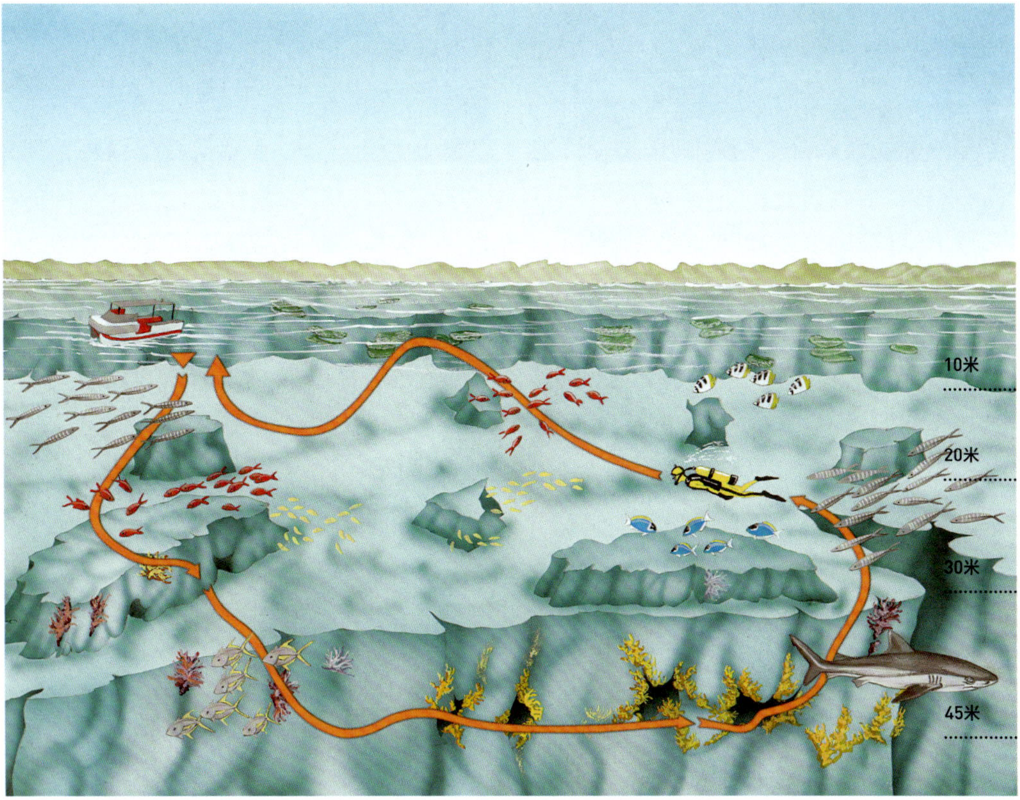

10米
20米
30米
45米

湖外部的珊瑚礁必须有一定的潜水经验。

我们将要介绍的这个潜点就位于该岛东南角的珊瑚礁堤外部，它有一个充满节奏感的名字——图皮提皮提角。从潟湖通向大海的唯一的通道斜着穿过环礁，使得驾船开往图皮提皮提角的路程相当漫长。风向对潜水也很重要，毫无疑问最适宜潜水的风向是西风或北风；如果风从南方来，潜水还是可以进行的，但是水下旅程就不那么惬意了；如果风从东方来，海浪就会冲击珊瑚礁，潜水就完全无法进行。

图皮提皮提角拥有梦幻般的水下地形。不时露出海面的珊瑚礁堤先是垂直下降到10米深处，然后与岩石块组成的平台相接，平台的边缘又在某个地方形成垂直的岩壁，落入深不见底的深

**P290 上**
一只躲藏在岩缝中的黄边裸胸鳝（*Gymnothorax flavimarginatus*）展露出它完好的牙齿。

**P290 下左**
近海面的一块大礁石上面覆盖着柳珊瑚和其他无脊椎动物，看起来有点杂乱无章，而实际上它们都服从于非常严格的生存规则。

**P290 下右**
四只大鮣鱼附着在一只蝠鲼身上旅行。鮣鱼通过背鳍异化形成的吸盘吸附在宿主身上。

**P291 上**
几只乌翅真鲨周围游着一群鲷鱼和其他鱼类。显然，鲨鱼没有表现出任何攻击性，因此对小鱼来说不构成威胁。

海。通常，这里的海水非常清澈，水下海景在阳光的照射下显得分外明亮，和深蓝色的大海形成了鲜明的对比。

当海面风平浪静时，潜水船可以停泊在珊瑚礁堤脚下的一块大岩石旁边，也可以不停泊做漂流潜水，其实这样更方便，因为你可以随着水流下潜，而不用担心回到船上的路程。

这个潜点最大的好处是它适合各种水平的潜水者。经验较少的潜水者可以探索表层海水，而更专业的潜水者可以探索深水区。这个地方的独特之处在于45米深的岩穴里有五彩斑斓的珊瑚。即使是经验相对不足的潜水者也会对图皮提皮提角的潜水感到满意，沿着深20～30米的珊瑚礁和平台的岩石潜水可以看到很多美景。为了更好地观察岩缝中和礁石凹处的非凡色彩和众多生物，你最好带上一个手电筒。这里理想的地形让你可以完全按照潜水规则来，首先探索上层的海水，然后沿着10米深的悬凸礁石遨游也是非常棒的体验。

这里有各种各样的珊瑚。首屈一指的是多彩的珊瑚。所有悬凸的礁石上都覆盖着珊瑚小小的分枝，其中紫色的特别醒目。在35米或者更深的峭壁岩穴中，生长着各种颜色的较大的珊瑚。

由于东南角暴露在水流之下，这里总是有大型鱼类。在靠近海面的平台上或悬凸的岩块下，你可能会遇到白顶礁鲨或乌翅真鲨。在珊瑚堤礁上向大海望去，常常能看到大群鲹鱼，它们圆鼓鼓的身体在海水中闪着银光；时常还能看到锤头鲨，这种鲨鱼在法属波利尼西亚的这块区域通常很罕见。

这里还有体型可观的梭鱼，主要在平台的岩石周围活动。在11月和12月，你还一定能够看到许多成群的扳机鱼（当然别的时候也不是不可能）。

你还可以期待蝠鲼和鹰鳐，不过谁也不知道它们会在哪里出现，因为它们老是沿着整个环礁游动，不会像在潟湖中那样停在某个特定的地点。在图皮提皮提角，潜水者运气好的话可以看到一群鹰鳐，甚至大型蝠鲼。

**P291 中**
一群多棘马夫鱼在中层海水中畅游。

**P291 下**
成百上千条四线笛鲷形成了一个紧凑的鱼群。

# OCEAN PINNACLES

# 大洋柱石

**CALIFORNIA**
**CARMEL BAY**

**美国加利福尼亚州——卡梅尔湾**

**P292 上和下**
在大洋柱石遇到的两种值得一提的海洋生物：上图是一种稀有的夜光游水母（*Pelagia noctiluca*），下图是一只巨大的多腕葵花海星（*Pycnopodia helianthoides*）。

大洋柱石是加利福尼亚的一流潜水地之一。它由一系列海底山脉组成，距蒙特雷半岛约1200米。参差不齐的水下岩礁从深超过30米的海底升起，上面覆盖着茂盛的海藻林，这是该海域的典型标志。

那是9月的一天，天气不错，浪缓无风。我将小型充气艇系泊在一根12米深的柱状礁石以西的岩脊上，而这根石柱顶端距海面不到4米。我一个后滚翻扎进了水里，在急速下降过程中发现正身处一群水母之中。13℃的凉爽海水中到处都是水母，它们在水流中跳动着，将我团团围住。体型最大的一种水母是紫白两色的，直径约0.3米，身后的触手长达3米。体型最小的只有大拇指一般大，成千上万只水母在水中肆意游动。

珊瑚礁上色彩斑斓和动感十足的生物在召唤我下潜。我潜到15米深，沿着水下峡谷的边缘游动。峡谷的岩壁上密密麻麻地长满了鲜艳的水螅珊瑚类。这些紫的、粉的、红的和黄的水螅珊瑚很喜欢在卡梅尔湾这种近海礁石上生长，因为这些珊瑚礁沐浴在营养丰富的干净海水中。在这些精致的分枝间搜寻，我发现了寄居蟹、圈壳螺、蛇尾海星，以及像杜父鱼和海藻鱼这样的小鱼。

我下到一个25米深的沙质水道中，看到了比目鱼和一只有13个触手的巨大海星。继续向东和向上游，

## 实用贴士

| 最大下潜深度 | 30米 |
|---|---|
| 建议潜水季节 | 夏秋两季 |
| 难度等级 | 普通 / 高级 |
| 潜点特色 | 水螅珊瑚和海藻林 |
| 能见度 | 10~25米 |
| 水流强度 | 中 / 强 |

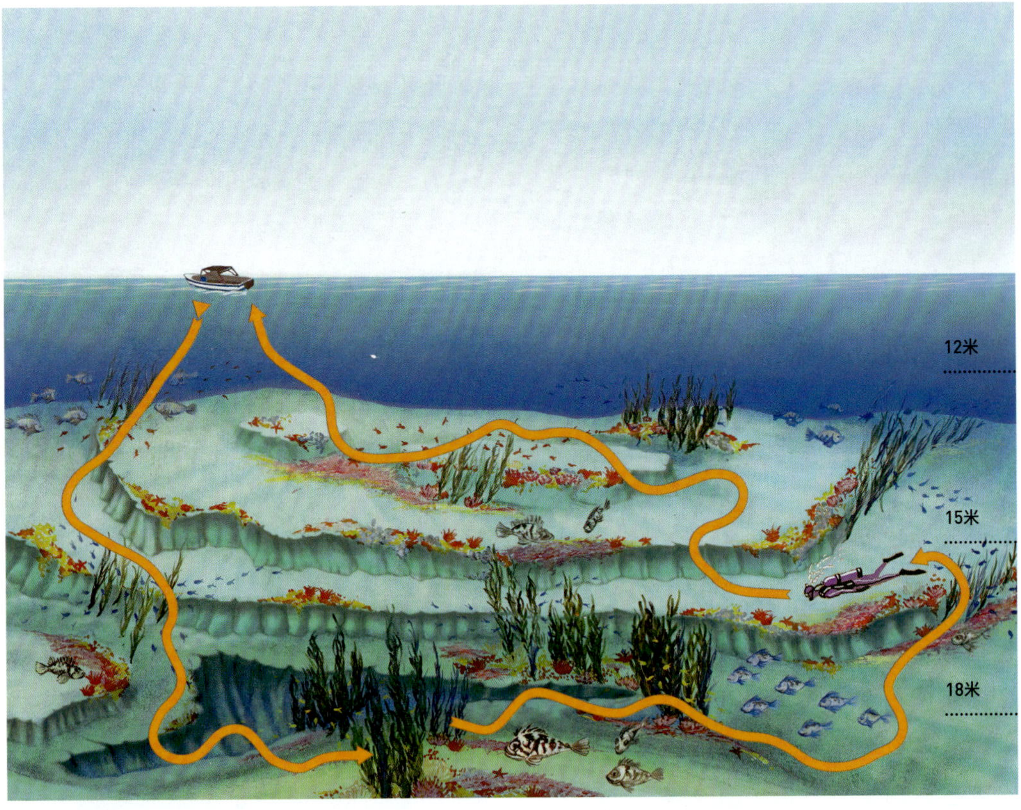

12米

15米

18米

沿着岩壁探索，我发现一条蛇鳕栖息在18米深的一个岩脊上。这条1米长的捕食者露出令人生畏的尖利牙齿，饥饿地观察着下面鱼群形成的阴影。在它旁边，一条雄性若鲉杜父鱼在一堆绿色的卵上面休息，这个既当爹又当妈的父亲坚定地守卫着它的孩子们，当我给它拍特写时，它一点也不退缩。

很难在这里找到一块裸露的岩石。颜色引人注目的水螅珊瑚、被囊动物、海绵以及无所不在的草莓海葵在礁石上共享立足发展的根基。一只蜘蛛蟹正从一片粉红色的海葵上爬过藤壶路障，我趁机前去给它拍照。这只蟹伪装得非常漂亮，身上披着一缕一缕的绒毛状水螅。平鲉、河鲈和六线鱼在海藻间横冲直撞。裸鳃类动物随处可见，我还遇到了正在产卵的海蛞蝓。这里还有丰富的杯状珊瑚、毛掸虫、玫瑰海葵和珊瑚藻。

下水45分钟之后，我上升到了做安全减压停留的区域。阳光的光束穿过海藻林的树冠，我感觉自己仿佛漂浮在宏伟的大教堂里。在高耸的海藻茎中，一群200只左右的蓝平鲉在我身边盘旋。最后我又向开阔的海域望了一会儿才升上去。我曾经在这里看到过海狮、翻车鱼，甚至有一次还看到了大青鲨。大洋柱石总是有很多惊喜。

大洋柱石只能驾船前往。天气允许的话，当地有很多定期去那里潜水的包船。如果你有自己的船，可以从蒙特雷的防波堤出发（这段路程较长，要航行16千米，有时海上风浪大），也可以从洛博斯角国家自然保护区的捕鲸湾（这条路程短得多，但是需要提前

P294 上
这只大型翻车鱼足有2000千克，有时在大洋柱石附近的海域能见到它。

P294 下
一大群沙丁鱼（Sardina pilchardus）在海带（Laminaria）林中，这些大型海藻在大洋柱石很繁茂。

P294-295
一名潜水者在海藻林中观察明亮的珊瑚礁，我们可以看到下面的加利福尼亚水螅珊瑚（*Allopora californica*）。

P295 下
栗子宝螺（*Cypraea spadicea*）是加利福尼亚海域的典型贝类，喜欢生活在水深50米以内的岩质栖息地。

预约）出发。在夏天，绵延的海藻林是大洋柱石的标志，而岸上还有一座方塔形的建筑，叫作城堡屋（Castle House）。夏天和秋天是最适宜潜水的季节。随着夏季浮游生物的消退，到了秋天，海水能见度提高不少（9～25米）。这处潜点相当深，潜流湍急，海浪起伏不定，因此只推荐给富有经验的潜水者。这里以南400米处还有另一个绝佳的潜点——外柱石（Outer Pinnacles）。

# AVALON'S CASINO POINT DIVE PARK

# 阿瓦隆赌场潜水公园

**CALIFORNIA**
**SANTA CATALINA**

**美国加利福尼亚州——圣卡塔利娜岛**

圣卡塔利娜岛是太平洋上一座占地197平方千米的岛屿，位于洛杉矶和圣迭戈之间的加州海岸附近。这个岛有一个不同寻常的特点，它有95%的面积是私人拥有的，曾经属于箭牌口香糖公司老板，现在则由他创立的基金会——圣卡塔利娜岛管理委员会拥有，其任务是保护该岛及其自然环境。

圣卡塔利娜岛的一小部分属于阿瓦隆镇，这个小镇是为前来钓鱼、潜水和航海的游客提供服务的现代化基地。在阿瓦隆镇的西边有一座赌场，赌场前面有一小片200～300米长、50米宽的受保护的海域，即阿瓦隆赌场潜水公园，这里禁止渔民和船只进入。你要在赌场前的广场上做好准备，然后翻过海边的矮墙，顺着岩石潜入海里。下潜的过程并不容易，因为岩石有时很滑，一些小波浪和逆流就足以使入水变得困难，因为你必须先穿过一丛浓密的棕色巨藻（*Macrocystis pyrifera*）。这是一种巨大的海藻，通常可以长到15～20米，有的甚至能长到100米！它那巨大的绿叶内部有许

**P296 上**
在这片海水中常能碰见海豹。

**P296 下**
海藻林最常见的居民，这片海域的象征——高欢雀鲷。

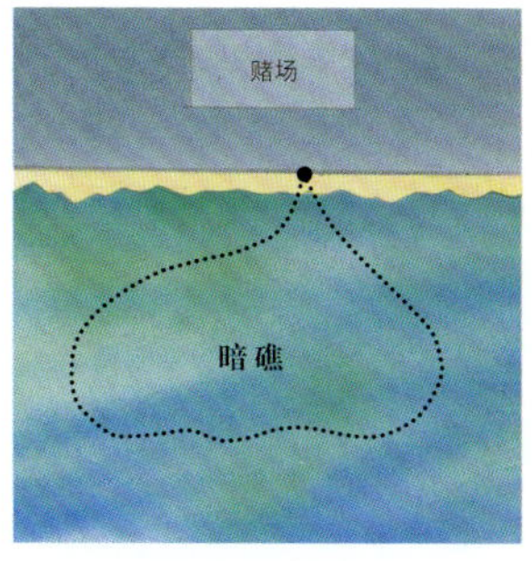

## 实用贴士

| 最大下潜深度 | 15米 |
|---|---|
| 建议潜水季节 | 4—10月 |
| 难度等级 | 容易 |
| 潜点特色 | 海藻林 |
| 能见度 | 约20米 |
| 水流强度 | 经常变化 |

多小气泡，一次可以保持漂浮状态。

岩石陡然下降7～8米，而海藻从海床一直延伸到海面，在岩石海岸和开阔的水域之间甚至没有留下一点空间。你得从那些包裹你、几乎阻止你潜入水中的海藻中开出一条道路，直到游出10米左右，海藻稍微变稀疏了一些，你就可以潜到海底欣赏美景了。光线透过海藻叶子洒下来，形成了奇妙的图案，许多鱼儿穿行其中，包括美丽的红尾高欢雀鲷（*Hypsypops rubicundus*）。这是一种体型较大的雀鲷，身长达30厘米，身体呈一种鲜艳的橙红色，与海藻的绿叶形成鲜明对比。它在幼年时更加漂亮，身上有淡蓝色的边缘和斑点。

向右游去并下潜到15米深，你会在海藻下面发现可爱的柳珊瑚；前面不远处有一块刻着雅克·库斯托名字的铭牌，再前方还有一艘沉船。

海藻直立的茎干向四周伸展，为两种石鲈鱼类提供了栖息地，它们分别是有着白色腹部、灰斑背部和绿色眼睛的大口副鲈，以及有着像船首的方形头部和锋利牙齿的色彩鲜艳的美丽突额隆头鱼（*Semicossyphus pulcher*）。副鲈在海藻叶中懒散地待着，只有拍照者靠近时才会游走，而美丽突额隆头鱼则不停地游动。

如果幸运的话，你会遇到一群拟沙丁鱼（*Sardinops sagax*）在你头顶上贴着海面游动，或者是遇到一只刚刚离开阿瓦隆港口的好奇海狮，尽管有禁令，但游客还是会给他们喂食。也许它对你很好奇，或者只是游荡着想找点零食吃。

在海床的岩石上，你还会发现许多虾虎鱼科的鲜艳小鱼：比如蓝带血虾虎鱼（*Lythrypnus dalli*），它的身体是橙色的，头部是蓝色的；或者斑马血虾虎鱼（*Lythrypnus zebra*），与前者不同的是，它身上的橙色和蓝色条纹交替地出现。海床上还有龙虾、鲉鱼和蟹。

如果在海藻覆盖的海底仔细寻找，你可能会看到一种被称为角鲨（*Heterodontus francisci*）的小型鲨鱼，它身长不到40厘米，身体呈棕灰色，上面有深色斑点。虽然它静静地一动不动，一副温顺的样子，但千万别去触碰它，因为它背上两只背鳍的前面，有两个极其锋利的三角形骨刺。

这次潜水没有特定的路线，但必须在这块很小的区域进行，然后返回入水的地方。远离海岸的海面是很危险的，附近有数百艘摩托艇在巡游。要是你突然出现在限定区域之外的海面，很有可能被这些摩托艇撞上。在这片小小的水下天堂潜游时，唯一的不足就是这些汽艇发出的马达声。

**P298 左**
成群的蓝舵鱼（*Kyphosus analogus*）常常在海藻林里游荡。

**P298 中**
可爱的柳珊瑚生长在密密麻麻的棕色巨藻（*Macrocystis pyrifera*）下。

**P298-299**
海藻的叶子是由其上面微小的气泡支撑起来的。

**P299 上**
目前已知的最小鲨鱼是角鲨，身长不超过1米；它的名字源于背鳍前部的两根骨刺。

**P299 中**
螯裸胸鳝（*Gymnothorax mordax*）常躲在岩块间。

**P299 下**
这个潜点有三种代表性的颜色：海藻的绿色，高欢雀鲷的红色，以及柳珊瑚的橙色。

# ROCA REDONDA

# 罗卡雷东达

**GALAPAGOS**
**ISABELA**

**厄瓜多尔科隆群岛——伊莎贝拉岛**

距科隆群岛最大的岛屿伊莎贝拉岛北端约24千米的地方，一块名为罗卡雷东达的巨大的矩形岩石从海中升起。它的岩壁非常陡峭，让人很难想象海狮在水中度过一整天后，是如何爬到上面过夜的。

这块岩石所处的位置使得这里成为许多远洋鱼类的聚集地。锤头鲨经常出没于岩石北侧，除非厄尔尼诺带来的温暖海水迫使它们离开（1997—1998年就发生过这样的事）。岩石南侧的鱼类更多，在那里还有机会欣赏到一种奇特的现象。

**P300 左**
罗卡雷东达是一块矩形的岩块，从海中央陡然升起。

**P300 右**
埃氏普提鱼的色彩多种多样。一条鱼身上的主色调可能是红色、黄色或白色。

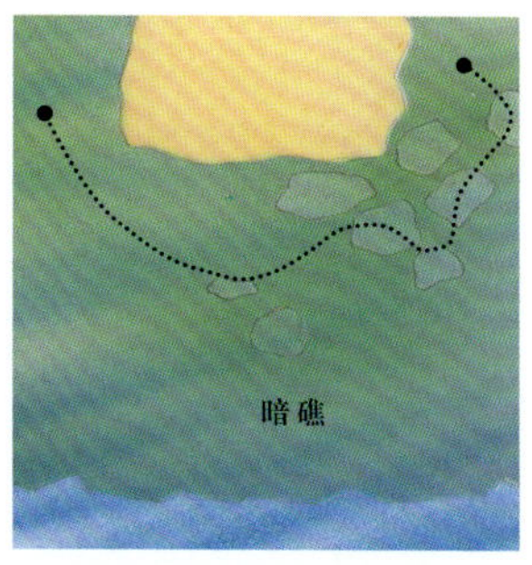

## 实用贴士

| | |
|---|---|
| 最大下潜深度 | 30米 |
| 建议潜水季节 | 1—5月 |
| 难度等级 | 普通 |
| 潜点特色 | 海狮和鲨鱼 |
| 能见度 | 30米 |
| 水流强度 | 经常变化 |

**P302-303**
与海狮的相遇是这里最令人兴奋的经历之一。

**P302 下**
这只秘鲉（*Scorpaena mystes*）周围有许多岩块。

**P303 上**
条斑鳞鲌在科隆群岛很常见。

**P303 上中**
在罗卡雷东达的岩壁附近能看到许多路易氏双髻鲨。

**P303 下中**
这只绿海龟正要离开礁石中的藏身之所，它很可能是被潜水者惊吓到了。

**P303 下**
在某些地方，海水好像染上了一抹绿色，将柳珊瑚映衬得更加突出。

从岩石的东侧进入水中，你会立即看到覆盖着海藻的巨大石块，那是海狮最喜欢的栖息地。如果你不停下来观察它们或给它们拍照，它们会在你身边用频繁地扎猛子或环绕着你游泳来吸引你的注意，似乎在跟你交朋友。

岩石上栖息着数量惊人的洄游和非洄游鱼类。常见的有角镰鱼、条斑鳞鮨（*Dermatolepis dermatolepis*）、金目仿石鲈（*Haemulon scuderi*）和侧棒多板盾尾鱼（*Prionurus laticlavius*），不过最引人注意的是不同颜色的埃氏普提鱼（*Bodianus eclancheri*），特别是红色和黄色的。

沿着岩石的南侧继续向前游，你会看到前文所提到的奇观：一股热流从海底涌出，慢慢上升到海面，这说明这里的火山活动仍很活跃。

继续向前，岩块消失了，在这里罗卡雷东达脚下的海床从约17米深的地方慢慢下降到开阔的大海。海床上偶尔的访客有路过的巨大蝠鲼，在海底休息的有绿海龟、一只迈氏条尾魟（*Taeniura meyeni*）或鞭尾魟（*Dasyatis brevis*），它们只有在受到严重惊扰时才会游走。黑珊瑚生长在陆坡边缘，其绿色的枝条上栖息着小鱼群。

当你到达岩石的西端，那里的岩壁突然下降到20米深，然后缓缓地斜伸向海底。在这里，你会看到一大群隐魣（*Sphyraena idiastes*），它们很喜欢簇拥着岩石。虽然体型不像你在西马丹岛等其他地方看到的那么大，但是它们的数目真是惊人。

如果你还有足够的氧气，在回到船上之前，最后再看一眼海床吧，你可能会发现海鳝、河豚、鲉鱼，也许还有一只特别大的雀鲷。

# 地理名词中外对照表

A

阿布拉马达沙丘 Erg Abu Ramada

阿尔达布拉 Aldabra

阿贡火山 Gunung Anung

阿基沃斯高迪斯 Aghios Gordis

阿拉弗拉海 Arafura Sea

阿里环礁 Ari Atoll

阿留申群岛 Aleutian Islands

阿鲁巴岛 Aruba

阿瓦隆赌场潜水公园 Avalon's Casino Point Dive Park

阿瓦塔鲁航道 Avataru Pass

埃拉特 Eilat

埃斯塔蒂特 Estartit

埃斯特国家公园 Parque Nacional del Este

安达曼海 Andaman Sea

安达曼群岛 Andaman Islands

安德罗斯岛 Andros Island

奥林波斯山 Mount Olympus

奥特马努火山 Otemanu

B

巴哈马群岛 Bahamas Islands

巴拉望岛 Palawan Island

巴厘岛 Bali

巴斯海峡 Bass Strait

白令海 Bering Sea

白令海峡 Bering Strait

白沙滩 White Beach

百慕大群岛 Bermuda

班达伯格 Bundaberg

班达海 Banda Sea

爆破水道 Dynamite Pass

北礁 North Reef

贝岛 Nosy Be

比农科岛 Binongko

比舍诺镇 Bicheno

波克罗勒岛 Porquerolles

波利尼西亚 Polynesia

伯利兹堡礁 Belize Barrier Reef

博拉博拉岛 Bora Bora

博尼法乔 Bonifacio

捕鲸湾 Whaler's Cove

布纳肯岛 Bunaken Island

C

彩带礁 Ribbon Reef

查戈斯群岛 Chagos, Archipelago

沉没岛 Sunken Island

D

达赫拉克群岛 Dhalak Archipelago

大安的列斯群岛 Greater Antilles

大巴哈马岛 Grand Bahama Island

大堡礁 Great Barrier Reef

大开曼岛 Grand Cayman Island

大康格鲁岛 Grand Conglue

大洋柱石 Ocean Pinnacles

大朱巴勒岛 Gubal Kebir

戴达罗斯暗礁 Daedalus Reef

丹老群岛 Mergui Islands

弹丸礁 Danwan Reef

德国水道 German Channel

地中海 Mediterranean Sea

弟弟岛 Little Brother Island

帝汶海 Timor Sea

第勒尼安海 Tyrrhenian Sea

蒂朗岛 Tiran Island

蒂普塔航道 Tiputa Pass

东非大裂谷 Rift Valley

东海 East China Sea

董里府 Trang
多夫芬霍斯湾 Dos Dolfibhos Bay

**E**

鄂霍次克海 Ohotsk Sea

**F**

法尔科纳拉角 Falconara Cape
菲力杜环礁 Felidu Atoll
菲诺港 Portfino
费尔南多－迪诺罗尼亚岛 Fernando de Noronha，Island
芬迪湾 Fundy Bay
弗朗西斯角 Cabo Frances
弗雷泽河 Fraser
弗林德斯礁 Flinders Reef
弗洛勒斯海 Flores Sea
弗斯瑟约暗礁 Foththeyo
佛得角群岛 Capo Verde Islands
佛罗里达群岛 Florida Keys
福尔斯航道 Passe de Fours

**G**

甘比尔群岛 Gambier Islands
戈登岩礁 Gordon Reef
格洛弗礁 Glover Reef
古尔代盖 Hurghada
古赛尔 El Quseir
观鲨台 Shark Observatory

**H**

哈尼什群岛 Hanish Islands
海底生存研究工程 II 期遗址 Precontinente II
荷属安的列斯群岛 Dutch Antilles
黑岩 Black Rock
红海 Red Sea
红角 Pointe Rouge
红石 Hin Daeng
黄海 Yellow Sea

**J**

基拉戈 Key Largo
加比尼勒浅滩 Gabiniere Shallows
加勒比海 Caribbean Sea
加泰罗尼亚 Catalonia
杰克逊岩礁 Jackson Reef
杰西比兹利暗礁 Jessie Beazley Reef
金贝湾 Gulf of Kimbe

**K**

卡拉贝尔纳特岛礁 Carall Bernat Rocks
卡拉布里亚 Calabria
卡莱杜帕岛 Kaledupa
卡梅尔湾 Carmel Bay
卡托切角 Capo Catoche
卡西斯 Cassis
开曼群岛 Cayman Islands
凯恩斯 Cairns
考普滕角 Copton Point
科隆巴拉浅滩 Colombara Shallows
科摩罗群岛 Comoros Archipelago
科苏梅尔 Cozumel
科西嘉岛 Corsica
克基拉岛（科孚岛） Kérkira Corfu
克罗港岛 Port Cros
克罗沃里岛 Colovri Island
孔托伊岛 Contoy

**L**

拉布拉多 Labrador
拉戈岛 Cayo Largo
拉克沙群岛 Laccadive
拉马德拉格 La Madrague
拉斯卡斯岛 Rascas Island
拉旺杜 Lavandou
拉韦奇岛 Lavezzi Island
拉西约塔 La Ciotat
莱勒凯湾 Les Lecques Bay
莱特豪斯礁 Lighthouse Reef
蓝洞 Blue Hole
蓝角 Blue Corner
朗伊罗阿环礁 Rangiroa
利库安2 Likuan 2
利泽德岛 Lizard Island
莉莉海滩 Lily Beach
留尼汪岛 Reunion
柳珊瑚丛林 Gorgonian Forest
伦贝海峡 Lembeh Strait
罗基岛 Rocky Island
罗卡雷东达 Roca Redonda
洛博斯角国家自然保护区 Point Lobos State Reserve
洛克奈岛 Koh Rok Nai
洛克诺岛 Koh Rok Nok
洛克群岛 Koh Rok Islands
洛斯罗克斯国家公园 Los Roques National Park
鲁都角 Ludo Point

## 作者名录

**Egidio Trainito** Vi-7, 52-55, 68-69, 104-107, 120-121, 140-143, 148-151, 162-167, 196-203, 204-205, 236-243

**Jonathan Bird** 8-15

**Vincenzo Paolillo** 16-21, 92-97, 134-139, 144-147, 168-171, 176-181, 206-211, 216-235, 244-247, 296-303

**Kurt Amsler** 22-27, 36-51, 74-81, 88-91, 98-103, 172-175, 182-187, 256-261, 282-291

**Eleonora De Sabata** 28-35

**James Treter** 56-63

**Giorgio Mesturini** 44-47, 70-73, 82-87, 116-119, 152-161

**Roberto Rinaldi** 108-115, 122-133, 188-195, 212-215, 248-255, 262-281

**Brandon Cole** 292-295

## 手绘

**Aurora Antico**, **Domitilla Müller**

本书插图系原文插图